Antonio José Ponte

Villa Marista en plata

Arte, política, nuevas tecnologías

Antonio José Ponte

Villa Marista en plata

Arte, política, nuevas tecnologías

EDITORIAL
Colibrí

Editorial Colibrí
Aptdo. de correos 50897
28080 Madrid (España)

Tel. y fax: 91 560 49 11

e-mail: info@editorialcolibri.com
www.editorialcolibri.com

Ilustración de portada: Geandy Pavón
Ilustraciones interior: Carlos Garaicoa
Foto del autor: Orlando Jiménez Leal

Editor: Víctor Batista
Maquetación y portada: Parámetros Gráficos, S.L.
Imprime: Saljen, Industria Gráfica, S.L.

Impreso en España / Printed in Spain
I.S.B.N.: 978-84-934605-9-4
Depósito Legal: M-45.858-2010

ÍNDICE

Prólogo 9

I. 13

II. 49

III. 177

IV. 231

Referencias 239

Prólogo

LAS páginas que siguen se ocupan de los últimos años en Cuba. Una época que podría describirse a trazo rápido mediante dos rasgos: la desaparición de Fidel Castro de la escena pública y la exposición mediática de la violencia estatal.

No dudo que el estudio del primero de estos rasgos resulte apasionante. Más allá de las charadas e hipótesis a tejer desde que la salud del mandatario se convirtiera en secreto de Estado, sería provechoso reparar en las administraciones póstumas que él ha hecho de sí mismo. Podría tratarse como un problema de narratología, de cómo rebasar la tercera persona y recuperar la primera. De cómo fugarse de los partes clínico-mitológicos de Hugo Chávez hasta convertirse en periodista de columna. De cómo recuperar autoridad política hasta intentar volverse, más que un politólogo sagaz, un oráculo mundial.

He preferido ocuparme, sin embargo, del segundo de estos rasgos, de la visibilización de la violencia ejercida por el régimen cubano. La primera parte de este libro estudia cómo los órganos estatales de represión se han convertido en tema para algunos artistas. Las labores de Seguridad del Estado han dado pie a obras de Eduardo del Llano (*Monte Rouge*), Carlos Garaicoa (*Las Joyas de la Corona*) y Yeny Casanueva y Alejandro González (*Obra-Catálogo # 1*). La relación entre vigilantes y vigilados, entre agentes secretos e intelectuales, es estudiada en cada uno de estos ejemplos.

La segunda parte se detiene en la mayor discusión de escritores y artistas a propósito de la censura y la represión estatal. Entre finales de 2006 e inicios de 2007 fueron entrevistados en televisión tres antiguos comisarios políticos de los cuales no se tenía noticia desde hacía mucho tiempo. El rechazo a esas reapariciones consiguió una movilización bastante inusitada. La alarma intentó transformarse en polémica a través de los mensajes electrónicos circulados. Las autoridades tuvieron que encargarse de lo que amenazaba con volverse motín, y varios de los participantes se alarmaron ante las posibilidades abiertas ante ellos.

A partir de los documentos que trascendieron, he intentado recomponer las negociaciones entabladas entre autoridades y artistas. Por unos cuantos de estos últimos que quisieron acercar la discusión al presente, los más cautos hablaron solamente de la primera mitad de los años setenta. Pero, cualquiera que fuese el período en discusión, aquel debate ocurría en ausencia de Fidel Castro, y tanto a los viejos comisarios televisados como a los artistas y escritores en protesta podía acusárseles de sacar ventaja de esa convalecencia.

El ejercicio de remitirse a un discurso de 1961 en busca de los principios de la política cultural revolucionaria debió hacerse más apremiante que de costumbre. Quienes creyeron conveniente arqueologizar el debate, limitarlo a sucesos de hacía cuatro décadas, se mostraron interesados en salvar de toda responsabilidad al sistema político. Según ellos, toda culpa caía sobre un puñado de comisarios políticos siquitrillados. Para otros, censura y represión resultaban inherentes al sistema, y podían detectarse a lo largo de casi medio siglo. En resumen, la violencia política volcada sobre artistas y escritores se hizo tema de discusión en aquellos mensajes electrónicos.

La tercera parte de este libro, dedicada a la manifestación de la violencia de Estado, da cuenta del trabajo de un equipo de la Universidad de Ciencias Informáticas de La Habana, así como del trabajo de algunos blogueros independientes. Ese equipo universitario, activo bajo el nombre de Operación Verdad, se dedica a monitorear sitios y foros de internet donde se habla de política cubana. Su interferencia en esas discusiones, de cualquier grado que sea, procura anular toda crítica al régimen revolucionario. Una misión que equivaldría a la de los internautas chinos que reciben centavos de yuan por cada palabra tecleada a favor del oficialismo, si no fuera porque la calificación técnica de esos jóvenes permite sospecharles acciones más intrincadas.

En contrapartida a ellos, los blogueros independientes convierten en información lo que hasta entonces constituyera secreto, y sus empeños permiten avizorar el fin de la violencia sin testigos. Me he detenido particularmente en tres blogs realizados dentro de Cuba: *Generación Y* de Yoani Sánchez, *Octavo Cerco* de Claudia Cadelo, ambas residentes en La Habana, y *Cruzar las alambradas* del holguinero Luis Felipe Rojas Rosabal. Quedan fuera, por supuesto, otros ejemplos valederos. Queda fuera mucho material de esos tres blogs, pues apenas cito aquellas entradas que denuncian el trabajo de Seguridad del Estado y describen lo útil de las nuevas tecnologías. Dos temas que podrían tomarse por constantes de la escritura bloguera cubana: la celebración de un vehículo propicio –internet, Twitter, telefonía móvil– y la comprobación del cerco oficial. Se trata, en ambos casos, de una exploración liberadora.

Para escribir estas páginas me he valido de mensajes electrónicos que otros se cruzaron, de imágenes captadas *in situ* por teléfonos móviles ajenos, de grabaciones de audio, y hasta de un expediente de seguimiento policial. Entradas de blogs, frases de Twitter, videos en YouTube, archivos digitalizados... He transcripto diálogos sostenidos por gente a las que ni siquiera conozco, como si mi trabajo fuera el de un escucha secreto. No en vano el título de este libro alude al cuartel general de la policía política cubana.

En muchos casos, he preferido atenerme a las particularidades de lenguaje de los mensajes electrónicos y los diálogos citados. En contra de mi costumbre de divagar y abrir paréntesis, apelo aquí a una escritura más estricta, y espero haber cumplido con la siguiente observación de Congreve: "*when I digress, I am at that time writing to please myself; when I continue the thread of the story, I write to please the Reader*".

Puse también límites a citas y referencias. William Congreve aparece en estas líneas, más adelante vendrán otros tres o cuatro nombres a propósito. Hannah Arendt, porque alguien la citó. Un personaje de Chéjov, porque me lo recordó alguien. Uno de Melville, por idéntica razón. El comienzo de un son de Chapottín y sus Estrellas, porque ni siquiera en la última revisión consiguió ser suprimido.

Soy consciente de que debí haberle ahorrado al lector algunas páginas de la segunda parte, pero he elegido pasar por puntilloso antes que por ameno. Asimismo, de no haberme acogido a discreción, habría podido agregar más comentarios en la tercera parte, aunque preferí que hablaran desahogadamente las citas extraídas de diversos blogs.

Debo el título de este libro a una pieza del artista plástico Carlos Garaicoa de la cual se habla en la primera parte.

Las últimas semanas me han permitido comprobar cuánto ha cambiado el panorama apuntado al inicio de este prólogo. Confiado en la primera persona del singular, Fidel Castro ha decidido darse de alta médica y se prodiga en apariciones y discursos. Y, escarmentadas por el escándalo internacional, las autoridades han dado orden de repliegue a sus hordas paramilitares. Es difícil pronosticar hasta cuándo podrán ocultar la violencia que los constituye como régimen. La pregunta por la existencia de Fidel Castro no tiene, según creo, demasiado sentido.

Antonio José Ponte
Madrid, septiembre de 2010

I

I

ES la hora del café, el rito del café de un hombre solo que dispone sobre la mesa un paquete marca Monte Rouge.

"Puro cubano", puede leerse en el paquete.

Él llena la cuchara y espolvorea hasta rebosar la pequeña cafetera italiana. La cierra, asegura bien la rosca.

La aparta del fuego con una agarradera de tela floreada y apaga la hornilla. Se sirve de una azucarera a juego con la taza.

Una cucharadita. Dos.

No dos, casi dos. Con cuidado de devolver a la azucarera lo que sobra de esa segunda cucharadita.

El chorro de café cae a la taza desde una cafetera de loza del mismo juego. Quien lo prepara le dedica un cuidado pocas veces reservado al café de todos los días, a un café sin visita. Lo revuelve en sentido contrario a las manecillas del reloj, sopla la taza. Sonríe antes de que los labios se peguen al borde, antes de que ocurra uno de los momentos más deliciosos del día.

Y, en ese mismo momento, tocan a la puerta.

Antes del primer buchito.

"¡Mierda!", suelta.

Lleva una camiseta negra, un pañuelo verde en la cabeza. Se ha dejado crecer las patillas y una barba pequeña en el mentón. Tiene una o dos pulseras ajustadas en la muñeca derecha. Luce como un cuarentón de cierta bohemia.

Hay una mirilla en la puerta, pero él no la utiliza. Hay una cadena que no pasa antes de abrir. Hay una cruz de cerámica colgada, con lunas y soles dibujados en ella.

Abre, decidido, con tal de volver al café antes de que se le enfríe.

Dos hombres llenan el hueco de la puerta. El de la derecha lleva gafas de sol, el pelo cortado casi al cero y viste una guayabera. Su acompañante, gafas graduadas, pelo revuelto, un chaleco de pescador de vara o de técnico de filmación.

Hombro con hombro, son aproximadamente de la misma estatura. Tan altos como quien les abre. Los tres de edades parecidas.

"¿Sí?"

"Buenos días", saluda el de las gafas de sol. "Mi nombre es Rodríguez. Acá, el compañero Segura."

Segura inclina la cabeza despeinada.

"Venimos a instalarle los micrófonos", anuncia Rodríguez.

El dueño del apartamento mira a uno y al otro sin entender.

"No... no sé de qué me hablan. No soy músico, ni locutor, ni dijéi."

"¿Ni, ni qué?", pregunta Segura.

"Dijéi... El que selecciona la música en una discoteca y lo hace de manera creativa."

Rodríguez, el de gafas oscuras, sonríe.

"Sabemos perfectamente que no es nada de eso. En cambio, sabemos que su nombre es Nicanor O'Donnell, que trabaja como chofer en el ICAIC, y a veces como corredor de permutas clandestino."

El café empieza a enfriarse inevitablemente. Quien lo preparó se encuentra en un aprieto. Los dos tipos recién aparecidos, Rodríguez y Segura, conocen su nombre, saben de su empleo en el instituto estatal de cine, y del modo en que se gana un dinero extra en el mercado negro inmobiliario.

"Incluso", continúan los detalles de Rodríguez sobre su expediente, "que hace poco sedujo a una modelo de La Maison".

Segura asiente. Ambos visitantes sonríen.

"Lo que tiene mucho más mérito teniendo en cuenta que, por entonces, tenía usted un flemón."

"Ajá, el flemón me duró más que ella."

"También nos consta. Y, como es natural, sabemos que, a menudo, habla mal del gobierno."

Nicanor O'Donnell se queda sin palabras.

"Muy a menudo", le sonríe Segura.

"Es por eso que estamos aquí."

Rodríguez apenas le enseña un carné.

"Nuestra misión es instalar unos micrófonos en su casa para escuchar directamente sus comentarios antigubernamentales."

Antes de acabar la frase, ya está dentro de la casa.

"Permiso."

Segura lo sigue. Nicanor da unos pasos fuera de su apartamento, mira al pasillo o a la escalera.

"No, esto tiene que ser una jodedera", se dice en voz alta.

Un instante después, aparece sentado en la única butaca de la sala. Los dos hombres, de pie.

"Esto es en serio", asegura Rodríguez, apoyado en una gran mesa rústica. "Venimos a instalarle los micrófonos".

Nicanor O'Donnell no consigue créerselo.

"Ni siquiera lo disimulan", se queja. "¡Qué desfachatez!"

Su comentario hace que Rodríguez se quite las gafas de sol y sonría a su compañero.

"A los clientes no hay quien los entienda. Antes se quejaban de que no dábamos la cara... A ver, Nicanor, ¿qué usted prefiere? ¿Que vengan dos desconocidos y entren en su casa subrepticiamente cuando esté vacía, o que se acerquen y hablen francamente con usted y le planteen el problema?"

"¿Sabe qué prefiero? Que los desconocidos sigan desconociéndome."

Apoyado en la mesa, Rodríguez parece a punto de tomar una decisión rotunda. Ahora es Segura quien se quita las gafas.

Nicanor se ve obligado a retractarse.

"Aunque... si... si tengo que escoger, prefiero el diálogo."

Rodríguez se abre en una sonrisa, lo apunta con el índice izquierdo.

"¡Ahí lo tiene!"

Camina por toda la habitación.

"Esto pasa en muchas partes del mundo, pero nuestra jefatura, atendiendo a las numerosas quejas, ha estructurado un plan para cambiar gradualmente nuestro sistema de trabajo y hacer nuestra presencia más participativa, si se quiere."

Segura presta atención a un cartel de cine colgado en la sala.

"Yo expresé la idea que eran de prever reacciones iniciales como la suya", continúa Rodríguez.

Para nerviosismo de Nicanor, Segura da con un par de galones de combustible, hace anotaciones en una libretica y le echa una mirada.

"Me acusaron de conservador, y me eligieron para la experiencia piloto."

Nicanor asiente. Tiene clara ya la razón por la que Rodríguez fue elegido para esta empresa. Pero, ¿y él?.

"¿Por qué yo?"

"Porque es el más creativo."

"¿Eh?"

"Nicanor, la mayoría de las personas que piensan como usted se limitan a criticar la Mesa Redonda, los apagones, el *Granma*... a preguntarse hasta cuándo es esto... En cambio, usted ha hecho análisis realmente sagaces de nuestra política migratoria. En realidad, nos ha ayudado mucho."

"Gracias."

"También, si hay que decirlo todo, su casa nos quedaba mucho más cerca. Teníamos que venir a pie. Un colega nuestro se llevó el carro para la Tribuna Abierta de Caimito, y no sé sabe cuándo regresa."

"Eh, fue de Bauta, Rodríguez."

Después de husmear en paredes y pertenencias, ahora Segura olisquea el aire.

"¿Monte Rouge?"

El sabueso da con el café colado.

Nicanor se ve obligado a invitarlos. Trae en una bandeja su taza ya servida, de loza blanca y azul con filetes dorados, y un par de tazas de barro para los visitantes.

Rodríguez toma la mejor de las tres. Sentado en la única butaca, aspira con aire embelesado el humo.

"Exquisito", sonríe.

El buen café parece sacar lo mejor de cada persona.

"De la Escuela de Cine, ¿verdad?"

Su fineza de catador asombra a Nicanor.

"Muy buena tiendecita ésa", reconoce Rodríguez. "Económica, bien surtida. La semana que viene, por ejemplo, van a sacar aceite a 1.50".

Sus tareas parecen incluir, no sólo la vigilancia de ciudadanos, sino también las existencias de las tiendas y sus tablas de precios.

Segura pasa revista a un anaquel de libros. Muestra a su compañero un número de la revista *Encuentro de la Cultura Cubana*, publicada en el exilio. Pero Rodríguez le quita relevancia al hallazgo con un gesto, y echa una mirada general a la casa.

"La verdad es que da gusto ver una vivienda bien cuidada, ¿eh?."

Se diría que los temas domésticos le apasionan.

"Esto parece una oficina comercial, una embajada, qué sé yo... Se ve que su madre, que en paz descanse, era un mujer de buen gusto."

"Esta mesa", cita como ejemplo, "es una maravilla".

"Sí. Esta era la mesa de derrota, que es como se les llama a la mesa con la que trabajan los capitanes de barco, del almirante éste... ah, Sebastián de Ocampo, que fue el primero en hacerle el bojeo a Cuba. ¡Total, para darse cuenta de que esto era todo lo que había!"

"Lo sé, lo sé. El custodio del Museo de la Ciudad al que se la cambiaste por un video JVC es vecino mío."

Otra vez deja a Nicanor sin palabras. Amén del trapicheo de combustible y de casas, amén de coleccionar publicaciones del exilio y de criticar al gobierno, están al tanto de sus incursiones dentro del patrimonio museístico.

Segura bebe el café sin ceremonias.

"Muy bueno."

Palmea la espalda de Nicanor, carga la maleta y secretea algo a su jefe.

"Positivo", le confirman.

Rodríguez deja la mejor de las tres tazas sobre la mesa.

"Bien, vamos a lo nuestro. ¿Dónde suele hablar mal del gobierno?"

"¿Cómo?"

"¿En qué parte de la casa?"

"¡Imagínate tú! No sé, en cualquier parte. Aquí, o en el cuarto. En la cocina", asiente con mayor propiedad, "en la cocina".

Tanta dispersión abruma a Rodríguez.

"Caramba, es que no tenemos sino dos micrófonos. Para que recoja bien, en estéreo y con nitidez, deberían ponerse en una sola habitación."

Nicanor rompe en una carcajada.

"¡¿Qué dice?!"

"Digamos, en su cuarto. ¿Le importaría?"

"Pero, coño... Pero, coño, ¿qué me está diciendo? ¡Claro que me importaría! Pero, ¿a ustedes qué les pasa por la cabeza? Si me da la gana de hablar mal del gobierno en la cocina, ¿no puedo hacerlo?. ¡En mi casa! Oiga, aquí en la sala está el televisor. Si dicen una estupidez por ahí, por el noticiero, y no me gusta, ¿yo tendría que irme para mi cuarto y criticarlo allí?. ¡Eso no se le ocurre ni al que asó la manteca, compadre!"

Rodríguez se pone en pie.

"¡Dos micrófonos, Nicanor! ¡Usted vive solo y el Estado le asigna dos micrófonos para sus necesidades! ¡Hay familias de diez que se pasan el día echando pestes de las oficinas de Urbanismo, de la Vivienda y, por ahí para arriba, de cualquiera, y no hemos podido instalarle un solo micrófono! ¡Coño, ¿qué más quisiéramos nosotros que poder instalarle...?!"

Sus razones terminan por convencerlo.

"Bueno, bueno, ya, está bien. ¿Quiere en el cuarto? Pues en el cuarto entonces..."

"En el cuarto no puede ser", afirma Segura, de vuelta en la sala. "Porque tiene un aire acondicionado ahí, ilegal por cierto, que hace tremendo ruido. Eso interfiere, ahí no se va a poder hacer".

Nicanor mira a su alrededor.

"¿Y aquí?"

"No, en la sala tampoco. La sala es demasiado grande, y con dos micrófonos no se recoge."

"Y", Nicanor aporta otra propuesta, "¿si lo ponen en la cocina?"

"La cocina tiene el tamaño apropiado, pero como da al pasillo lleno de muchachos correteando todo el tiempo, tampoco va a servir."

Nicanor se rinde.

"Bueno, yo no sé, decidan qué es lo que van a hacer."

Segura mira a su jefe, mira al cliente.

Los tres pasan al baño.

"Ustedes están locos."

Segura se pone a canturrear dentro del baño.

"Pues aquí hasta te podemos grabar un disco, para que sepas."

"Miren, miren, miren. Yo hablo mal del gobierno cuando tengo invitados, amigos que me visitan. Monologar no tiene gracia. ¿Ustedes pretenden que yo reciba a mis amigos en el baño?"

"¡Cómo te gusta complicar las cosas, Nicanor! La orientación es que hables mal del gobierno aquí. Si necesitas un pretexto para traer a tus amigos, podemos conseguirte un minibar de ésos que hay en los hoteles y te lo instalamos ahí, debajo del lavamanos, o allá..."

"¡¿Qué?! Gracias, gracias, gracias, ya me las arreglaré..."

Dispuesto a instalar los micrófonos, Segura encuentra otros galones de combustible debajo del lavamanos. Más pruebas de contrabando.

"Rodríguez", pide a su compañero, "díle lo otro".

"Ah, claro. Mira, Nicanor, a veces tú tienes tendencia a ser indulgente con el gobierno. El otro día, en El Rápido de 26 y Zapata, empleaste quince minutos en explicarle a ese trovador amigo tuyo por qué, a pesar de todo, prefieres vivir aquí."

Nicanor sonríe. Por fin un secreto que no va a meterlo en problemas.

"Las cosas buenas del sistema no nos interesan", le advierte Rodríguez. "Por favor, concéntrate en lo tuyo".

Segura lleva audífonos.

"Vamos a hacer una prueba, Rodríguez. Ven acá, Nicanor. Párate... aquí."

Lo coloca ante el espejo del lavamanos.

"Di algo ahora."

Él esconde sus manos detrás de la espalda y se alza como si fuera a alcanzar un micrófono en lo alto.

"Uno, dos, tres, probando."

"No, chico, no, di algo subversivo. Para ir entrando en calor."

"Oh..."

Segura lo conmina con un gesto de grabador musical.

Nicanor mira a uno y a otro.

"¡Me encantaría tener una antena parabólica!"

"Así. Quedó perfecto. Alto y claro."

Segura se quita los audífonos, Rodríguez parece satisfecho.

"Bien, Nicanor, si tiene alguna duda..."

El dueño de la casa se lo piensa.

"Sí", dice al fin, "¿Tengo que desconectar algo si se va la luz?"

La pregunta hace sonreír al jefe.

"No, no. Claro que no. ¿Qué sentido tendría montar un sistema de escucha que se desactive en el momento en que más falta hace?"

"Ajá."

Los dos sonríen.

"No, no, tranquilo, tranquilo. Ahora, si me permite, ¿puedo usar el baño?."

De las sonrisas, Nicanor cree pasar a la complicidad.

"¿Quiere hablar mal del gobierno?"

Rodríguez se enseria.

"Quiero... orinar, Nicanor."

Esperan por el jefe en la sala.

"Oye", Segura habla en voz baja, "si lo que te preocupa es lo de la antena parabólica, éso yo te lo puedo resolver".

La propuesta agrega a Nicanor O'Donnell el asombro final.

"Pero eso queda entre tú y yo, porque este tipo es un poco cuadrado... Yo te aviso."

Rodríguez vuelve del baño. Los visitantes se despiden.

Nicanor tiene que recordarles la maleta, que dejaban olvidada.

Al recogerla, Rodríguez se da un golpe con la mesa de derrota.

"¡Mierda!", masculla antes de marcharse.

Pasan los créditos del cortometraje *Monte Rouge* realizado por Sex Machine Producciones en La Habana, en el año 2004.

2

Eduardo del Llano, autor del guión, director del cortometraje, letrista de una de las canciones y actor en el papel de agente Segura, se encontraba en el tiempo muerto entre la filmación de dos de sus historias. Gerardo Chijona acababa de terminar el rodaje de *Perfecto amor equivocado*, y Fernando Pérez se disponía a comenzar la filmación de *Madrigal*.

Eran películas producidas por el instituto oficial de cine. Él había trabajado ya con el segundo de estos directores. Llevaba una carrera relativamente exitosa como escritor de comedias dentro del instituto oficial de cine. Con el éxito de las carreras que se llevan allí adentro. Su distinción como guionista estaba en dotar de cierto ingenio a tramas más bien adocenadas. En conseguir alguna alegoría.

La película de Gerardo Chijona terminaría por ser una ramplona comedia de costumbres. La de Fernando Pérez, una alegoría fallida. Y, entre una y otra, Eduardo del Llano se propuso dirigir la anécdota de dos agentes de la policía secreta que un buen día se presentaban a la puerta del apartamento de Nicanor O'Donnell con el fin de instalarle un sistema de escucha.

Nicanor O'Donnell era el nombre que él insistía en darle al protagonista de muchas de sus historias. Guardaba historias con las que podrían filmarse varias películas breves. Material que nunca llegaría a crecer hasta largometraje, situaciones que no terminaban de encajar en los guiones que escribía para otros directores.

Con el propósito de realizar esos cortometrajes fundó Sex Machine Producciones, junto al músico Frank Delgado y los actores Luis Alberto García y Néstor Jiménez. Se trataba de una productora pequeña, más bien de una marca para que no salieran desamparados aquellos trabajos por cuenta propia. Porque no había dinero para empezar. O apenas lo había. Así que la mayoría de los participantes no reclamaba pago de antemano. Luis Alberto García, uno de los actores más recurrentes del cine oficial, trabajaba en el papel protagónico. Néstor Jiménez, actor teatral con alguna que otra incursión en el cine, hacía de agente Rodríguez. Frank Delgado, integrante del Movimiento de la Nueva Trova, cantaba los dos temas musicales compuestos por él para el cortometraje.

Monte Rouge fue filmado gracias a la complicidad de un puñado de amigos. En su realización no cupo ayuda del instituto oficial de cine. El proyecto tenía a su favor que era una historia de pocos personajes y de una sola locación. Tres de los socios de Sex Machine Producciones bastaban para encarnarlos. El propio apartamento de Eduardo del Llano haría de apartamento de Nicanor O'Donnell. Contaban con una cámara MiniDV que Frank Delgado puso a disposición del equipo técnico. El trabajo de filmación no debería tomarles demasiado tiempo.

Sin embargo, no dejaron de surgir algunos percances. Y después de los agradecimientos de rigor, en los créditos finales podía leerse este rubro: "Desagradecimientos". Con una dedicatoria: "A los que no se atrevieron".

Eduardo del Llano aclaró después que esa dedicatoria iba dirigida a ciertos actores que, pese a interesarse por el guión, evitaron comprometerse. Hubo incluso quien, luego de aceptar el papel, debió pensárselo mejor y abandonó el proyecto. Pues se trataba de personificar a unos agentes de Seguridad del Estado nada gloriosos. Se trataba de hacer burla de un asunto tan serio como la labor de Seguridad del Estado.

Tal como era de esperar, *Monte Rouge* no alcanzó a estrenarse en los cines o en la televisión nacional. Su guionista y director declaró que nunca había estado entre sus planes la emisión del cortometraje por la televisión cubana. Tampoco que el instituto oficial de cine, donde filmaban a partir de guiones suyos, se ocupase de su estreno y de su distribución.

No se había hecho demasiadas ilusiones. Concibió su película para el circuito de festivales cinematográficos. Cuando imaginaba un destino para aquel divertimento era algún festival lo que imaginaba. Y su elección no tenía por qué excluir al más cercano de todos ellos, el Festival Internacional del Nuevo Cine Latinoamericano. Sex Machine Producciones envió el primero de sus filmes al festival habanero, un certamen controlado por el instituto oficial de cine. Mandaron la broma alrededor de unos agentes secretos a donde no faltaban colegas de Rodríguez y Segura, policías secretos de verdad.

La comisión encargada de seleccionar las obras del Festival Internacional del Nuevo Cine Latinoamericano decidió no contar con *Monte Rouge.* Cancelada esta posibilidad, impensable su exhibición televisiva o cinematográfica, el cortometraje gozó, sin embargo, de una circulación fulminante. Pasó de mano en mano, de recomendación en recomendación. Entró en la memoria de muchísimas máquinas, fue copiado en discos, alquilado sin tregua por los proveedores clandestinos de películas.

Ciertas facilidades tecnológicas habían permitido su realización y ciertas facilidades tecnológicas le propiciaron una difusión extensa. Era posible realizar una película con apenas presupuesto, actores amigos y una simple cámara, sin necesidad de laboratorios posteriores. Y no era necesario contar con una pantalla de cine o un espacio de televisión para que muchos espectadores alcanzaran a verla. Gracias a la digitalización de las imágenes, *Monte Rouge* pudo ser filmado. Gracias a las facilidades de su reproducción y a los dispositivos de memoria, circuló profusamente.

3

Después de seis años sin exponer en La Habana, Carlos Garaicoa fue invitado en 2009 a mostrar sus trabajos más recientes en el Museo Nacional de Bellas Artes, en ocasión de la Décima Bienal de Artes Plásticas.

La invitación era señal inequívoca del reconocimiento en el país, que se sumaba al reconocimiento internacional de una obra con exhibiciones en Boston, Madrid, Beijing, Río de Janeiro, París y Montreal, por citar solamente las del año anterior. Las salas del museo que contiene la mayor colección de arte cubano de varios siglos se abrían para un artista nacido en 1967. Se trataba de un escenario principal de la Bienal: podían contar con la presencia del ministro de Cultura en la apertura. Varias de las mayores instituciones del país estaban involucradas en aquella invitación y, como de costumbre, tendrían que negociar cuáles piezas se expondrían, en qué iba a consistir la muestra.

A Garaicoa le gustaba fundar ciudades encima de un tablero, ciudades a escala. Trabajaba con maquetas iluminadas. Alguna vez había construido un *skyline* de lámparas de arroz de papel.

Había levantado ciudades candeleros, que ponía a arder y que se desgastaban lo que durara la exposición. Había concentrado diversas capitales en una sola, Cosmópolis.

Había fabricado un jardín japonés de arena rastrillada, y bautizado como jardín cubano el reguero de escombros de un edificio derruido de La Habana Vieja.

Había expuesto en un patio de Córdoba una ciudad de azúcar blanca y prieta, poblada por hormigas que se alimentaban de ella.

Había planeado una Babel que era, como siempre, la imposibilidad de una Babel.

Había conseguido, del clausurado bar Sloppy Joe's, su *Sloppy Joe's Bar Dream*.

Garaicoa dibujaba plantas y alzadas de edificios, delineaba con hilos.

Recortaba arquitecturas de viejos grabados para prestarles ampliaciones incongruentes, sombras fantásticas.

Construía ciudades que se levantaban como salidas de libros *pop-ups*.

Trazaba sobre fotografías de inmuebles arruinados unas muy raras consecuencias. Procuraba descifrar lo que decían los viejos carteles lumínicos habaneros, cuando ya habían desaparecido los establecimientos que anunciaban. Y agregaba frases a los reclamos inscriptos en las aceras comerciales de Centro Habana.

Trabajaba como publicista de negocios quebrados hacía medio siglo. Rara vez sobreescribía o tachaba, lo suyo no era el palimpsesto. Consistía, más bien, en desarrollar las ruinas, en agregarle nuevas alas a construcciones devastadas.

Lo desvelaban las vallas que hasta hacía poco imponían propaganda gubernamental. Esas vallas llegaban a corresponderse en abandono con los viejos carteles comerciales. La propaganda comercial y la política por el mismo camino de decrepitud.

De una quedaban los letreros incapaces de brillar, desvencijados, que anunciaban la nada. De otra, armazones vacías a la orilla de las carreteras y en lo alto de algunos edificios, a la espera de una frase memorable, del líder de un país amigo, de una campaña diseñada para cambiar la correlación de fuerzas del mundo.

A él le interesaba imaginar las edificaciones que podrían salir de esas armazones. Las convertía en andamios, formaba con ellas el trazado de construcciones por venir.

Les inventaba consignas.

"No puedo seguir más", rezaba una.

"Errar y arriesgar", en grandes letras.

"Perseguido por la palabra, opto por el gesto."

"Mierda", en varios idiomas.

"Dios", en varios idiomas.

O interjecciones, nada de consignas entendibles.

Sustituía la monocordia de la propaganda política por exclamaciones achacables a cualquier individuo. Sus vallas eran globos de cómics que salían de las casas, fragmentos de conversación entre edificios.

La obsesión arquitectónica lo había llevado a planear un observatorio en Castleford, West Yorkshire, y el trabajo con maquetas que proponía al Museo Nacional de Bellas Artes consistía en modelos a escala de ocho edificios de distintas partes del mundo.

Ya había construido una sola ciudad con edificaciones emblemáticas de muchas, pero en esta ocasión perseguía algo distinto. Las quería citadas como ejemplos, colocados en un expositor, protegidas por cristales.

Eran maquetas de:

la sede de la Stasi

la Base Naval de Guantánamo

el Estadio Nacional de Chile

el cuartel general del KGB en la Plaza Lubyanka de Moscú

el Pentágono

la Escuela de Mecánica de la Armada (ESMA) en Argentina

el edificio de Línea y A, sede del servicio de inteligencia exterior cubano

Villa Marista.

Cada modelo fundido en plata, acompañado de dos fotos del lugar y un texto explicatorio.

Formaría con ellos la sección *Las Joyas de la Corona*, dentro de la exposición llamada *La enmienda que hay en mí*.

Si el museo seguía interesado en exponer su trabajo.

4

La historia contada en *Monte Rouge* giraba alrededor de unos dispositivos. El cortometraje sólo había podido realizarse con la ayuda de ciertos artefactos y, a su vez, narraba un enredo tecnológico, la instalación de unos micrófonos secretos sin ocultarse del vigilado.

No era una historia perfecta y, sin embargo, quizás constituía el mejor trabajo narrativo de Eduardo del Llano hasta la fecha. Aunque, aún en su ajustada economía, incluía al menos un par de borrones. Uno de ellos, el episodio referido del flemón y la modelo de La Maison, sólo entendible como un chiste fallido. Otro, la leyenda en torno a la mesa de derrota, que hacía difícil precisar a cuento de qué venía. Quizás para aportar un dato más al listado de pormenores del vigilado. O acaso la mesa estuviera plantada allí para prestarse al tropezón final del policía, y formaba parte de las inclinaciones alegóricas del autor.

La instalación de un par de micrófonos llevaba a los agentes Rodríguez y Segura a interrumpirle el café a Nicanor O'Donnell. Los escrúpulos tecnológicos pesaban más que los morales. Pues estos últimos se desvanecían frente al poder representado por la pareja, y de nada valdría discutirlos. Al protagonista no le quedaba más remedio que transigir y ofrecer su colaboración, sin importar cuán descabellado fuera aquel propósito. Entonces las limitaciones tecnológicas creaban las peripecias más absurdas. Lo extraño no estaba en que vinieran a instalar unos micrófonos, sino en que tuvieran que colocarlos en el baño. Después del absurdo, quedaba más absurdo todavía.

Segura y Rodríguez operaban con micrófonos idóneos siempre que el espacio a barrer no fuera demasiado grande o no existieran ruidos que interfirieran. Y cuando aparecían los impedimentos para su instalación en la sala y la cocina, se veían obligados a citar el ejemplo de familias numerosas que no contaban con un solo micrófono. Apelaban a la misma lógica del discurso oficial para explicar las diferencias en la distribución de bienes mínimos. Como si los micrófonos espías formaran parte de la canasta básica de la población. Como si constituyera deber del Estado garantizar a cada núcleo familiar tantas pastillas de jabón al mes, tantos gramos de arroz o pasta de tomate, y tal número de escuchas.

El baño era el sitio de la desnudez, lo cual aseguraba la sinceridad extrema en las opiniones. Era también el sitio de la mierda, y quien hablaba en Cuba contra el gobierno solía autoinculparse de "estar hablando mierda". Se denunciaba a sí mismo por soltar opinión. Se otorgaba la mejor de las licencias, sin tener que llegar a la locura, para hablar de política.

Los micrófonos quedaban instalados en el sitio de la desnudez y de la mierda, de la verdad y de la crítica. La comprobación de su buen funcionamiento acarrearía un aparato más, pues O'Donell delataba su deseo de una antena parabólica. Dos agentes secretos se aparecían en su casa, le mostraban los instrumentos, tanteaban la instalación de éstos y, cumplida la misión, uno de ellos iniciaba las negociaciones por un nuevo artefacto. La instalación de un sistema de escucha policial daba paso a los acuerdos de compraventa de una antena parabólica.

Un agente encargado de revelar al vigilado la tecnología oculta se empeñaba con éste en un nuevo secreto. Hasta el punto que lo verdaderamente escandaloso, lo que ciertamente tendría que pasar en silencio, no eran los dos micrófonos acabados de instalar, sino la antena parabólica que saldría de todo aquello.

Más que el combustible almacenado en varias habitaciones o los embrollos inmobiliarios en los que el vigilado estuviese metido, su principal gesto de contrabando lo empujaba hacia una antena. Pretendía lo mismo que buscaban allí aquellos intempestivos visitantes, pretendía información. Y si acaso resultaba perverso el contrato que venían a establecer con él, no menos perverso habría de estimarse su deseo de contar con una antena parabólica, el contrato acabado de pactar con Segura.

Monte Rouge, un cortometraje cuya suerte dependió en mucho de la multiplicación de copias, parecía versar acerca de lo contagioso de las tecnologías. Del pacto por los micrófonos secretos al pacto por la antena prohibida.

5

Las antenas prohibidas jugarían un papel decisivo en la suerte del cortometraje. Porque, a diferencia de la televisión nacional, el canal 23 de Miami no tuvo reparos en emitir varios fragmentos suyos, y luego toda la obra. Regresó así al país, de rebote, el chiste imposible de contar acerca de unos segurosos. Los propietarios de antenas furtivas pudieron acceder a *Monte Rouge*, si acaso no lo conocían ya. Y fue ocasión para grabarlo, para que aumentaran las copias de distribución clandestina.

La televisión miamense no sólo emitió aquella peliculita increíble, sino los comentarios que ésta despertaba. Se avivó el escándalo ante la omnipotencia del régimen policial, ante la intromisión del Estado en las vidas privadas. No tardó en publicitarse *Monte Rouge* como ejemplo de cine clandestino, hecho a espaldas de la gente ocupada en plantar micrófonos, en contra de esa gente.

Lo peliagudo del tema permitía augurar los peores castigos para quienes aparecían en él, para cada nombre inscripto en los créditos. Aquellos que hasta entonces habían llevado con suerte sus carreras en el cine y en la televisión podían ir despidiéndose de ellas. Porque las autoridades repartirían sanciones a la altura de su frustración de no poder ocupar todas las copias. Y puede que no hubiera faltado razón a quienes, en los créditos finales, recibieran desagradecimientos.

Sin embargo, las peores predicciones quedaron sin cumplirse. De atenernos a la versión ofrecida por Eduardo del Llano, el único inconveniente que el caso trajo a la vida de los actores fue un período de tres o cuatro meses en que les negaron trabajo televisivo. Ninguno de ellos tuvo tropiezos a la hora de viajar al extranjero, y Sex Machine Producciones continuó con la planificación de sus cortometrajes venideros. Aunque, luego del estreno en Miami, pareció recomendable realizar algunas aclaraciones ante la prensa.

Eduardo del Llano pidió al vicepresidente del instituto oficial de cine que convocara a corresponsales nacionales y extranjeros. Él respondería cualquier interrogante en una conferencia de prensa. Podría ser un espacio de debate donde escuchar las diversas opiniones sobre su trabajo.

Su propuesta corrió la misma suerte que la inscripción del cortometraje en el festival más importante del país. Las autoridades se decantaron por una modalidad más manejable. *La Jiribilla*, publicación digital especializada en arte y propaganda política, publicaría una entrevista con el realizador. De esta manera evitaban cualquier gesto imprevisto, y sacaban la noticia del ámbito local. Del Llano hablaría para los lectores extranjeros del semanario digital, no para los furtivos espectadores del cortometraje en Cuba. Y no respondería tanto a la curiosidad de una entrevistadora como a los comentaristas miamenses de su obra.

La propia directora de *La Jiribilla*, Nirma Acosta, se encargó de hacer las preguntas. Con perfecto sentido de la oportunidad, entrevistado y entrevistadora centraron gran parte de la conversación en la emisión del cortometraje por una cadena televisiva miamense. Del Llano confesó que nadie le había pedido autorización para ello, que no habían contado con los derechos de los autores. Según él, entre Sex Machine Producciones y el canal 23 no mediaba acuerdo ni contrato alguno. Y aquella gente de Miami utilizaba la supuesta clandestinidad del producto para eludir las exigencias usuales de comercialización.

Con tal de soslayar el escándalo político que constituía la película, ambos se escandalizaban por los manejos de una empresa extranjera. Como en tantas ocasiones, un buen asunto externo resultaba indispensable a la hora de pasar por alto los más próximos. De modo que lo que parecía reunirlos a ambos en aquella entrevista no eran tanto las explicaciones que Eduardo del Llano debía a las autoridades cubanas como una violación internacional de los derechos de autor. Igual que hicieran Rodríguez y Segura, Nirma Acosta y Eduardo del Llano ocultaban la verdadera naturaleza de su conversación bajo lenguaje empresarial.

"A los clientes no hay quien los entienda", se quejaba el agente de gafas oscuras.

La entrevista ocultaba el delito de opinión detrás de un delito económico. Y vino a servirles para esas maniobras, no sólo una cadena de televisión miamense, sino la mismísima Oficina de Intereses de Estados Unidos en La Habana.

Del Llano avistó la oportunidad.

"Hace unos días, me llamó una amiga y me dice que le comentaron que el documental se podía descargar libremente desde un sitio web, y también que la gente de la Oficina de Intereses de EE.UU. en La Habana lo estaba distribuyendo."

Sin proponérselo, Sex Machine Producciones contaba con poderosos distribuidores, con negociadores peligrosísimos. La aparición de este dato cambiaba rotundamente la naturaleza de lo que trataban allí. El caso se agravaba con la participación de personal diplomático estadounidense. Por lo que el responsable de la broma filmada tuvo a bien hacer gala de su pureza de intenciones.

"No sabía nada de eso. No fui yo y estoy seguro de que no fue ninguno de nosotros quien lo dio para que fuera exhibido o repartido por alguien."

Se encontraban ahora en medio de la guerra. Tropezaban, no con una simple cadena de televisión, sino con la diplomacia del mayor enemigo. Y desde que los servicios secretos estadounidenses utilizaban aquellos quince minutos filmados como un arma había quedado atrás el supuesto caso de piratería.

Eduardo del Llano no dudó en ofrecerse para la réplica.

"Si se logra comprobar que los de la SINA lo están distribuyendo, que cuenten conmigo para darle curso legal a eso, porque no me da la gana que me utilicen, sin pedirme permiso –que no lo voy a dar– e ignorando mis derechos."

Una alusión suya a la Fundación Cubano Americana completaría el espectro de enemigos contra los cuales combatir. Él no tenía noticias de que integrantes de esa fundación tomaran parte en la campaña en torno a su cortometraje, pero valía la pena sumarlos como hipótesis. Metidos ya en el discurso de la guerra, venía a cuento por necesidad retórica. Cerraba el cuadro, hacía que el asunto sonara más convincente.

Del Llano comentó que una cadena de televisión miamense, Planeta TV, le había hecho un ofrecimiento de compra de los derechos para colgar el cortometraje en su sitio web.

"Les pedí que enviaran la propuesta por e-mail para estudiarla con los abogados del ICAIC, y le solicité a un amigo que revisara el sitio en Internet para saber cuál era el perfil editorial del mismo, porque si de pronto la página que decía estaba, por ejemplo, patrocinada por la Fundación Cubano Americana, por supuesto que no había nada que hablar."

El equipo de *Monte Rouge* había filmado una broma que incluía a agentes de la policía secreta cubana. Aquella broma se había esparcido hasta írsele de las manos, y otras fuerzas empezaban a contarla y reírla a sus respectivos modos. Hablar ahora del cortometraje suponía referirse a la inteligencia estadounidense y a los diversos destacamentos de la contrarrevolución. Su entrevistadora se complacía en el tema. Una inocente broma alrededor de dos micrófonos les permitía destapar todo un complot internacional.

En un intento de volver a dominar su trabajo, Eduardo del Llano no tuvo inconveniente en utilizar esas fuerzas internacionales para el exorcismo. Fueran fantasmáticos o no, aquellos que medraban con el cortometraje servirían al director y guionista de *Monte Rouge* para ratificar su lealtad revolucionaria y hacerse disculpar su paso en falso.

Porque aquella entrevista era otra manera de hacer ficción. Detrás de la visita de Rodríguez y Segura, en la historia que el cortometraje contaba, existía un colega anónimo que viajaba en el carro oficial hacia Caimito o Bauta. Se dirigía a una Tribuna Abierta, una de esas celebraciones de la Batalla de Ideas que incluía discursos de dirigentes, danzas y cantos de pioneros, recitaciones de poemas patrióticos a cargo de actores conocidos, repetición de mantras antimperialistas... Luego de atreverse a escribir y filmar *Monte Rouge*, Eduardo del Llano creyó oportuno remedar, en defensa propia, una Tribuna Abierta.

Necesitaba aplacar el escándalo político, ofrecer las interpretaciones más tranquilizadoras. Su historia había sido filmada y circulaba, era tiempo ya de desdecirse un poco de ella. Cada uno de los espectadores sabría qué encontrar en la visita de dos agentes secretos a un hombre que se preparaba un café. A él le correspondía ahora quitarse de encima las acusaciones, obrar por la continuación de su carrera. Dentro de poco, Fernando Pérez empezaría a filmar otro guión suyo. La suerte de todo un equipo dependía de él, y tendría que librarlos de la presión de los verdaderos Segura y Rodríguez.

Más que una entrevista, *La Jiribilla* le propiciaba un *making-of* de su película que incluía espías estadounidenses, piratas de Miami y, con bastante probabilidad, la más odiada fundación contrarrevolucionaria. Así que la única salida que encontró fue forjar un episodio más de la Batalla de Ideas, de la campaña de intensificación ideológica comenzada a propósito de Elián González.

Lo mismo que el niño Elián, *Monte Rouge* había sido raptado por gente de Miami. La contrarrevolución procuraba hacerse del control de su criatura.

6

"Me interesaba hablar de las joyas de la corona como ese espacio privativo de los Estados, estos lugares oscuros, centros de inteligencia, centros de tortura", reconoció Carlos Garaicoa después de inaugurada su exposición.

Las maquetas de plata incluían dos ejemplos de régimenes comunistas europeos, dos ejemplos de dictaduras latinoamericanas de derecha, dos estadounidenses y dos cubanos: la historia mundial a través de sus edificios más terribles. Pues, aunque el Pentágono y la torre de Línea y A no albergaran la tortura, ambas sedes presuponían su ejercicio. Se alzaban sobre cárceles adjuntas.

Garaicoa observó que la serie de maquetas podía crecer con nuevos ejemplos.

Eran figuras construidas a escalas variables. Sus dimensiones no marcaban el grado de ignominia. No se trataba de una comparatística del horror. Por el contrario, estaba implícita cierta equivalencia. Las sedes de la inteligencia y la contrainteligencia cubana eran consideradas a la par que los centros de tortura de las peores dictaduras sudamericanas, y ninguna disculpa humanística venía a relativizarlas. No cabía la excusa del pequeño país sitiado por el gigante enemigo. Nada de guerra necesaria, nada de calabozos imprescindibles. Todos los ejemplos compartían con la Base Naval de Guantánamo la condición de limbo jurídico, de hueco negro de la legalidad.

Eran construcciones cuyos pasillos tragaban gente.

Joyas de qué Corona, podían preguntar los visitantes de la exposición. Pues cabría algún sentido en emparejarlas de aquel modo.

Tendría que existir una intersección de todas ellas de la que parecía estar hablando el artista. Una sola Corona, un solo Imperio que respondiera por todas.

Aún las que se enfrentaban encarnizadamente pertenecían a una misma idea. Pentágono y Línea y A conformaban un exacto antagonismo. El primero albergaba al Departamento de Defensa, el segundo reservaba tres de sus pisos para la inteligencia contra Estados Unidos. Los dos peleaban con iguales armas, con la misma falta de escrúpulos. Destilaban imperialismos no muy distintos.

La torre alzada en Línea y A, disimulada su condición entre otras torres similares del Vedado, cobraba individualidad. Villa Marista, desdibujada de tan presente en el miedo popular, aparecía sobrevolable. Villa y torre podían mirarse desde arriba, como a las pesadillas sobrepasadas. El juego secreto quedaba expuesto, Garaicoa perimetraba el horror.

Tal como se previó, el ministro de Cultura asistió a la apertura. Entre el 26 de marzo y el 21 de junio de 2009 fueron expuestas en el Museo Nacional de Bellas Artes las maquetas fundidas por Garaicoa. El museo publicó un catálogo que dedicaba casi una veintena de páginas a *Las Joyas de la Corona* y doscientas a todas las obras expuestas por el artista.

Podría parecer absurdo que el mayor evento de artes plásticas del país y las mayores autoridades políticas y culturales saludaran el trabajo de un artista que incluía tan fuertes inculpaciones políticas. Es de imaginar el asombro de los comisarios políticos y de los infaltables oficiales de Seguridad del Estado al conocer de antemano los detalles de la exposición. Carlos Garaicoa se presentaba ante autoridades y especialistas del Museo Nacional de Bellas Artes, aprovechaba la celebración de la Décima Bienal de La Habana, y anunciaba que pondría un puñado de juguetes de plata entre los cuales se contaban unas reproducciones de Villa Marista y de la sede del DGI, en Línea y A. Colocaba a la vista de los espectadores unas imágenes de las cárceles secretas del país. Enseñaba hacia dónde conducían los micrófonos.

7

Los jefes habían estructurado un plan que cambiaba el sistema seguido hasta entonces, explicaba Rodríguez en *Monte Rouge*. En adelante ellos se harían más visibles, trabajarían en conjunto con sus vigilados. Los nuevos tiempos traían algo más que innovaciones tecnológicas liberadoras. Una época de antenas parabólicas furtivas obligaba a nuevos procedimientos de espionaje. Se hacía necesario un convenio de nuevo tipo entre vigilados y vigilantes, un clientelismo policial de nuevo cuño.

Tal vez cuando Rodríguez hablaba de clientes no habría que entender el término en su acepción comercial. Tal vez para entenderlo con justeza convendría descartar la exageración humorística, descartar que se tratara de una extrapolación de lenguajes. Porque él podría estar acogiéndose a una acepción no tan pronta, que explica al cliente como persona bajo la protección o tutela de otra.

"El que me atiende", acostumbra a llamarse irónicamente, con ironía perdida de tanto decirla, al oficial de Seguridad del Estado vuelto visible, inquisidor cercano.

Por supuesto que los agentes de la policía secreta no visitaban a ninguno de sus vigilados para convenir la instalación del sistema de escucha. Pero, ¿no acostumbraban a veces a desvelar su juego?. ¿No apelaban a dejar caer determinados datos hasta convencer a sus expedientados de que se hallaban bajo vigilancia? ¿No era el suyo un juego de ocultamientos, pero también de revelaciones?

Entraban, subrepticios y desconocidos, cuando las casas se encontraban vacías. Y también se aproximaban, daban la cara, hablaban todo lo francamente que podían, planteaban sus problemas. ¿Qué había de absurdo entonces en recibir la visita de unos policías secretos, escuchar de rebote algunos detalles íntimos, verlos pasar por alto una que otra infracción, compartir con ellos un café y sacar la certidumbre de que se sufría un puntilloso seguimiento?

Eduardo del Llano había filmado un cortometraje independiente entre dos películas de producción oficial con guión suyo. Procuró inscribir el cortometraje en la programación del Festival Internacional del Nuevo Cine Latinoamericano, y no fue aceptado allí. Recibió ofrecimientos de compra de una televisora extranjera, y pidió asesoría profesional a los abogados del instituto de cine. No dudó, al terminar su película, en ponerla a disposición de la censura política. Y en cuanto recibió una oferta de compra recurrió a los peritos legales del instituto estatal de cine.

Comisarios y abogados a sueldo del Estado podrían ocuparse, a petición suya, de la suerte de *Monte Rouge*, de los detalles de su exportación y venta. En caso de entablarse un proceso judicial contra los manejos de la diplomacia estadounidense, las autoridades cubanas podrían contar con la adhesión de Sex Machine Producciones.

Todas estas negociaciones en torno a los quince minutos de cine de *Monte Rouge*, aún tratándose solamente de negociaciones reveladas por el director, no parecían menos estrambóticas que las que sostuvieran Rodríguez y Segura con Nicanor O'Donnell. La historia en torno al cortometraje, lo mismo que la historia contada por éste, hablaba de una extraña promiscuidad, de una cohabitación un tanto rara.

Eduardo del Llano se apresuró a calificar de absurdo lo ocurrido dentro de su primer trabajo como director cinematográfico. Le parecía absurdo y digno de no ser tomado en serio el compromiso que establecían tres personajes suyos. Aquel cuento resultaba divertido por lo lejos que se encontraba de la vida real, por lo imposible que era. Y, sin embargo, sus gestiones para darle un destino a esa obra suya participaban de aquel mismo absurdo: presentar ante una comisión oficial un filme como *Monte Rouge* exigía un desparpajo no muy distinto al de unos vigilantes que confesaban haber venido a instalar los micrófonos.

8

Nirma Acosta, directora de *La Jiribilla*, se encargó de aplacar los comentarios internacionales despertados por la exposición de Carlos Garaicoa. No contaba para esta ocasión con una televisora extranjera, le faltaban los espías estadounidenses. Cuanto hubiera de escándalo político había sido promovido por los directivos de la Bienal de Artes Plásticas de La Habana, por las más altas autoridades del Ministerio de Cultura, contaba con el visto bueno de Seguridad del Estado. La exposición se había inaugurado sin cancelación a la vista. Las figuras en plata de Villa Marista y de Línea y A habían recibido la aprobación de todos los factores. De modo que ella tendría que hacer su trabajo sin culpar a nadie, y poco margen de interpretación le dejaba el artista.

Garaicoa no se ocupaba de un par de agentes a los que pudiera achacárseles negligencia. Iba a profundidad, iba a la sede. En su ataque contra Seguridad del Estado abarcaba todas las dependencias, desde las oficinas iluminadas en las madrugadas de urgencia hasta las celdas donde la luz no se apagaba nunca o a las que no llegaba nunca luz. Abarcaba las torturas, la planificación de las torturas, el procesamiento de datos obtenidos violentamente, los listados de nuevas detenciones. Abarcaba toda la lujuria geopolítica de averiguaciones y contraaveriguaciones. Y no existía nada de sátira o humor. El caso no podía reducirse a lo impropio de un chiste.

Ella empezó su artículo relativizando la importancia de la exposición. No es que no fuera importante, pues no podría afirmarlo sin demeritar a la Bienal en marcha, sino que en el propio Museo Nacional de Bellas Artes existían otras muestras de no menor relevancia. No era sólo Carlos Garaicoa quien exponía allí. Quedaban abiertas al público sendas exposiciones de Roberto Fabelo y Esterio Segura. Una tercera exposición demostraba las relaciones existentes entre las obras de Wifredo Lam, Raúl Martínez y José Bedia, residente este último en el exilio.

De ninguna de ellas daban noticia las agencias deleitadas en las maquetas de Garaicoa, y ya tenía Nirma Acosta enemigo visible contra el cual dirigir su articulismo: las agencias extranjeras de prensa. Cuando éstas se acercaban a las piezas del joven artista lo hacían para resaltar la equivalencia entre los distintos lugares de tortura, y únicamente transcribían la nota que acompañaba a una de ellas. A Villa Marista, precisamente.

El resto de las notas explicativas dispuestas por el artista no parecía guardar interés para esos corresponsales, que nada ponían en sus artículos acerca del Estadio Nacional de Chile, por ejemplo. El Estadio Nacional de Chile había sido utilizado como campo de concentración de prisioneros políticos en los comienzos de la dictadura de Augusto Pinochet. Por allí habían pasado 40.000 personas, de las cuales 1.850 fueron asesinadas después de ser torturadas. Y habría que sumar a ellas 1.319 prisioneros desaparecidos.

De estas cifras, de estas aclaraciones históricas citadas por Carlos Garaicoa, no decían nada las agencias extranjeras. Tampoco consideraban instructivas las referencias a torturas en la Base Naval de Guantánamo. Ellos iban detrás de la carnaza y del escándalo. Y, para resarcir esta falta, Nirma Acosta escribía un artículo en defensa de la Décima Bienal de La Habana, aportaba ejemplos de su variada programación, y discutía las acusaciones de disidencia política que la prensa internacional procuraba verter sobre el trabajo de Carlos Garaicoa.

"Hay 'disidencia', sí, en la exposición de Garaicoa, porque sostiene una mirada penetrante, crítica, no domesticada, frente al pensamiento único, frente a la globalización de la tontería, frente a un mercado del arte asociado a las concesiones y a estafas."

Para evitar que el enemigo se aprestara a construir un caso político, ella apuraba otros nombres de iguales disidentes: Roberto Fabelo, Esterio Segura, René Francisco Rodríguez, José Ángel Toirac, Lázaro Saavedra, Kadir López.

Eran las agencias noticiosas, y de ninguna manera el autor, quienes establecían un injusto paralelo entre las distintas piezas expuestas en el Museo Nacional de Bellas Artes.

"Tanto en las notas al pie de las distintas piezas como en el catálogo de la exposición, Garaicoa ha resuelto claramente la diferencia radical entre Villa Marista y la DGI del MININT y las demás 'joyas de la corona' trabajadas por él. Se trata de una obra rigurosa, de lectura compleja, con un altísimo nivel de elaboración conceptual y artística, que es reducida en el cable de ANSA, de manera vulgar, a un paralelo insostenible, grotesco, ofensivo, entre dos instituciones cubanas consagradas a la defensa del país, ajenas por definición a toda violación ética, y los más tenebrosos centros de tortura, crimen y represión."

Los corresponsales internacionales apreciaban solamente las semejanzas entre aquellos ocho ejemplos. Nirma Acosta, en cambio, descubría las diferencias. A su juicio, Garaicoa traía a cuento dos ejemplos cubanos por lo tan diferentes que eran respecto a los demás ejemplos concertados allí. La directora de *La Jiribilla* se permitía darle una lección de apreciación del arte a sus colegas de otros países: había que concentrarse en las notas explicativas, también parte de la obra. Y en esas notas se hacía evidente la distancia existente entre las citas cubanas y el resto.

Los textos críticos incluidos en el catálogo del Museo Nacional de Bellas Artes mencionaban muy de pasada esa sección. Mario Coyula le dedicaba tres escurridizas líneas en un texto de cinco páginas. Corina Matamoros Tuma hablaba de la totalidad de los ejemplos como rebasados ya: "un conjunto de edificios en miniatura que tuvieron en algún momento funciones represivas: prisiones, sitios de torturas, edificaciones militares".

Las notas elegidas por el artista como explicación de cada pieza mostraban un marcado desbalance. De los casos chileno y argentino ofrecían estadísticas de víctimas. Del Pentágono, cifras de empleados, número de pisos y de corredores. A propósito de la Gran Lubyanka era citado, incluso, un chiste soviético. Pero las explicaciones adelgazaban al abordar Villa Marista.

"Fue creada en 1963. Es parte del Departamento de Operaciones de la Contrainteligencia del Ministerio del Interior."

Ni una palabra más.

Del edificio de Línea y A se ofrecía algo más de información. Información técnica, sin juicio de valor alguno.

Las joyas cubanas eran las menos explicadas.

9

A fines de marzo de 2009, por los mismos días en que ocurría la Décima Bienal de La Habana donde Carlos Garaicoa exhibiera sus maquetas, Yeny Casanueva y Alejandro González hicieron circular una serie de mensajes electrónicos con documentos del departamento de Seguridad del Estado a cargo de los artistas plásticos cubanos y, muy especialmente, de los ciudadanos estadounidenses que contactaban con éstos.

Casanueva y González se encontraban en el extranjero desde hacía poco. Los nueve mensajes que enviaban constituían "la versión digital del álbum-documental que es la Obra-Catálogo físicamente".

Obra-Catálogo # 1 llamaban a la suma de todas esas piezas. Un archivo que contenía, además de los documentos policiales, entrevistas a ambos artistas en las que comentaban sus prácticas, testimonio gráfico de sus intervenciones plásticas habaneras y proyectos futuros.

La más citada de sus intervenciones, *Referencias territoriales*, había sido abortada por la policía.

Croquis de un proyecto urbanístico para deconstruir el entorno autoritario de la Plaza de la Revolución de Cuba habían titulado un proyecto futuro.

"Usted está en presencia de una OBRA DE ARTE", podía leerse al inicio de cada uno de sus mensajes electrónicos.

Inevitablemente, la revelación de documentos secretos restaba interés a las noticias de obras suyas pasadas y venideras. O tal vez no fueran éstas tan consistentes. En cualquier caso, los documentos revelados eran también obra de Yeny Casanueva y Alejandro González. Pues los dos jóvenes artistas se habían apropiado de un pequeño archivo jugoso, y el acto de hacerlo público era obra suya ya. En caso de aceptar la advertencia hecha por los remitentes, se estaba en presencia de una obra de arte.

De una obra de arte conmemorativa, porque las actas de seguimiento y vigilancia reveladas pertenecían a la edición anterior de la Bienal. Y al divulgar la versión digital de *Obra-Catálogo # 1* en coincidencia con la celebración de una nueva edición de ese evento conseguían un gesto, además de artístico, periodístico y político. Festejaban una efemérides, denunciaban una política.

En el primer envío explicaban cómo llegaron a sus manos aquellos documentos. Un proyecto anterior de ambos, *Referencias territoriales*, les había acarreado el seguimiento del agente Douglas. *Referencias territoriales* había reunido a tres decenas de artistas el 5 de agosto de 2008 en un muelle abandonado de la Avenida del Puerto. Ellos contaban con las licencias pertinentes para aquella intervención artística y, sin embargo, fueron interrumpidos por la policía, las autoridades de la Capitanía del Puerto y agentes de Seguridad del Estado.

Se llevaron a Alejandro González detenido. Las obras fueron decomisadas o destruidas.

No faltaban razones para la suspicacia de tanto policía. Únicamente la torpeza de un funcionario pudo extender permisos precisamente para ese día. Porque se conmemoraba el décimocuarto aniversario del Maleconazo, el alzamiento popular que incluyera secuestros de lanchas de pasajeros en esa misma zona portuaria.

En los envíos electrónicos de Casanueva y González podían consultarse imágenes de la interrupción policial. De aquella jornada habían sacado un acercamiento intensivo del agente Douglas.

"Pretendiendo que colaboráramos con el sistema bajo crecientes amenazas de arremeter contra nosotros y contra nuestras familias, amenazas efectuadas tanto por Douglas como Jorge (sin apellidos) también agente de la Contra Inteligencia cubana (que ubica su base de operaciones en Calle 19 y O, del Vedado, en el Departamento de atención a Cultura), los agentes insistían constantemente en visitarnos a nuestra casa, además de llamarnos por teléfono a cualquier hora para estar al tanto de nuestras actividades y solicitarnos informes sobre las obras y los artistas participantes en los últimos cuatro proyectos de intervención urbana realizados por el movimiento de Artistas Cubanos Independientes que habíamos aglomerado a nuestro alrededor en Cuba."

En una de esas visitas, el agente Douglas les entregó un dispositivo de memoria digital para que le copiaran en él imágenes de obras suyas. Él prefirió quedarse en la acera, no quiso pasar adentro. Por mantener oculta su identidad, aducen Casanueva y González. Para que nadie más conociera el motivo de su visita.

De modo que le cargaron en el dispositivo las imágenes pedidas y, a su vez, descargaron todo lo que él guardaba en aquel aparatico.

2 carpetas con archivos de música.

1 documental censurado sobre el juicio del general Arnaldo Ochoa.

1 documental censurado sobre el juicio al ministro del Interior José Abrantes.

8 documentos en Word.

Éstos últimos eran los que ahora publicaban. Los documentos describían la vigilancia sobre artistas e instituciones durante la Novena Bienal de La Habana. Torpemente redactados, según ellos.

Casanueva y González garantizaban la veracidad de aquella información.

"La autenticiad de estos archivos radica en que recogen tal número de detalles, nombres, fechas, horas, palabras textuales y situaciones concretas, que negarlos resultaría impensable."

El coronel Arturo, jefe del departamento III del DGCI, firmaba cada uno de los informes. Los escenarios de vigilancia eran museos y galerías, hoteles, domicilios de artistas, alguna conferencia.

Los diplomáticos estadounidenses y el agregado cultural español eran vigilados de cerca. Se sabía que el jefe de seguridad de la Oficina de Intereses en La Habana y su esposa portaban credenciales con nombres falsos.

Cualquier comentario soltado por coleccionistas y críticos extranjeros podía resultar de interés. Cada grupo de turistas estadounidense era catalogado según hotel y responsable. Entre los vigilados se encontraban el arquitecto Jean Nouvel y el fotógrafo Spencer Tunick.

"Vínculo homosexual", llamaban a la relación consolidada entre personas del mismo sexo.

"Vínculo SINA", a la relación con la Oficina de Intereses de Estados Unidos en La Habana.

Carlos Garaicoa había expulsado de su casa a los guías de la agencia de turismo Havanatur que acompañaban a un grupo de estadounidenses invitado a almorzar en su casa, "aludiendo que el almuerzo era pagado por él. Durante el almuerzo Garaicoa mostró en una computadora a los visitantes, lo más reciente de su obra, matizada por su carácter hipercrítico y contrarrevolucionario..."

Las conversaciones que los agentes sostenían con algunos artistas eran tildadas de "contactos profilácticos".

Siempre que conocían de algún propósito peligroso de parte de un artista se hablaba de "desmotivarlo".

Entre los sujetos vigilados existían las posiciones contestarias y las posiciones contrarrevolucionarias.

"Se acuerda se tomen medidas según lo previsto y se prepara una posible visita a la residencia del artista", concluía un parte.

Otro avisaba que determinado artista esperaba en su exposición la visita de un oficial de Seguridad del Estado para utilizarla y "demostrar la intolerancia del Estado ante este tipo de propuesta".

Los desvelaba la impresión que pudieran llevarse los visitantes estadounidenses.

"Valora nuestra fuente que el mensaje que les llega a los norteamericanos, por parte de estos artistas plásticos, es muy dañino, partiendo que en la mayoría de sus obras exponen de manera hipercrítica los problemas de nuestra sociedad y nuestra Revolución."

El ministro de Cultura aparecía en medio de sus tareas represivas. Abel Prieto encomendaba al presidente del Consejo Nacional de

Artes Plásticas y a un director de galería "que visiten a dichos artistas, valoren las muestras y los desestimulen de realizar esta acción".

En sustitución del espacio que ofrecía el agregado cultural español a unos artistas, Prieto ofrecía otro, y "de no ser aceptado el plan por estos artistas se procederá a llevar a cabo severas medidas administrativas".

Con la publicación de estos informes, Yeny Casanueva y Alejandro González devolvían el golpe. La policía secreta se había entrometido en una de sus intervenciones urbanas, ellos intervenían ahora el trabajo realizado por sus agentes. Ocupaban sus documentos del mismo modo que ocupaban un rincón de la ciudad. Hacían, desde el extranjero, una fiesta paralela a la Bienal de La Habana. Revelaban el intríngulis de la Bienal, el trabajo conjunto de policías y comisarios políticos.

Los textos policiales venían acompañados de textos de ambos artistas. Lo adocenado del lenguaje utilizado por los agentes de Seguridad del Estado parecía corresponderse de algún modo con lo adocenado del lenguaje de ellos. Casanueva y González podían ser más artificiosos que el agente Douglas, pero la redacción de sus textos no dejaba de ser torpe. Contaban con muy poca destreza de lenguaje para hacer conceptualismo.

El crítico de arte Juan Antonio Molina, autor de un agudo ensayo sobre *Obra-Catálogo # 1*, consideró que "uno de los puntos débiles de esta obra es que está basada en textos escritos, pero la escritura no es suficientemente clara".

No se refería Molina a lo anotado por los agentes. Aún cuando, según él, "Douglas y Jorge pudieran ser los coautores de esta obra, tanto como Alejandro y Yeny pudieran ser los autores del informe".

10

El catálogo de la siguiente exposición de Carlos Garaicoa, abierta en el castillo de Blandy-les-Tours entre junio y septiembre de 2009, avisaba que toda la información contenida en *Las Joyas de la Corona* había sido extraída de internet. Aviso que no aparecía en el catálogo publicado por el Museo Nacional de Bellas Artes.

Un dato así podría explicar las razones de tanta economía explicativa al tratar los ejemplos cubanos. Una consulta a Wikipedia en varios de sus idiomas permitiría descubrir que no existe entrada bajo el nombre de Villa Marista en sus ediciones en español, francés, alemán, portugués o italiano. Únicamente la edición en inglés avisaba brevemente que se trata de una prisión habanera de Seguridad del Estado, notoria por sus detenciones de prisioneros políticos, e incluía los nombres de tres de éstos: el disidente Vladimiro Roca, el político Jesús Escandell y el poeta Nicolás Guillén, a quien seguramente confundían con su sobrino, el cineasta Nicolás Guillén Landrián.

En la más socorrida obra digital de referencia aparecían pocas líneas o ninguna sobre Villa Marista. Y en cuanto a Google, no era muy considerable lo aportado. Podría afirmarse entonces que la parquedad informativa en la que reparara la directora de *La Jiribilla* denotaba un particular sigilio, un silencio más profundo que los otros silencios. Y, si cabía intención del autor en este punto, Garaicoa estaría refiriéndose a la tortura de la información, a la barrera impuesta por el régimen cubano contra el acceso a internet, a la penalización de todo periodismo independiente. Los centros habaneros de represión conseguían reprimir cualquier noticia que los incluyera. La ausencia de entradas en Wikipedia sólo podía explicarse por cierta desidia del exilio, por falta de comprensión de la utilidad de esa herramienta.

Cada una de las maquetas en plata iba acompañada de nota explicativa y de un par de fotografías del edificio. La nota de Villa Marista era la más breve, sus imágenes eran las de peor calidad. Parecían imágenes de cuando el sitio era un colegio religioso. Entre todas las joyas de la Corona, Villa Marista se alzaba en medio de una neblina espesa y norcoreana. Como un emporio de secretos en un régimen de secretos.

Durante la Décima Bienal, Carlos Garaicoa fue interrogado por un corresponsal extranjero acerca de las negociaciones necesarias para que fueran expuestas sus piezas en el Museo Nacional de Bellas Artes.

Él reconoció haber atravesado por esas negociaciones.

"Hemos conversado. En todas exposiciones hay una negociación. Ha sido una negociación bastante abierta, sana. Si se ha hecho habla muy bien de todos (del Ministerio de Cultura, de la Bienal, de la libertad de los artistas). No he tenido que renunciar a nada. Este era mi proyecto."

E igual parsimonia reservaba para la más polémica de sus maquetas.

"A todos nos toca, todo país tiene su joya. Aquí se sabe que es Villa Marista."

En Cuba se torturaba y reprimía, se negaba el acceso general a la información, y era preciso convenir cuanto se publicaba con los comisarios políticos, colegas de quienes torturaban y reprimían.

La exposición de Carlos Garaicoa y sus declaraciones a la prensa, el reconocimiento de estos hechos, contribuían a desmentir los alardes de salvedad del régimen revolucionario, sus ínfulas de justicia social generalizada. De igual modo, era preciso admitir que las autoridades con las que el artista entablara negociaciones habían hecho gala de autoironía. O de cinismo, si prefiere explicarse de este modo. Tragaron el disgusto que unas piezas pudieran traerle con tal de presentar allí, para gala de la Bienal de Artes Plásticas, la obra más reciente de un artista importante.

Ministro y otras personalidades del gobierno debieron mantener la calma al pasar junto al expositor con las piezas de plata. Debieron detenerse delante de ellas con tal de mostrar su inmunidad, el perfecto sentido del humor del que gozaban. Se permitieron, quizás, alguna broma. Rieron por tropezarse allí, entre ejemplos extranjeros, a aquellos dos perfectos conocidos.

Los casi tres meses de exposición abierta al público, el catálogo publicado a expensas del Museo Nacional de Bellas Artes, e incluso el artículo publicado por Nirma Acosta en *La Jiribilla,* mostraban una loable sangre fría institucional.

II

En algún momento de la entrevista de Eduardo del Llano en *La Jiribilla* tendría que referirse a Seguridad del Estado. Tendría que hablar de las razones que lo llevaron a inventarse una historia en la que tomaban parte dos agentes de Seguridad del Estado.

Sería conveniente que el realizador aclarara que en su trabajo no había burla alguna contra el serio empeño de esos hombres y mujeres.

Sería oportuno dejar claro que ninguno de los actores y técnicos que trabajaron en *Monte Rouge* había intentado reírse de ellos.

Como director y guionista, Eduardo del Llano no cejaba en la defensa de los derechos de la imaginación creadora.

"El corto", dijo refiriéndose a la obra en cuestión, "defiende el derecho de utilizar casi cualquier zona de la realidad".

Aunque se tratara, evidentemente, de derechos coartados. Porque la imaginación creadora gozaba de plenos poderes sobre casi toda la realidad, no sobre la realidad toda. Fuera de esa cartografía, como tierras en las que el humor y la imaginación harían bien en no adentrarse, quedaban ciertas zonas sagradas.

Del Llano no tenía inconvenientes en mencionarlas.

"A mí no se me ocurriría nunca atacar a la Revolución, a Martí, Fidel, son cosas más sagradas."

Y entre ellas cabía Seguridad del Estado.

"Todo el mundo sabe lo importante que ha sido el trabajo de la Seguridad cubana que incluso ha evitado más ametrallamiento de gente y sabotajes, o sea todo eso que han hecho las lanchas de Miami, en los campos de caña y las otras mariconá."

Dispuesto a enumerar misiones cumplidas por la policía secreta, reaparecían puntualmente las fuerzas de la contrarrevolución. Si bien en su cortometraje los agentes se ocupaban del seguimiento de un ciudadano común, en la saga desplegada para la entrevista las fuerzas de Seguridad del Estado batallaban únicamente contra fuerzas externas. Acechaban a lanchas invasoras y a saboteadores llegados desde el exilio. Se infiltraban en sociedades extranjeras con el fin de garantizar la seguridad nacional.

Las tropas de Seguridad del Estado, *La Jiribilla* y esa misma entrevista que él respondía ahora trabajaban únicamente de cara al extranjero.

A juzgar por el final de la frase de su entrevistado, Nirma Acosta prefirió acogerse a una notación pegada a la oralidad. Debió considerarlo un buen recurso para hacer más próximo lo que allí se decía, para acercarlo a sus lectores. Un insulto, una palabra gruesa, con la más cruda grafía, puesto que en ese punto no cabían ya las buenas maneras o la literatura. Era preciso transmitir la indignación del entrevistado. Su indignación patriótica.

"La Seguridad", continuó él, "ha evitado muchas de esas cosas, son la gente nuestra que han estado presos en las cárceles norteamericanas, por ejemplo los cinco héroes... Yo jamás juzgaría a la Seguridad cubana, de pronto me pareció tan obvio que no pensé en algún efecto contrario".

¿Y cómo se le había ocurrido aquella idea?

Él la había emprendido con Rodríguez y Segura desde su confianza en que nadie percibiría en ella una denuncia política.

Había encarnado a uno de los agentes.

Se trataba de una broma, de un juguete.

Era simplemente un divertimento.

Todo empezó como en el clásico ejemplo de los dos marcianos que tocan a la puerta de una casa y piden agua. Esa historia de los marcianos constituía uno de los ejemplos más socorridos a la hora de inventarse historias graciosas. ¿Qué pasaría si tocan a la puerta, abres, y te encuentras con dos marcianos que te piden agua?

Pues bien, los marcianos aquí eran dos agentes secretos, dos hombres de Seguridad del Estado. ¿Qué pasaría si tocan a la puerta, y dos segurosos anuncian que han venido a instalarte unos micrófonos?

En la premisa del chiste residía ya el absurdo. Porque no podría existir policía secreta que avisara de sus seguimientos de antemano. El chiste estaba en que el trabajo policial perdía toda su gracia en cuanto era revelado. ¿Se entendía?

Poco faltó a Eduardo del Llano para advertir que Rodríguez y Segura eran policías tan disparatados como el inspector Clouseau. Y no era tan inexacta la equivalencia entre segurosos y marcianos desde que los hombres de Seguridad del Estado quedaban desprovistos de toda agenda doméstica. Seguridad del Estado no se encontraba entre nosotros...

Aquella historia suya no podría considerarse, ni mucho menos, una sátira. Una sátira supondría haber tomado una situación real con el propósito de exagerarla. Y *Monte Rouge* no partía del modo en que operaba Seguridad del Estado. Modos de operación que él, por otra parte, desconocía.

Cierto que aquella anécdota tenía el inconveniente de contar con unos personajes políticamente escabrosos. Pero él la había escrito y dirigido en la convicción de que nadie iría a tomársela en serio. Se trataba de puro absurdo divertido, de ciencia-ficción risible con marcianos bebedores de café.

"Que lleguen y te propongan grabar cuanto quieras decir en una especie de compromiso cívico, debía parecer absurdo y divertido, nada más."

12

Rodríguez y Segura visitaban intempestivamente a Nicanor O'Donnell.

Douglas, nombre de guerra, visitaba y telefoneaba a cualquier hora a Yeny Casanueva y Alejandro González.

Carlos Garaicoa negociaba su exposición habanera con las autoridades.

Eduardo del Llano debió padecer algún contacto profiláctico, algún oficial debió desmotivarlo.

Carlos Garaicoa, hipercrítico y contrarrevolucionario, era vigilado.

Rodríguez y Segura venían a instalar los micrófonos.

Douglas tendía un dispositivo de memoria a Yeny Casanueva y Alejandro González.

Nicanor O'Donnell soñaba con una antena parabólica.

Villa Marista no aparecía en muchas Wikipedias.

Carlos Garaicoa fundía a Villa Marista en plata.

Yeny Casanueva y Alejandro González publicaban seguimientos secretos.

Segura negociaba una antena con Nicanor O'Donnell.

Abel Prieto amenazaba a los díscolos con medidas severas.

Nirma Acosta entrevistaba a Eduardo del Llano.

Abel Prieto inauguraba la exposición de Carlos Garaicoa.

Eduardo del Llano alababa a Seguridad del Estado.

Nirma Acosta interpretaba la obra de Carlos Garaicoa.

Una especie de compromiso cívico.

Por absurdo y divertido que pareciera.

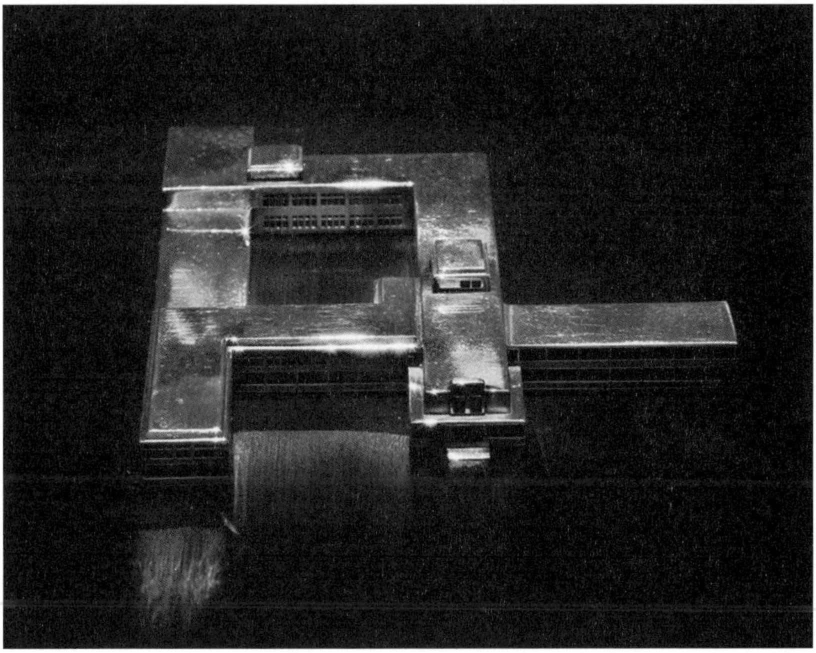

Villa Marista, La Habana (0,5 x 12 x 9 cm).
Carlos Garaicoa, *Las Joyas de la Corona*, 2009.
(Instalación. 8 esculturas de plata, madera, cristal. Dimensiones variables.)

II

I

EL 31 de julio de 2006, Fidel Castro dio a conocer el "Mensaje del Comandante en Jefe al pueblo de Cuba y a los amigos del mundo", donde anunciaba su delegación del poder en un equipo de altos dirigentes encabezados por su hermano Raúl.

Él andaba mal de salud y no podía seguir gobernando. Como todos los años, había dado su discurso en conmemoración del asalto al cuartel Moncada. Fueron dos discursos ese año. El primero, a las siete de la mañana, en Bayamo. El segundo en Holguín, en la inauguración del mayor sistema de grupos electrógenos del país. Y, al cerrar éste, no bajó del podio con paso muy seguro.

El "Mensaje del Comandante en Jefe al pueblo de Cuba y a los amigos del mundo" avisaba de una operación quirúrgica que lo obligaba a mantener reposo por varias semanas. No obstante, se permitía la sugerencia de que estaría completamente recuperado el 2 de diciembre, Día de las Fuerzas Armadas. Para entonces volvería a la tribuna, tomaría el hilo de sus discursos. Entretanto, su salud se convertía en secreto de Estado.

"En la situación específica de Cuba, debido a los planes del imperio, mi estado de salud se convierte en un secreto de estado que no puede estar divulgándose constantemente; y los compatriotas deben comprender eso."

Llegado diciembre, no pudo ser cumplida su promesa de restablecimiento. La operación inicial se había complicado, se había agravado su estado de salud. El equipo médico que lo atendía siempre fue relevado de sus tareas, y un cirujano español viajó a La Habana para supervisar el tratamiento. El secreto de su salud sólo era roto por algunas indiscreciones de Hugo Chávez que hablaban de lenta recuperación y de conversaciones telefónicas en las que el enfermo demostraba su lucidez de siempre.

2

La noche del miércoles 13 de diciembre de 2006, el programa de televisión "La Diferencia", conducido por el baladista y compositor de baladas Alfredito Rodríguez, recibió como invitado al comandante Jorge "Papito" Serguera.

"La Diferencia" buscaba repetir el éxito de espacios anteriores en los que una figura popular conversaba de lo humano y lo divino con sus invitados, y colocaba aquí y allá algunos momentos musicales. La distinción a la que el título apelaba consistía en desmarcarse del resto de una programación en la que escaseaban las entrevistas que no fueran políticas, y donde cada vez resultaba más raro hallar orquestas y cantantes.

Pese a no encontrarse ya en su mejor momento, Alfredito Rodríguez había sido sumamente popular. Le quedaba todavía el favor de un público femenino que sobrepasaba los cincuenta años. Y en ciertas zonas rurales, una fama bastante intacta. Era reconocida su muy particular imagen. Su insistencia en vestir traje y corbata podía hacerlo el perfecto anfitrión para un espacio televisivo con pretensiones de refinamiento.

El invitado principal de esa noche había tenido diversas ocupaciones: abogado, diplomático, comandante, dirigente de la cultura. Se había arriesgado a defender a un grupo de activistas revolucionarios en los tribunales de urgencia del régimen de Fulgencio Batista. Había sido capaz de interceder ante los jefes militares por el cadáver de Frank País, bajo las órdenes del cual había conspirado. Y, sumado a la tropa de Raúl Castro en la Sierra Maestra y triunfante la guerrilla, recibió el grado de comandante.

Vuelto a la abogacía en los primeros tiempos del nuevo régimen, dio sobradas muestras de celo en los tribunales revolucionarios. Por entonces acababa de establecerse la pena de muerte. Se habían suspendido el derecho de *habeas corpus* y otras garantías constitucionales. A él le correspondió dictar sentencias de muerte y largas condenas. De esas jornadas pueden consultarse las imágenes que tomara Joseph Scherschel, fotógrafo de la revista *Life*. Joven y barbudo de pie ante una mesa llena de micrófonos, Serguera funge como fiscal en el juicio del capitán Jesús Sosa Blanco, celebrado en la Ciudad Deportiva. Gesticula entre de las gradas llenas de espectadores, como si se tratara de un partido deportivo. El juicio era televisado, devenía en espectáculo.

Fue jefe militar de la provincia de Matanzas. Embajador en Argelia, donde sirvió como pieza necesaria en los planes de exportar la revolución a todo el continente africano. Fue, según se estimara entonces, el embajador más joven de cualquier cuerpo diplomático. Hasta que la deposición del presidente argelino Ben Bella y, al parecer, una mayúscula torpeza diplomática cometida por él, lo devolvieron a La Habana, donde pasó a ocuparse de la dirección del Instituto Cubano de Radiodifusión.

Su desempeño en este nuevo puesto incluyó cierres de programas, prohibiciones de figuras conocidas, persecución a homosexuales, condena de la música extranjera... Una mención elogiosa de The Beatles hecha por Silvio Rodríguez le valió a éste la cancelación del programa que hasta entonces conducía. Jorge "Papito" Serguera fue el principal responsable de la censura en la televisión y la radio nacionales hasta 1973, fecha en que fue destituido.

Su vida desde entonces resultaba bastante recogida. Rentaba parte de su casa a turistas extranjeros a los que solía narrarles pedazos de su odisea. Porque a una existencia rica en episodios le había sucedido una larga temporada de tiempo libre para la rumia. Y llegó a escribir un libro acerca de sus años africanos, que publicó una editorial española sin merecer edición dentro de Cuba: *Che Guevara: la clave africana. Memorias de un comandante cubano, embajador en la Argelia postcolonial*.

Y tantos años después, el comandante Serguera, que aseguraba no haber pisado los estudios de televisión desde que lo retiraran de su jefatura allí, regresaba a ponerse ante las cámaras, a ser entrevistado en horario estelar por Alfredito Rodríguez.

El nombre del programa apareció escrito en la misma caligrafía que utilizan los reposteros y las invitaciones de fiestas de quince. Hileras de velones encendidos rodeaban al anfitrión y a su invitado.

Los dos hablaron del pasado de modo general. Alfredito agradeció a Serguera que le hubiera pagado su primer sueldo de artista.

A la pregunta de si estaba arrepentido de alguna decisión tomada, el invitado contestó que no.

En una entrevista de cinco años antes, había pedido disculpas por cualquier error cometido. Reconocía haber censurado a Silvio Rodríguez a propósito de su elogio de The Beatles, y admitía que él escuchaba al cuarteto inglés aún cuando estuviera prohibida su música.

Tanto tiempo después, todavía los escuchaba. Pero siempre que le preguntaran por una de sus prohibiciones podría achacarla al peligro de los tiempos que corrían, a los superiores que exigían el cumplimiento de tales medidas.

Era la Guerra Fría.

Era la convicción en muchos comunistas de que el rock podía disminuir la fortaleza para entablar aquella guerra.

Antes que meterse en los laberintos de las responsabilidades, el conductor de "La Diferencia" prefirió preguntarle a su invitado por algunos gustos personales.

Los boleros, reconoció el comandante Serguera. Le gustaban los boleros y Elvis Presley.

Le gustaban las canciones de Paul McCartney.

Le chiflaba el caviar.

Sus gustos estaban a la altura del programa. Alfredito Rodríguez le pidió que cantara y el invitado le cumplió el deseo.

Esa noche habían tenido en el estudio a todo un personaje.

El año terminó y, a los cinco días de correr enero, el espacio televisivo "Impronta" tuvo como protagonista a Luis Pavón. Fueron unos pocos minutos, los que duraba el programa. "Impronta" se ocupaba de acercar a los televidentes a una figura de la cultura, el deporte, la educación, las ciencias. Los Premios Nacionales de Literatura ocupaban preferentemente aquel espacio.

Luis Pavón contaba con setenta y seis años y una obra literaria irrelevante. Según rezaba en la solapa de su primer libro de poemas, publicado en 1967, había sido tenedor de libros, maestro, vendedor ambulante, oficinista, mozo de limpieza, profesor de literatura, periodista y miembro de la Juventud Socialista. Nacido en Holguín, había sufrido detenciones durante la dictadura de Fulgencio Batista, contra la cual luchara clandestinamente.

En 1955 se graduó de abogado. Alcanzó el grado de teniente en el ejército revolucionario. Lo mismo que el comandante Serguera, aunque no en papel tan señero, participó en los tribunales de los primeros tiempos. A mediados de 1959 comenzó a trabajar como jefe de redacción de la revista *Verde Olivo*, publicación oficial de las Fuerzas Armadas Revolucionarias. Llegó a dirigir esa revista, impartió clases de periodismo a militares. La publicación en las páginas de *Verde Olivo* de varios artículos firmados con el seudónimo de Leopoldo Ávila propiciaron el Caso Padilla.

El seudónimo solía adjudicársele. Pudo no haber sido él, aunque con toda seguridad le correspondió la tarea de aprobar los artículos y conocía la identidad del verdadero autor.

Celebrado el Primer Congreso Nacional de Educación y Cultura en 1971, alcanzó a ser nombrado presidente del Consejo Nacional de Cultura. Sus decisiones llegaron a pesar tanto durante la primera mitad de los años setenta que, para referir esa época fue acuñado el término *pavonato*.

Destituido en 1976, actúo como secretario de relaciones internacionales de la Unión Nacional de Escritores y Artistas durante algunos años. Continuó con su trabajo periodístico, sobre todo en la radio. Le premiaron un libro de poemas y una novela policial en certámenes de poca importancia, convocadas por las fuerzas armadas. Y, pese a ese par de títulos publicados, se mantuvo en la sombra. De la que ahora venían a sacarlo cinco minutos de televisión dedicados a celebrar su carrera literaria, a festejar su importancia dentro de la cultura nacional.

En las pantallas de todos los televisores del país aparecieron fotografías suyas con los más altos dirigentes revolucionarios. Una voz en *off* leyó la dedicatoria que Ernesto "Che" Guevara le escribiera en un ejemplar de *Pasajes de la guerra revolucionaria.* Y la cámara recorrió la portada de sus pocos libros publicados, las medallas y órdenes oficiales recibidas.

La cámara se deleitó en su panoplia de comisario político.

Cualquier televidente avisado de quiénes habían sido Luis Pavón y Jorge "Papito" Serguera pudo empezar a preguntarse si se trataba de una simple casualidad. En menos de un mes, luego de mucho tiempo de silencio, reaparecían en televisión dos comisarios políticos de los peores años. Se ponían ante las cámaras para hacer un recuento, para recordar la importancia de cuánto habían hecho. Serguera no tenía aún un libro publicado, pero Pavón hablaba de su trabajo de escritor.

Y a este par de entrevistas pudo sumarse una anterior, la de Armando Quesada en el programa "Diálogo abierto", en noviembre de 2006.

Director de *El Caimán Barbudo* durante diez números de su segunda época, Quesada había trabajado en el Consejo Nacional de Cultura a las órdenes de Luis Pavón. Había sido el encargado de implantar purgas y censuras en el campo teatral. Y ninguna otra disciplina artística sufrió embestida mayor. Resultaban escalofriantes los testimonios de algunos viejos actores acerca de las noches de función en que decían sus papeles con el oído puesto en el silbato del cartero, a la espera del telegrama que terminaría con sus carreras.

No era entonces extraño pensar que la suma de aquellos tres programas de televisión arrojara una amenaza. Las mareas cambiantes que habían impuesto y cesado a esos comisarios políticos podían intentar un reflujo. Sus reapariciones coincidían con el apartamiento de Fidel Castro, en medio de las peores sospechas y pronósticos sobre su salud.

Jorge "Papito" Serguera había combatido en el Segundo Frente Oriental a las órdenes de Raúl Castro. Le había sido encomendada a él la misión de traer al campamento a Vilma Espín, con quien su jefe terminaría casándose. Y, en tanto director de la revista oficial de las Fuerzas Armadas, Luis Pavón respondía directamente a Raúl Castro. Ahora que éste tenía las riendas en sus manos, ¿le sacarían brillo a los viejos organigramas?.

Muchos de los que miraban aterrados o incrédulos las pantallas de sus televisores habían logrado salir del castigo y retomar, mal que bien, sus vidas profesionales. Algunos ostentaban el mayor galardón artístico estatal, el Premio Nacional de sus respectivas disciplinas. La vida pública que volvieron a gozar, las reediciones y los premios, significaban para ellos una vuelta de página, el olvido imprescindible.

Les agradaba suponer que el daño estaba felizmente reparado. Se deslizaban por una vejez llena de honores públicos y de cariño estatal. Sus miedos se habían reducido a los de no alcanzar igual celebración que el resto de los colegas, eran los temores de la envidia. Pero los despertaba aún el sueño repetido de que venían a buscarlos. Tenían incorporado, sin podérselo borrar, el reflejo de encogerse ante cada movimiento brusco de los alrededores, una reacción propia de los perros que han sido apaleados.

Y ahí estaban, en un programa de televisión tras otro, los responsables. Ahí estaban quienes no habían sido castigados nunca, quienes no recibieron sanción, y regresaban indemnes, dispuestos a alardear de cuánto hicieran, empecinados en sus equivocaciones.

Capaces de contestar, si les hubiese sido hecha la pregunta, que habrían procedido otra vez del mismo modo.

Ahora que gobernaba el país su jefe de siempre, su comandante de tropa, venían a reclamar sus viejos puestos en la administración cultural. Tocaba el turno a los buenos subordinados, volvían a por el premio.

Estaba por romperse la frágil justicia donde las víctimas recibían los más altos galardones y nada trascendía de los ex-comisarios. Si aquella coincidencia de un programa y de otro era orquestada y anunciaba los cambios venideros, habría que contrarrestarla de algún modo. Si, por el contrario, era pura espontaneidad en la que cada uno de ellos obraba a su aire o los tres en concilio sin respaldo oficial, quería decir entonces que se habían cansado de cumplir sus papeles de chivos expiatorios. Los antiguos comisarios políticos rompían el silencio conveniado con ellos, se enorgullecían en televisión de sus currículos, y no pararían hasta poner en crisis la leyenda que culpaba a un puñado de funcionarios de la política de toda una época.

3

La aparición televisiva de Luis Pavón fue el detonador para que circularan entre escritores y artistas una serie de mensajes electrónicos con visos de polémica. La intranet proporcionada por las instituciones oficiales, una red cuidadosamente acotada, sirvió de vehículo para la crítica política. Se prestaron a ella incluso los escritores más laureados, quienes alardeaban de pertenecer al séquito del ministro de Cultura en los actos oficiales.

Muchas víctimas de esos años tenían a bien aceptar que gente como Pavón, Serguera y Quesada eran los responsables. No aspiraban a buscar responsabilidades más arriba. Se hacían creer que había sido una etapa excepcional que nunca volvería a repetirse. Y la destitución de los tres comisarios políticos y el olvido en que cayeron abonaban esa versión.

Los antiguos parametrados y censurados y detenidos habían establecido un pacto con la nueva administración de la cultura, gente demasiado joven como para haber estado comprometida en las malas políticas de antaño. Era un pacto no escrito, no dicho. Las antiguas víctimas recibían condecoraciones, premios, temporadas de vacaciones, viajes, mensualidades, aguinaldos, dignidad de maestros. El buen tratamiento oficial permitía olvidar las vejaciones, y permitía la fe en el sistema a quien fuera capaz de sostenerla todavía.

Sin embargo, la reaparición en la escena pública de esos antiguos comisarios, y nada menos que en el más extensivo medio, permitía sospechar que los malos tiempos no habían sido clausurados del todo. El asombro debió hacer que, en lugar de marcar un teléfono institucional, los antiguos afectados se comunicaran entre sí y recurrieran a los mensajes electrónicos dentro del gremio. Ese impulso pudo deberse a la estupefacción, a la necesidad de que les fuera confirmado lo insólito, a la investigación de si también en otros televisores se había visto lo mismo.

La manada amenazada se apretó, flanco con flanco. El tejido instántaneo creado por las comunicaciones no incluyó en un primer momento a dirigentes, por amigos que éstos fueran o se mostraran. El asunto atañía solamente a quienes corrían peligro. La velocidad del correo electrónico, su capacidad de trifurcaciones y cuatrifurcaciones, se avenía con el aturdimiento de la situación. El toque a rebato hallaba vehículo propicio.

Los mensajes electrónicos conformaron un torbellino que giró y giró. Los listados de direcciones crecían exponencialmente. Lo que empezara como un gesto de asombro compartido logró abrirse descontroladamente hasta dejar atrás los límites de la conveniencia. Saltaron las alarmas de una red relativamente calma. El flujo de opiniones exigió una aclaración oficial, pidió explicaciones. Dejó de atravesar los canales usuales, fundó una nueva manera.

La protesta constituía un reto para las autoridades. Se había amotinado la asamblea y no quedaba claro dónde poner la mesa desde donde dirigirla. Eran tantas las cuestiones planteadas, tan en racimo aparecían, que ni remotamente podrían contentarlas ninguna declaración oficial.

"Lo que realmente ha ocurrido", diagnosticó Reinaldo Escobar, "no es que un día se haya mencionado a alguien que merecía estar sepultado en el silencio, sino todo lo contrario; es que se ha callado demasiado, durante un tiempo desmedido y no solamente en el sector de la cultura".

Quienes estudiaron luego el episodio hablarían de una "agenda de debate postergada".

Pronto los mensajes cruzados rebasaron el escándalo por la resurrección de unos esbirros para examinar las distintas modulaciones de ese escándalo. La discusión discutió sobre sí misma, se hizo crítica de la crítica. Y se ocupó de definir hasta dónde podía extenderse, de cuánta acción política era capaz.

4

"Él acostumbra a salir como los muertos fantasmales de vez en cuando, en lugares importantes para después desaparecer", avisó Ramiro Guerra de los hábitos de Luis Pavón.

Ramiro Guerra había tenido como maestros a Martha Graham, a Doris Humphrey, a José Limón, a la mexicana Elena Noriega, a Nina Verchínina, bailarina de los Ballets Rusos residente en La Habana. Verchínina le había enseñado, además de los rigores de la danza clásica, la libertad de los ejercicios en el suelo, de las clases sin barras. Guerra alcanzó a presentarse como bailarín de la compañía del Coronel Basil en funciones en Río de Janeiro y New York. Su encuentro con Martha Graham resultó decisivo para su formación como bailarín moderno. Y, de regreso en Cuba, integró el Ballet de Alicia Alonso como coreógrafo y profesor. Se dedicó a estudiar la obra etnográfica de Fernando Ortiz y los ritos religiosos afrocubanos, a cuyas ceremonias solía asistir.

En 1959 creó la compañía Danza Moderna. Durante los sesenta floreció su trabajo como coreógrafo, que se vio interrumpido por los años en que Pavón y Quesada gobernaron la cultura. Entonces fue suspendida una obra suya en la que trabajara durante todo un año, *El Decálogo del Apocalipsis*.

El estreno estaba fijado para el 15 de abril de 1971. Las invitaciones habían sido impresas en un hermoso rojo vivo. Habían incurrido en enormes gastos de vestuario y de escenografía. Él y sus bailarines calculaban que la obra marcaría un hito en la danza contemporánea cubana. Durante dos horas el público seguiría el espectáculo a lo largo de todo el Teatro Nacional. La danza se apropiaría de múltiples espacios, incluidos los exteriores del teatro, frente a la Plaza de la Revolución. Los bailarines cantarían y declamarían textos. Lo sexual aparecería carnavalizado. Los vecinos de los alrededores del teatro, por esa época gente muy humilde, asistían con verdadera curiosidad a los preparativos.

Se conservaban fotografías del último ensayo. A partir del estreno suspendido, Ramiro Guerra tuvo prohibido bailar y crear coreografías. No podía visitar el Teatro Nacional. Maurice Béjart, que había asistido a una de sus sesiones de entrenamientos de bailarines y le sugirió que hiciera una obra a partir de ella, quedó espantado al conocer su caída en desgracia. En 1980, al aparecer el *Diccionario de la Literatura Cubana,* faltaba allí su nombre. No había mención de sus libros publicados sobre danza.

Su suerte, sin embargo, no fue tan adversa. Al menos a él continuaron pagándole, fue uno de los pocos a los que le correspondió presentarse cada mes en una fantasmagórica oficina del Consejo Nacional de Cultura que Pavón presidía.

En los años ochenta volvieron a ofrecerle empleo como coreógrafo en el Conjunto Folclórico Nacional. Alcanzó a montar un espectáculo con música de Stravinsky para el Ballet de Camagüey. Lo hicieron Premio Nacional de la Danza, Premio Nacional de Enseñanza Artística, Premio Nacional de Investigaciones Culturales.

Un nuevo libro suyo, *Eros baila*, recibió el Premio Alejo Carpentier de Ensayo. Él aceptó presidir el Centro de Desarrollo de la Danza y dirigió la revista de dicha institución.

Recibió el título de Doctor Honoris Causa en Danza. Casi veinte años después del estreno fallido de *El Decálogo del Apocalipsis*, dispuso a un grupo de bailarines en sillas de ruedas sobre un escenario en cuyo fondo aparecían proyectadas las únicas imágenes que sobrevivieran de aquel montaje, fotografías tomadas en el ensayo general. *De la memoria fragmentada*, dio como título a la pieza. Y, según testimonio de quienes asistieron a las funciones, no se desprendía de ella demasiada venganza. Tampoco nostalgia por las oportunidades perdidas.

Ramiro Guerra recordó una ocasión en la que se tropezara con Luis Pavón en los pasillos de la Unión Nacional de Escritores y Artistas. Fue seguramente en los años de Pavón como secretario de relaciones internacionales de la institución. El coreógrafo había recibido ya el perdón oficial, y buscó a la presidenta de la sección de Danza, la ballerina Aurora Bosch, para notificarle que no volvería a pisar esa sede mientras aquel ex-comisario político campeara por allí.

Un buen día, Aurora Bosch le avisó que había pasado ya el peligro. Y ahora lo tenían ahí, burlándose de todos desde millones de pantallas.

Lo mismo que Ramiro Guerra, Sigfredo Ariel recurrió a las historias de fantasmas.

"¿De verdad que alguien ha convocado en televisión, de cuerpo presente, al fantasma de Luis Pavón, mano verduga del peor período que ha atravesado la cultura de este país?"

La noticia no le habría extrañado en caso de ocurrir el día de los Santos Inocentes.

Abelardo Estorino vio en pantalla la imagen de un anciano de cara agriada a quien, en primera instancia, no reconoció. El locutor mencionó su nombre y él se quedó sorprendido.

"No sabía si existía o había muerto, hacia mucho tiempo que nadie pronunciaba su nombre, todos lo habíamos olvidado."

Gran parte de los primeros mensajes electrónicos cruzados insistieron en la naturaleza de muertos vivientes de Pavón, Serguera y Quesada. Gente de disciplinas y generaciones distintas como Belkis Vega, Norge Espinosa y Esteban Morales los trataron de cadáveres resurrectos. Morales, que había sido decano de la Facultad de Humanidades, advirtió: "debemos estar alertas, porque son precisamente los momentos que por estos meses estamos viviendo, los que se prestan para las revanchas, el desempolve de cadáveres y la apertura de tumbas".

Desde la ciudad alemana de Colonia, Jorge Luis Arzola envió unas líneas.

"Está claro que los Pavones y los Sergueras, como los zombies, son bestias fáciles de resucitar porque nunca fueron enterradas."

Puesto a explicar la situación en clave de novela gótica, continuó: "como los vampiros, pertenecen a un vampiro mayor o al mismísimo Señor de las Tinieblas, que es en definitiva quien manda o quien hace que corra la sangre de los inocentes".

Zenaida Romeu calificó de fósil a Armando Quesada.

Antón Arrufat compuso una dramática descripción de Luis Pavón.

"Allí estaba, sin duda, quien durante cinco largos y estériles años, presidió la institución rectora de nuestra cultura, desde su alta torre del palacio del Segundo Cabo, frente a la Plaza de Armas."

"Allí estaba hablando como si nada hubiera ocurrido, lavado por arte del ocultamiento, de toda responsabilidad con su conducta de aquellos años. Ni el texto encomiástico que un locutor leía, en el que las víctimas televidentes se enteraron por primera vez de su importancia como poeta, ni las incoherencias musitadas del entrevistado realizaron alguna referencia, ni por un segundo, al pasado ominoso de quien presidió durante esos cinco años el Consejo Nacional de Cultura."

Arrufat había sido una de esas víctimas televidentes. Le debía a Pavón, autor o editor, los furibundos ataques contra su pieza teatral *Los siete contra Tebas*, que contribuyeron decisivamente a su ostracismo. Su nombre fue tachado en redacciones y editoriales, desaparecieron sus volúmenes publicados. Lo mandaron a una biblioteca municipal a hacer labores de limpieza y de carga. Le tocó comprobar la fragilidad de algunas amistades. Y cuarenta años después, *Los siete contra Tebas* seguía sin estrenarse, pese a la reedición del texto.

Su castigo duró hasta 1981. Merecedor del Premio Nacional de Literatura en 2000, en su discurso de agradecimiento aludió a los años de ostracismo. El orgullo por el galardón, la confianza de que al fin se hacía justicia con él, lograron que no se demorara en aquel punto. Pero dejó claro que esas reparaciones habían sido posibles gracias a un relevo de la dirigencia, gracias a que los malvados habían sido apartados de las oficinas.

"Allí estaba", prosiguió su retrato de Pavón, "vestido de blanco, el gran parametrador de importantes artistas, [...] el que los persiguió y expulsó de sus trabajos, el que los llevó ante los tribunales laborales, los despojó de sus salarios y de sus puestos, quien los condenó al ostracismo y al vilipendio social, quien pobló sus sueños con las más atroces pesadillas, el que anuló la danza nacional, mutiló funciones del guiñol, quien llevó al exilio a artistas dispuestos a trabajar en su país y dentro de su cultura, quien persiguió a pintores y escultores despojándolos de sus cátedras y de la posibilidad de exponer sus obras, el gran censor de músicos y trovadores, allí estaba quien enseñó a los artistas cubanos un ejercicio apenas practicado en nuestra historia, el de la autocensura, inventor y propiciador de la mediocridad que llenó todo su período con obras que hoy felizmente a nadie le interesa recordar".

Impronta, en una de sus acepciones, era el proceso de aprendizaje de reacciones en los animales jóvenes. A juicio de Arrufat, Luis Pavón había enseñado a artistas y escritores a censurarse a sí mismos.

Desiderio Navarro tuvo a bien preguntarse por la impronta de Pavón en la cultura nacional. ¿Acaso era la que habían querido reafirmar en el programa televisivo?

"¿O es otra, que dañó irreversiblemente las vidas de grandes y menos grandes creadores de la cultura cubana, 'parametrados' de uno u otro modo? ¿Que impidió la creación de muchos espectáculos artísticos y la divulgación de muchas obras literarias y plásticas en Cuba y en el extranjero? ¿Que nos privó para siempre de innumerables obras a causa de la casi inevitable autocensura forzada que siguió a los ubérrimos 60? ¿Que llenó todo un período con una pésima producción literaria y artística nacional, hoy justamente olvidada hasta por sus propios ensalzadores y premiadores de antaño? ¿Que nos inundó con lo peor de las culturas contemporáneas de los países de la Europa del Este, privándonos del conocimiento de lo más creativo y profundo de éstas? ¿Que a la corta o a la larga condicionó el resentimiento y hasta la emigración de muchos de aquellos creadores no revolucionarios, pero no contrarrevolucionarios, cuya alarma había tratado de disipar Fidel en 'Palabras a los intelectuales'? ¿Que creó e inculcó estilos y mecanismos de dirección y trabajo cultural neozhdanovianos que ha costado décadas erradicar, de tan 'normales' que llegaron a hacerse? ¿Acaso somos realmente un país de tan poca memoria que no recordamos ya la penosa situación a la que fueron reducidas nuestras instituciones culturales por obra del Consejo Nacional de Cultura, situación que el humor cubano captó por entonces en aquel trío de refranes parodiados: 'El que no oye al Consejo, no llega a viejo', 'En la Unión no está la fuerza' y 'En Casa de las Américas, cuchillo de palo'?"

Ocupado como estaba en la filmación de una película, a Enrique Pineda Barnet le llegaron noticias de esos programas televisivos.

"He vuelto a tener insomnios", confesó. "Estoy entre pesadillas de amigos vapuleados, del Guignol asesinado, de los perseguidos, los huidos, los aterrados, de los teléfonos con frases entrecortadas, documentos inocentes quemados u ocultados, poemas perdidos y sueños mutilados. Reaparecen palabras, signos, como quemaduras marcadas en la piel: parametración, UMAP, censura, condena, Consejo, brujas, Pavón, Quesada, y sus herencias en los mitines de repudio o sus consecuencias, congresos... y etcéteras".

Regresaban los viejos episodios. Emilio Hernández Valdés recordó a la actriz de guiñol Carucha Camejo, sentada en el portal de su casa de Fontanar, casi perdida la razón por su carrera terminada, por los títeres enviados al basurero de Cayo Cruz. Recordó la angustia y el miedo de la pianista Ivette Hernández, con quien Armando Quesada se ensañara especialmente.

Los mensajes cruzados podían pasar de las quejas y las lamentaciones a una revisión razonada de aquellos años. Esther Suárez Durán avisó de un estudio hecho por ella a fines de los ochenta, todavía inédito, que rastreaba la frecuencia y el ritmo de terminación de textos entre los dramaturgos. En esa investigación había detectado una zona de silencio que iba del año 1965 hasta el 1976, en la cual sus entrevistados no conseguían declarar escritura de texto nuevo o representación de obra suya.

Once años de silencio para mucha gente.

"No podremos saber qué hubiera sido la escena del setenta, heredera del estallido de audacia, innovación, originalidad de los sesenta, si su orgánico desarrollo no hubiera sido cercenado en sus albores, del mismo modo que nos perdimos la obra futura que se anunciaba en las creaciones de Estorino, Tomás González, René Santana o José Milián hasta el inicio de los setenta, entre tantos otros donde puedo sumar, no sólo escritores teatrales sino también, diseñadores y músicos de teatro, directores y actores."

La reaparición de los ex-comisarios rompía el acuerdo de silencio establecido, dentro del cual las víctimas no se dignaban a publicar sus listas de daños y perjuicios. El regreso de los responsables más visibles de aquellas atrocidades, concertado desde arriba o no, inclinaba a los recuentos callados hasta entonces.

Gerardo Fulleda León justificó esa ola de confesionalidad.

"No es hora de temor, o de silencio sino de unidad para evitar cualquier intento de retrotraer los tiempos y que la historia intente repetirse. La caja de Pandora la abrieron ellos y son quienes deben temer a nuestro dolor, excusarse ante nuestras cicatrices y callar."

Así contó su caso Ivette Vian: "Yo tenía 23 años. Y estuve 12 parametrada, congelada. Me quitaron mi carnet de la UNEAC y de la UPEC. Trabajé 4 años como asistente en el círculo infantil Kásper y 8 años en la construcción. En ambos lugares conocí gente formidable, aprendí mucho y encontré la felicidad, a pesar de todo. Nunca pensé que podría publicar nada más, pero me inquietaba la idea. No entendía bien qué me había pasado ni qué pasaba en el gobierno de mi país. Pero no guardaba rencor (aunque nunca pude volver a saludar a Ricardo García Pampín, ni pude volver a ser amiga de David García Gonce, ambos altos traidores) y siempre estuve y estoy dispuesta al perdón".

Le horrorizaba la posibilidad de que fueran a volver aquellos tiempos. Se preguntaba si, luego de cuarenta años, todavía les faltaba atravesar mayores pruebas.

"Me quedé en Cuba por amor. Toda mi familia se ha ido. Los he perdido a casi todos. Sobre todo por esta razón me uno a los que quieren impedir un regreso a la sombra."

Zenaida Romeu habló de sus años de estudiante durante las purgas.

"Los jóvenes no podíamos estar en grupo en una esquina. Ni hablar de las sayas, con las directoras en las puertas con las tijeras, los pelados a los varones que usaban cerquillo, la 'fiana' en la puerta si nos veían con una placa conseguida de los Beatles. Mucho Mozambique... porque el Jazz, era la música del enemigo."

Peinados, longitud de la saya, música a escuchar, reuniones: todo estaba parametrado.

Vivencias muy parecidas contaba Belkis Vega.

"No olvidaré jamás la impresión de casi conspiración que una sentía cuando leía a Lezama o a Dulce María, el recuerdo triste de encontrar a Cintio Vitier y a Fina García Marruz cumpliendo horarios en un cubículo de la Biblioteca Nacional, el exponerte a que te encasillaran como diversionista ideológica porque te gustaran los Beatles y no el Casino o el Mozambique, la posibilidad de que a tus amigos les cortaran el pelo en medio de la calle o a ti te bajaran el dobladillo de la saya para poder entrar en la escuela."

Ahora, pasadas varias décadas, los parametradores quedaban a tiro de sus antiguas víctimas. Podían ser descritos, enjuiciados. Antón Arrufat se ocupó de juzgar la poca desenvoltura de Luis Pavón ante las cámaras, su falta de determinación.

"Con voz casi inaudible y manos vacilantes, el televidente creyó oír que 'asesoraba' no supo bien qué institución o qué editorial."

Arrufat insistió en su escasa voz de mando.

"Allí estaba alguien que, con una vocecita en apariencia inofensiva, creó e inculcó en el trabajo cultural, como observa con justicia Desiderio Navarro: 'estilos y mecanismos de dirección que ha costado décadas erradicar'."

El temible parametrador Luis Pavón era incapaz de pasar la prueba de unos sencillos parámetros. También Reynaldo González hizo notar lo débil de su voz.

"Yo solamente vi un desfile de condecoraciones y cartulinas, que constituyen su herencia. Inmediatamente él, que hablaba con una voz de vieja fatigada."

Y comparó al televisado Pavón con la protagonista de la pieza teatral de James M. Barrie *La vieja dama muestra sus medallas*.

Abilio Estévez, que había acompañado a Virgilio Piñera en su ostracismo, condenó a los antiguos comisarios desde Barcelona.

"En mi ingenuidad, pensé que esas fantasmonas (no por tristes menos peligrosas) no reaparecían nunca más."

Los homófobos de ayer eran tratados como fantasmas maricones.

Arrufat valoró a Luis Pavón como "uno de los personajes más execrables, incluidos los tiempos coloniales y neocoloniales, de la historia de la cultura cubana". Sin abandonar ciertos enfásis de su literatura, denunció "la inmensa ciudad de sus víctimas". Según él, cientos de ellas habían corrido al teléfono una vez terminado el programa, para contarse el horror.

"Quizás para un filósofo determinista, Pavón no es responsable absoluto de sus acciones al frente del Consejo", teorizó. "Es en cierta y oscura medida una víctima posterior del pavonato, que él mismo instrumentó. En tal observación se encuentra una parte de verdad. Como en la teología católica las estrellas inclinan pero no fuerzan el albedrío, en las modernas doctrinas sociales las circunstancias, el complicado tejido de la sociedad de una época, inclinan también, como nuevas estrellas terrenales, pero no fuerzan el albedrío. De acuerdo con la libertad humana, aún en las condiciones más férreas, puede el hombre negarse, discutir, proponer soluciones diversas, influir, o al menos no excederse en la violencia. Tal vez el hecho de que Pavón se excediera, propicia en sus víctimas explicaciones ya de carácter sicológico. Hay deseos, placeres, fobias, envidias que contaminan cualquier decisión en apariencia imposible de no cumplir".

Quienes siguieron cada palabra y movimiento del entrevistado, aquellos que sabían de qué trataba en verdad aquella entrevista, no sólo pedían explicaciones, sino que las buscaban por su cuenta. Teología, determinismo, teorías sociales, psicologismos: habría que recurrir a diversas disciplinas. Tres décadas antes, aquellos hombres los habían negado a ellos, televidentes al borde de sus asientos. Ahora era el turno de ocuparse de esos tres individuos, pero con muy distinta negación a la que los viejos parametradores prodigaran. Pues, en tanto intelectuales, deberían hacer por comprenderlos. Por comprender qué había pasado.

Los amagos de explicación propuestos por Antón Arrufat consideraban la hipótesis de que Pavón había sido víctima del pavonato, de las propias instrucciones impuestas por él en tanto presidente del Consejo Nacional de Cultura. Tal hipótesis suponía una maquinaria en marcha pese a la destitución de su artífice principal. Y, de tomarla a pie juntillas, no valía la pena exculpar aquellos años como si de un período de excepción se tratara. Porque no constituían salvedad alguna. Aquello que achacaban a unos cuantos aberrados era el normal funcionamiento de un sistema. El propio sistema era la aberración.

Una anécdota contada por Arrufat hablaba de la creencia de los comisarios políticos en sus restauraciones.

"Cuando comenzó la rehabilitación de los artistas y escritores que Luis Pavón Tamayo intentó aniquilar para siempre, y la política cultural entró en el período de las revolucionarias rectificaciones, y las víctimas del pavonato fueron reconocidas en su valor como creadores, el viejo ex-presidente se acercó a uno de sus amigos para advertirle, con parecidas palabras a éstas, no te comprometas demasiado con esos que ahora son Premios Nacionales, pronto a todo esto se le dará marcha atrás."

"Extraño pensamiento en un marxista declarado", dedujo Antón Arrufat, "concebir el tiempo histórico como un eterno retorno".

Un atisbo de ese mismo raro pensamiento debió tener Enrique Colina, en un mensaje posterior, al explicar los ritmos de prohibiciones y liberalizaciones como "ciclos de rectificación oficial de políticas también oficiales".

Entendida de este modo, la política cultural revolucionaria incluía lo mismo el nombramiento de figuras represoras que sus destituciones. Lo mismo la censura que los galardones. Y no valía la pena diferenciarla en equivocaciones y en aciertos. Pues ningún acto, aún el más terrible, quedaba fuera de ella.

5

En las semanas siguientes, todo espacio de televisión sobre temas culturales fue minuciosamente examinado por escritores y artistas. Cualquier mención pareció significativa, cada silencio quería decir algo.

Las sospechas se hicieron retroactivas. Ena Lucía Portela recordó que la emisión del 19 de diciembre del programa "Este día", dedicado a ofrecer las efemérides, había pasado por alto el natalicio de José Lezama Lima.

Se preguntó si se trataba de otra casualidad. No lo creía. José Lezama Lima había sido una de las principales víctimas de quienes procuraban resurgir ahora.

Por su parte, Desiderio Navarro hizo notar que dos o tres meses antes habían dedicado un espacio completo del Canal Educativo a exaltar la importancia del Primer Congreso Nacional de Educación y Cultura. Entonces él lo había entendido como una solitaria golondrina. Sublevante, pero solitaria. Ahora reconocía su equivocación.

Navarro había recolectado otra señal ominosa. En el programa "Mediodía en TV" del martes 6 de febrero, destinado a celebrar la Jornada de la Cultura Camagüeyana, dedicaron un segmento a enumerar los principales méritos culturales de la provincia y olvidaron mencionar a Nicolás Guillén. Comenzaron por el *Espejo de Paciencia* de Silvestre de Balboa, aludieron a Gertrudis Gómez de Avellaneda. Entendieron lo cultural de modo amplio, pues el catálogo incluyó a Carlos J. Finlay, investigador médico. Llegaron al presente y nada dijeron de Guillén.

Claro que éste no había padecido los rigores de la censura, pero no dejaba de ser notable su ausencia...

Desiderio Navarro debió de estar doblemente alerta. Dadas las circunstancias, y por camagüeyano. Nada dijo en su mensaje acerca de si lo mencionaron a él, pero publicó su confianza en que algún día su provincia natal iba a enorgullecerse de Severo Sarduy, también camagüeyano.

Quienes esperaban por una petición de disculpas de las autoridades del instituto de radio y televisión andaban sobrados de esperanza. Incluso después de que algunos escritores se reunieran con el ministro de Cultura y otras autoridades, Leonardo Padura avisó que en "Mediodía en TV" acababan de entrevistar a la directora del programa donde apareciera Pavón, pues estaba nominada a varios premios por su trabajo.

"¡Qué casualidad!, ¿verdad?", consignó Padura. "La respuesta de la TV cubana a la polémica desatada y a la indignación de tanta gente, me parece diáfana."

El instituto de radio y televisión mostraba soberbia suficiente como para no ofrecer explicaciones y, encima, premiar a la directora de uno de los programas criticados.

"Esto va a causar una indignación generalizada de magnitudes y resultados imprevisibles", pronosticó Desiderio Navarro.

Y abrió una ronda de preguntas candentes.

"¿Quién está detrás de todas esta provocación? ¿Qué microfracción, qué grupúsculo? Si no hay una condena oficial, ya nadie va a creer que no tienen la bendición de las esferas más altas del Partido."

Se refería a Serguera, Pavón y Quesada. Se refería, por supuesto, al Partido Comunista de Cuba. Revertía términos que la paranoia oficial utilizaba para forjar o bautizar conspiraciones: microfracción, grupúsculo.

Un mensaje de la realizadora televisiva Loly Estévez reveló más detalles escabrosos. Estévez dirigía el programa "Diálogo abierto", que había emitido la entrevista a Armando Quesada. Pero quiso aclarar a los colegas artistas y escritores que éste había sido entrevistado en su condición de asesor de la Dirección de Programación de la Televisión Cubana. "Diálogo abierto" cumplía cinco años en el aire, y ella había departido ante las cámaras con algunos de los que hacían posible el programa, entre ellos Quesada.

En ningún momento convocó a Armando Quesada para que él hablara de su historia anterior, de su trayectoria. Hablaron solamente del presente. No de la biografía de él, sino del programa que en la actualidad él asesoraba.

Entonces Armando Quesada tenía un presente... Luis Pavón y Jorge "Papito" Serguera podían enorgullecerse de sus biografías ante las cámaras porque a Quesada, compinche de ambos, le pagaban por asesorar, no sólo el programa dirigido por Loly Estévez, sino varios más, tal como ella puntualizó en su mensaje.

Después se supo que fungía como secretario del Partido Comunista en el instituto de radio y televisión, y que asesoraba a cada una de las cadenas de televisión provinciales, a todos los telecentros. Gozaba, pues, de un inmenso poder político y laboral. No era entonces difícil conjeturar que, en tanto un tipo como él ejerciera el control de la televisión, ninguna explicación institucional iba a llegarles.

Desiderio Navarro refirió una conversación que sostuviera con el presidente del instituto de radio y televisión, teniente coronel Ernesto López, ex-director de los estudios fílmicos del Ministerio de las Fuerzas Armadas. Navarro le aseguró que no creía en el descontrol como explicación de tantos incidentes como habían ocurrido. Para abonar esa desconfianza narró su experiencia como invitado al programa "Diálogo abierto".

Tratarían en aquella edición de la cultura masiva, tema bien estudiado por él. Compartiría la discusión con otros tres participantes, entre ellos el director de cine Julio García Espinosa. Sin embargo, las autoridades pusieron una condición técnica para su aparición: sus intervenciones tendrían que ser grabadas tres días antes, con tiempo suficiente para que fuesen revisadas. Después las combinarían con el diálogo del resto de los tertulianos, que esa noche se encontrarían en el estudio.

A lo que él, por supuesto, se negó.

"Control es lo que se sobra en el ICRT para todo lo que no sea racismo, homofobia, burla de los defectos físicos de las personas, culto yanquifílico de Oscares, Grammys, MTV, etc, como instancias supremas de valoración artística mundial; nostalgia del Kitsch prerrevolucionario, culto del abolengo y los linajes artísticos, ideología New Age en sus diversas manifestaciones, culto de los millones ganados en contratos, taquillas o subastas, y de la fama mediática como criterios de éxito artístico; defensa militante de la banalidad desde el relativismo y el consumismo neoliberales, y muchos etcéteras."

Todas esas toxicidades conformaban la televisión cubana. Sin contar las que él se cuidaba de mencionar, como la incesante propaganda política y una miserable política noticiosa. Nadie debería escandalizarse entonces porque en televisión aparecieran Pavón y Serguera, o porque Quesada ostentara jefatura allí. En aquellos predios reinaba aún la vieja época.

No hacía mucho, Eduardo Jiménez García había sido despedido del espacio de análisis de actualidad que fundara en "Revista de la Mañana". La atención prestada por él a la mendicidad infantil en las zonas turísticas de Santiago de Cuba provocó fuertes quejas del primer secretario del Partido de esa provincia. Sumadas esas quejas a las que ya existían desde el Ministerio de Salud Pública y desde la red comercial de tiendas en moneda convertible, lograron que un directivo de la televisión notificara a Jiménez García "que estaba fuera de la línea informativa de la Revolución".

Un buen conocedor de los entresijos de la televisión como Enrique Colina rememoró algunas de sus experiencias. Durante más de treinta años había dirigido un programa de apreciación del cine, "24 por segundo", conducido por él mismo. Su rostro no podía ser más familiar a los televidentes. Cada emisión de su programa era concebida por él en el instituto de cine. Luego se producía técnicamente en los estudios de televisión, donde era sometida a aprobación antes de ser transmitida. Gracias a estos pormenores conocía de primera mano ambas instituciones, el más liberal Instituto Cubano de Artes e Industrias Cinematográficas y el apagado Instituto Cubano de Radio y Televisión.

Bajo todas las administraciones los jefes habían desconfiado de su trabajo. "24 por segundo" había sido cambiado de horario y de canal incesantemente. A él le tocaba defenderle existencia, protestar cada vez que intentaban suspenderlo. Cualquier razón, por nimia que pareciera, era buena como obstáculo. Y los mayores conflictos se presentaban a propósito del cine nacional. Pues, aún bajo censura como se encontraba, el cine cubano era capaz de críticas impracticables en los estudios de televisión. De manera que uno de los principios de la casa consistía en no exhibir determinadas películas, sin importar que éstas fueran producidas por el instituto de cine, que resultaran obras de importantes directores, obtuviesen premios internacionales o hubiesen sido exhibidas ya en la red de cines del país.

"Un breve recuento hecho sin mucho rigor y sólo a modo de ejemplo arroja más de 20 filmes cubanos producidos en diferentes décadas, sobre todo los producidos a partir de la crisis de los '90, que nunca han sido exhibidos por la TV. Considerando la cantidad de cines cerrados por el deterioro de sus instalaciones y otros que pugnan por mantenerse abiertos a pesar de la mala calidad de sus proyecciones, la falta de aire acondicionado y el pésimo estado de sus butacas y condiciones higiénicas, amén de la dificultad del transporte que también ha afectado la frecuentación a los mismos, cabe preguntarse cuántos espectadores potenciales pierde nuestra cinematografía por esta prohibición no escrita ni reconocida oficialmente que enajena su producción, concebida por y para su público nacional."

Colina aportaba una lista de títulos de filmes cubanos prohibidos en todas las cadenas de la televisión cubana. Eran sólo los filmes más recientes. A esa lista habría podido agregar, como lamentaba él mismo, los títulos de documentales realizados por jóvenes cineastas cuya exhibición quedaba relegada a una muestra organizada anualmente, para luego circular de mano en mano "o por este espacio virtual compensatorio", dijo de la intranet, "pero restringido e insuficiente".

6

Desde los primeros mensajes puestos en circulación fue citado el discurso de Fidel Castro "Palabras a los intelectuales". La recurrencia al líder y al documento fundacional de la política cultural revolucionaria resultaba providencial, constituía el mejor recurso de legitimación. Ya el 6 de enero de 2007, al día siguiente de la emisión de "Impronta", Desiderio Navarro acusaba a Luis Pavón de haber condicionado el resentimiento y hasta la emigración de muchos creadores no revolucionarios, aunque no contrarrevolucionarios, cuya alarma había tratado de disipar Fidel Castro con su discurso "Palabras a los intelectuales".

Pavón había metido espada allí donde el líder revolucionario procuraba apaciguamiento. Y a la hora de sopesar cuánta responsabilidad cabía en el ex-comisario político se hacía indispensable eximir de toda responsabilidad a los dirigentes más altos. Habría que dejar claro desde el comienzo la inocencia de Fidel Castro y del régimen revolucionario. Si existía discusión era desde la palabra del Comandante en Jefe, y esa palabra no entraba en discusión.

Más bien habría que contraponerla a la ejecutoria de los antiguos comisarios, y poco importaba que las interpretaciones no se ajustaran a la realidad. No buscaban allí la verdad, sino un buen posicionamiento. Discutían menos la política cultural de los años setenta que un espacio vital. Refutaban una franja de terreno a los viejos comisarios políticos. Y para asegurársela necesitaban captar la benevolencia oficial, ganar el favor de las autoridades.

No era extraño entonces que Desiderio Navarro encontrara balsámica la intervención de Fidel Castro el 30 de junio de 1961 en el teatro de la Biblioteca Nacional. Sin embargo, su interpretación apenas se sostenía frente a los testimonios de muchos de los presentes. El gesto alardoso de Fidel Castro al despojarse de la pistola antes de comenzar su discurso había parecido intimidante. Su alabada discreción de no intervenir hasta el final no fue más que un ardid para hacerse de la última palabra y suprimir cualquier posible objeción. Y resultaba reprobable su confesión, verdadera o no, de no haber visto el documental que desencadenara aquellas reuniones.

¿Qué alarmas podría disipar quién se reservaba el veredicto sobre una obra, y dictaba sentencia sobre ella después de afirmar que no la conocía? ¿Qué aquietamiento iba a producir aquel juicio a ciegas, de donde el documental *PM* salía con censura confirmada? Contrario a lo afirmado por Navarro, la actuación de Fidel Castro en el teatro de la Biblioteca Nacional despertó todas las alarmas. Y no fue necesario esperar a las jefaturas de Serguera, Pavón y Quesada para que muchos creadores salieran hacia el exilio.

La exculpación de superiores exigía de Desiderio Navarro sus razonamientos más alambicados.

"Cierto es que Pavón no fue en todo momento el primer motor, pero tampoco fue un mero ejecutor por obediencia debida. Porque hasta el día de hoy ha quedado sin plantear y despejar una importante incógnita: ¿cuántas decisiones erróneas fueron tomadas 'más arriba' sobre la base de las informaciones, interpretaciones y valoraciones de obras, creadores y sucesos suministradas por Pavón y sus allegados de la época, sobre la base de sus diagnósticos y pronósticos de supuestas graves amenazas y peligros provenientes del medio cultural?."

Mencionado como salvífico el discurso fundacional de Fidel Castro, podía entrarse ya en casuísticas. Y en el esquema de responsabilidades resultaba innegable la participación de jefes superiores en las decisiones del Consejo Nacional de Cultura. Luis Pavón pudo tomarse sus atribuciones, pero cumplía también órdenes de arriba. Sin embargo, aunque no hubiese sido el primer motor, influyó en éste decisivamente. Porque tanta crueldad pudo tener origen en los tramposos informes que Pavón y sus funcionarios más cercanos rendían a esos superiores.

Las órdenes venían condicionadas por el recelo hacia los artistas inculcado por Luis Pavón. Y, si bien existía antes que él un motor primero, no era otro que Pavón quien lo cebaba. A él podía acusársele de envenenar la atmósfera, de entorpecer la comunicación imprescindible para un óptimo funcionamiento del aparato administrativo. Luis Pavón era culpable de inventarse los informes a rendir y las instrucciones que le encomendaban. Malinterpretaba a sabiendas y usurpaba la labor de sus jefes. Éstos partían de presupuestos tergiversados, y qué más podían lograr en tales circunstancias.

Se trataba, en resumen, de una ingeniosa renovación de la leyenda del funcionario que actúaba por cuenta propia. Leyenda destinada, en todas sus versiones, a salvar al sistema. Según la puesta al día propuesta por Navarro, cuando Luis Pavón no operaba con independencia, cuando cumplía dictados, influía de antemano hasta el punto de profetizar las órdenes que le darían.

7

Durante el intercambio de mensajes electrónicos, Desiderio Navarro citó varias veces un ensayo suyo compuesto para un congreso celebrado en La Haya en febrero de 2000, auspiciado por la Fundación Príncipe Claus. Aquel congreso versaba sobre el papel del intelectual en la esfera pública. La ponencia de Navarro, publicada al año siguiente en *La Gaceta de Cuba* después de algunas consultas y titubeos por parte de sus redactores, intentaba cubrir la historia de cuarenta años de administración cultural revolucionaria. "In medias res publica" estudiaba la responsabilidad de los políticos en las limitaciones de la crítica.

El ensayo partía de un rasgo apuntado por Roberto Fernández Retamar en un texto de los años sesenta, "Hacia una intelectualidad revolucionaria en Cuba". Partía, en realidad, de una observación hecha por el ensayista mexicano Victor Flores Olea a Fernández Retamar acerca de la nula participación de intelectuales cubanos en aquellas discusiones que no trataban de cuestiones estéticas. Según Flores Olea, los problemas acuciantes de la época, como la relación entre estímulos materiales y estímulos morales, eran atendidos por Ernesto "Che" Guevara u Osvaldo Dorticós, dirigentes ambos, pero no movilizaban el interés de otros intelectuales. Y Roberto Fernández Retamar destacaba que, de quedarse reducido a los límites gremiales, los intelectuales corrían el peligro de no convertirse en intelectuales revolucionarios.

"In medias res publica" estudiaba esa ausencia de opiniones políticas, lo cual obligaba a determinar las constantes del diálogo establecido a lo largo de cuatro décadas entre políticos e intelectuales. El autor avisaba desde el inicio acerca de los límites de su estudio: intelectualidad artística, esfera pública, Cuba revolucionaria, últimos cuarenta años.

Últimos cuarenta años de hace ya una década.

Anunciaba que lo estrecho de la exposición sólo le permitiría abocetar el tema, y reducía la posibilidad de extenderse en ejemplos. Pese a ello, conseguía reunir en ese ensayo un buen catálogo de las coartadas con que los comisarios desaconsejaban la participación de los intelectuales en la cuestión pública. Y seguramente no existe en el ensayismo cubano una pieza más exhaustiva sobre el tema.

Una de las coartadas de los comisarios políticos avisaba que los enemigos internos y externos podrían aprovechar cualquier crítica para sus fines propagandísticos. Otra, de abundante circulación, daba pie a desvelos paternalistas por lo que pudiera pensar el pueblo, pues el conocimiento de ciertas verdades podría desorientarlo, confundirlo y contribuir al desaliento general. En estas justificaciones el pueblo siempre andaba falto de madurez. Aunque se tratara, tal como hacía notar Navarro, del mismo pueblo cuya sagacidad política era resaltada siempre que se explicaba su apoyo racional al régimen revolucionario.

Una tercera excusa aducida por los comisarios era que toda opinión desembozada corría el riesgo de constituirse en disidencia, en fuerza capaz de romper el monolito ideológico que garantizaba la supervivencia de la nación. Y no era propio de intelectuales responsables el aventurarse en temas para los cuales no demostraban suficiente competencia. Las autoridades políticas, que estaban ahí para ocuparse de los temas más controversiales, velaban también para que artistas y escritores no hicieran el ridículo, no metieran la pata.

Todo esto explicaba los resultados de la comparación que estableciera Desiderio Navarro entre revistas culturales cubanas y sus equivalentes en la antigua Europa del Este. A diferencia de las páginas de *Literatúrnaia Gazeta*, las de *La Gaceta de Cuba* muy rara vez se interesaban por temas como la ecología, la educación, la moral, el modo de vida. Y hasta hacía poco tiempo dedicaban igual silencio a las cuestiones religiosas, raciales y de identidad sexual.

Tal como aconsejaban los comisarios políticos, correspondía a los intelectuales tratar de obras en particular, y ahorrarse toda reflexión acerca de su producción, difusión y recepción. Debían dejar en paz, por tanto, a las instituciones del país.

"En momentos en que cada vez más teóricos y críticos no marxistas de todo el mundo están reconociendo la esterilidad de una crítica 'ergocéntrica' –esto es, concentrada en las obras como si éstas estuvieran suspendidas en un vacío comunicacional social– y la necesidad de investigar esas obras en el contexto de los procesos sociales de producción, difusión y recepción, en el seno del socialismo cubano se llega a esperar de la crítica marxista, entre otras, que no investigue los aspectos sociales de la comunicación social artística, que sea menos sociológica, es decir, *que sea menos marxista o que deje de serlo.*"

Muchos intentos de reflexión política eran combatidos bajo la acusación de que la intelectualidad aspiraba a convertirse en conciencia crítica de la sociedad, en la única conciencia. Pretensión que, como hacía ver el autor, sólo podría cumplirse en el caso de que el resto de la sociedad no interviniera en lo público, dejándole el campo libre por completo a los intelectuales.

Desiderio Navarro apuntaba otra descalificación frecuente contra cualquier asomo de opinión: tacharla de hipercrítica. A la luz del análisis químico, existían opiniones con una dosis de crítica más alta de lo conveniente. Y, curiosamente, ningún criterio era estigmatizado por hipocrítico o acrítico. No representaban motivos de condena el no criticar o el criticar menos de lo conveniente.

La lógica de los comisarios políticos reprochaba también que el discurso se concentrara solamente en la revelación de lo negativo. Exigía un equilibrio, ¿dónde estaban, para expresar la realidad en toda su extensión, las virtudes compensatorias y anuladoras de aquellos defectos ventilados?. Pero del mismo modo que no se le ponía reparos a la ausencia de crítica o a la crítica muy somera, cuando aparecía lo apologético tampoco se reclamaba negatividad alguna que viniese a equilibrarlo.

El más incapacitador de los ataques emprendidos contra la crítica era, a juicio de Navarro, el que le señalaba alguna coincidencia con afirmaciones de intelectuales contrarrevolucionarios.

La paranoia dictaba entonces la justeza de las opiniones.

"Si lo políticamente correcto es lo contrario de lo que digan los enemigos, el intelectual revolucionario y su obra se ven sometidos a una azarosa y penosa dependencia intelectual respecto a la iniciativa de aquéllos."

Con apenas unos pocos recursos más para la anulación de opiniones, todavía el comisariado podía echar mano a los problemas de disciplina. Pues existían reglas no escritas acerca de dónde, cuándo, cómo y ante quién plantear determinado juicio. Existían reglas no escritas acerca de quién no debía plantearlo. Y bastaba que éste cayera fuera del círculo autorizado, fuera de la institución o reunión pertinente, para que constituyera un acto de indisciplina.

Bastaba que lo soltara alguien sin reconocimiento institucional.

Los comisarios políticos no tenían inconveniente en hacerse pasar por defensores de la sensibilidad popular. Guardaban como un secreto precioso el entendimiento de esa sensibilidad, y sólo a ellos cabía interpretar los daños sufridos. No venía mal algo de melodrama para desbaratar al enemigo, y Navarro citaba la frase típica que comparaba la opinión indeseada con "una herida inflingida a las fibras más profundas del corazón de nuestro abnegado pueblo".

Por último, existía el caso más específico del intelectual que realizaba su crítica "desde el punto de vista de los principios e intereses de la Revolución y con una impecable lógica marxista", y que terminaba neutralizado con acusaciones de que sólo simulaba ser revolucionario o marxista y toda su fraseología no era más que un disfraz. De este modo, los comisarios conseguían eludir la discusión pública, "se da por zanjada la parte intelectual del asunto y se hace el correspondiente daño moral a un verdadero revolucionario o marxista".

A juzgar por el tono grave adoptado en este ejemplo, parecía haber sido ésta la coerción más sufrida por el autor. Y hasta aquí llegaban los ejemplos de este *Martillo de Comisarios Políticos*, aunque faltaban aún dos recursos indirectos para anular la discusión pública: la administración de la memoria y el olvido, y el anti-intelectualismo.

"En cada período se trata de borrar (minimizar, velar) de la memoria colectiva cultural todo lo relativo a la actividad crítica del intelectual en el período anterior: ora el recuerdo de las formas que asumió, las vías que utilizó, los espacios en que se desarrolló y las personalidades concretas que la ejercieron, ora el recuerdo de cómo se la combatió, reprimió o suprimió, y quiénes fueron sus antagonistas..."

En cuanto al anti-intelectualismo, la historia venía de lejos. Navarro citaba al Jorge Mañach de *La crisis de la alta cultura en Cuba*, apuntaba la conexión entre anti-intelectualismo y homofobia, y se ocupaba de aquellos que Leszek Kolakowski definiera como "intelectuales contra el intelecto".

Treinta y tantos años después de aquella observación de Víctor Flores Olea, en Cuba no había cambiado mucho el panorama. El repertorio de objeciones contra la libertad de expresión coleccionado por Desiderio Navarro había sido utilizado, con mayor o menor intensidad, a lo largo de esas cuatro décadas que él procuraba condensar en su texto.

"In medias res publica" ofrecía algunas periodizaciones de la controversia entre comisarios políticos e intelectuales. Iniciaba su recuento en junio de 1961, en la reunión en la cual Fidel Castro se dirigiera a los intelectuales reunidos en la Biblioteca Nacional. Pues había en ese discurso "una frase que, por su brevedad, construcción y categoricidad, funcionó, desde entonces hasta la fecha, como el resumen de la política cultural de la Revolución".

La frase en cuestión era: "dentro de la Revolución, todo; contra la Revolución, nada".

Según Desiderio Navarro, la fórmula contenía una extraordinaria polisemia. Cada hermeneuta podía sacarle partido para sus propios fines. Cambiaban los períodos, uno desdecía al otro, pero continúaba recurriéndose a ella. Era la fórmula totémica de la política cultural revolucionaria. Bajo ella habían gobernado los comisarios Serguera, Pavón y Quesada y, una vez destituidos éstos, desaparecido el Consejo Nacional de Cultura y fundado el Ministerio de Cultura, había gobernado el ministro Armando Hart.

En 1977, en el discurso de clausura del Segundo Congreso de la Unión Nacional de Escritores y Artistas de Cuba, Hart afirmaba: "Las deficiencias, dificultades y logros que han existido durante el período comprendido entre el Primer y Segundo Congresos de la UNEAC, están en parte relacionados con la mayor o menor compresión que cada cual ha tenido de la esencia más profunda de las palabras de Fidel cuando, en pensamiento que todo lo sintetiza, proclamó: 'Dentro de la Revolución todo, contra la Revolución nada', o cuando dijo: 'El arte es un arma de la Revolución'."

El entonces flamante ministro hacía balance de los últimos años de política cultural y consideraba como piedra de toque a la fórmula pronunciada por Fidel Castro en 1961. La felicidad o infelicidad de cada maniobra dependía de la exacta interpretación que se hiciera de la fórmula totémica. Hart llamaba la atención sobre una segunda frase, menos afortunada, extraída del discurso de clausura del Primer Congreso Nacional de Educación y Cultura.

En opinión de Armando Hart, en la fórmula del Comandante en Jefe estaba sintetizado todo. Esa fórmula era un aleph.

Según Desiderio Navarro, la frase poseía una extraordinaria polisemia. Muchos caminos posibles se congregaban en una sola oración. Lo gnómico provocaba toda clase de episodios. Resultaba por tanto imprescindible llegar a una correcta interpretación de ella. Y Navarro hubiese deseado algunas precisiones.

"¿Qué fenómenos y procesos de la realidad cultural y social cubana forman parte de la Revolución y cuáles no? ¿Cómo distinguir qué obra o comportamiento cultural actúa contra la Revolución, qué a favor y qué simplemente no la afecta? ¿Qué crítica social es revolucionaria y cuál es contrarrevolucionaria? ¿Quién, cómo y según qué criterios decide cuál es la respuesta correcta a esas preguntas? ¿No ir contra la Revolución implica silenciar los males sociales que sobreviven del pasado prerrevolucionario o los que nacen de las decisiones políticas erróneas y los problemas no resueltos del presente y el pasado revolucionarios? ¿Ir a favor de la Revolución no implica revelar, criticar y combatir públicamente esos males y errores? Y así sucesivamente."

Historiar los desmanes cometidos a partir de esa fórmula contribuiría muy poco a aclarar sus verdaderas intenciones. Porque siempre cabría la disculpa de que había sido malinterpretada. Más provechoso resultaba comprobar para qué había valido en la propia ocasión en que fue acuñada por Fidel Castro.

Una comprobación así era evitada prudentemente por Desiderio Navarro y por la mayoría de los escoliastas de "Palabras a los intelectuales". Pero, por enigmática que fuese la fórmula, por abierta a interpretaciones que estuviese, en junio de 1961 había servido para dejar establecida la censura del documental *PM*. Y de esas reuniones en la Biblioteca Nacional saldría también el cierre del suplemento *Lunes de Revolución* y el apremio por constituir una Unión de Escritores y Artistas que funcionara como guardián del espacio acotado por Fidel Castro.

No había entonces que esperar por malos exégetas futuros cuando desde el origen existía un caso de flagrante censura política, de atropello contra los intelectuales.

En caso de creer que los errores cometidos en la política cultural revolucionaria descansaban en una mala aplicación de la fórmula inclusiva de "Palabras a los intelectuales", había sido el propio orador, Fidel Castro, el primero en incurrir en tergiversaciones. Lo hizo desde el mismo día en que forjara esas palabras, todo un discurso movilizador de la censura.

Pese a ello, ese y algún otro episodio de intransigencia de la época eran clasificados por Desiderio Navarro como "tensiones fuertes, pero puntuales o pasajeras". En su opinión, nada permitiría aseverar que en las jornadas celebradas en la Biblioteca Nacional se encontrara el origen de una censura política incesante. Se trataba, a lo sumo, de un episodio suelto que no engrosaba, junto a otras tensiones puntuales y pasajeras, una historia. Y Navarro tampoco aludiría a un asunto no menos grave y anterior como la estatalización de toda la prensa.

De alguien con los desvelos semióticos de Desiderio Navarro cabría esperar mayor detenimiento en la problemática frase, pero el lector no iba a hallar nada de ello en "In medias res publica". El autor únicamente se preguntaba por lo que había quedado fuera de la frase. Como si su incompletez hubiese dado pie a tantas ingratas interpretaciones. Como si en esa incompletez residiera la atracción que ejercía sobre quienes no dejaban de citarla. Para quienes, cada vez que la frase retornaba, prometía su completamiento definitivo y amenazaba con ser descifrada.

Desiderio Navarro lamentaba lo escueto del telegrama, pero prescindía del examen de su texto. La fórmula tenía que ser justa de antemano. Su autor había hablado para todos los tiempos, y no habría compromiso entre autoridades y escritores y artistas que no cupiese dentro de su discurso. No habría tiempo que no fuese el tiempo revolucionario. ¿Quién iba a acordarse de que en el origen de ese compromiso y de ese tiempo estuvo en discusión un documentalito? Cualquiera que fuese el objeto colocado a la luz de la fórmula totémica parecería pasajero y puntual. Pasaban las generaciones de burócratas, pasaban los episodios conflictivos, y seguía inamovible aquella consideración de Fidel Castro que hablaba de todo y de nada.

Todo y Nada, prometía el *Evangelio de la Biblioteca Nacional.* Dios, el que había dejado la pistola sobre la mesa antes de iniciar sus palabras, exponía ante sus fieles el Juicio Final que les tenía preparado. Allí no discutían de un documental que ni siquiera él, en toda su omnipotencia, se había tomado la molestia de mirar. Discutían de una eternidad, de todo un mundo por delante.

Para cartografiar ese nuevo mundo se habían reunido en el teatro de una biblioteca. Para trazar la delimitación entre el Mundo Todo y La Nada. De ser estrictos y rigurosos, no cabía en esa cartografía un adentro y un afuera. Cabía el adentro del Mundo Todo: dentro de la Revolución, todo. Pero habría sido inexacto propiciarle un afuera a tanta totalidad. De manera que los bárbaros que no encontraran sitio dentro del mundo que diseñaban allí, quedaban anulados. Contra la Revolución, nada.

La fórmula ofrecía una incompleta simetría. Al todo se le oponía la nada, pero no tenía lugar un afuera para aquel adentro proclamado. ¿Qué sitio habría podido existir fuera del todo que era Revolución, Estado, nación, país, patria, Gran Líder, vida, existencia? Las antípodas de aquellas tierras bautizadas bajo tan diferentes nombres, ¿dónde podrían quedar sino en ningún lado?.

En un discurso de 1925, también en un teatro, en La Scala de Milán, Benito Mussolini había practicado un ejercicio similar de cartografía.

"*La nostra formula é questa: tutto nello Stato, niente al di fuori dello Stato, nulla contra lo Stato.*"

Su expresión imponía igual amurallamiento, la misma negación para quienes quedaban afuera, pero aún hablaba de un afuera que no podría hallarse en la mucho más sintética formulación de Fidel Castro.

Lo asimétrico de la frase acuñada en el teatro de la Biblioteca Nacional permitía avizorar la ferocidad con que iba a combatirse la menor herejía. Aquella negativa a imaginarle emplazamiento al enemigo garantizaba la cerrilidad de los comisarios políticos. No tenían por qué dar explicaciones, no tenían por qué escrutar de antemano lo que prohibían. Al enemigo podría negársele hasta el extraño suelo que pisara.

El discurso de Fidel Castro validó una primera práctica. Aquellas reuniones del verano de 1961 terminaron por convertirse en un seminario metodológico para comisarios políticos. En el anfiteatro de vivisecciones de la Biblioteca Nacional se enseñó cómo operar cuerpos dudosos. Y no sólo podría remontarse a esos días el origen de la censura política sobre el arte, sino también la fundación del pacto entre vigilados y vigilantes.

Fidel Castro había accedido a reunirse con las más importantes figuras intelectuales del país para acordar con ellos un régimen de censura política. Visitaba la asamblea de artistas y escritores para notificarles que en lo adelante estarían bajo vigilancia. Una vigilancia que, por absurdo o chistoso que pareciera, requería la complicidad de todos ellos como gremio. Porque quien hablaba desde la tribuna era solamente el policía bueno, pero el malo de la pareja, la pistola, descansaba sobre la mesa.

En "In medias res publica", Desiderio Navarro citaba el arresto y detención de Heberto Padilla, la adhesión gubernamental cubana a la invasión de Checoslovaquia por las tropas del Pacto de Varsovia, la Declaración del Primer Congreso Nacional de Educación y Cultura. Sin embargo, era escaso lo que apuntaba del período que administraran Serguera, Pavón y Quesada.

"De 1968 en adelante, más allá de una serie de medidas administrativas (la más simbólica de todas sería la disolución de la importante revista llamada precisamente *Pensamiento Crítico*), se produjo una verdadera cruzada contra la intervención crítica de la intelectualidad en la esfera pública, cruzada que tuvo su punto culminante en el Primer Congreso Nacional de Educación y Cultura (1971) y que sólo vino a desarticularse a principios de los años 80 con el fracaso del último desesperado intento de implantar como doctrina oficial el realismo socialista en su versión soviética más hostil a la crítica social."

La determinación del ensayista de no demorarse en ejemplos debió hacerle tratar a éstos como episodios pasajeros, o relativizarlos a favor de un más allá de generalizaciones. Mencionaba el Primer Congreso de Educación y Cultura pero se desentendía de citar documento o discurso suyo alguno. Y luego de aludir a él arribaba a los inicios de una década de más grata explicación.

Navarro citaba "Palabras a los intelectuales", pero se ahorraba el discurso no menos crucial que ese mismo orador pronunciara diez años después, al clausurar el Primer Congreso Nacional de Educación y Cultura. Comentaba el discurso de 1961 y pasaba por alto sus inmediatas consecuencias. Ocupado en rastrear el futuro de una sentencia, la que hablaba del Todo y de la Nada, se olvidaba de la puntual sentencia de esa tarde, que no haría más que repetirse en otros casos venideros. Habría que salvar a ese discurso de todo malentendido a que hubiese dado lugar. Era necesario defenderlo, no sólo de los desmanes cometidos por Serguera, Pavón y Quesada, sino de los del propio Fidel Castro. Del Fidel Castro que clausuraba el encuentro en la Biblioteca Nacional con la censura de una obra a la que ni siquiera le había echado una mirada.

Y, con tal de otorgarle el mejor de los perfiles a ese orador, convenía antologarle sus comparecencias. Útil aquella de 1961, la de 1971 era desechada porque lo haría quedar como agente nefasto. Quien clausuraba el Primer Congreso Nacional de Educación y Cultura, resoluto y poco enigmático, aparecía despojado de las contemplaciones hacia la intelectualidad de las que hubiera hecho gala una década antes.

Agudo como se mostraba a la hora de analizar los recursos a los que echaban mano las autoridades, Desiderio Navarro suspendía el análisis ante ciertos puntos verdaderamente comprometedores. Para entender el período administrado por Luis Pavón recomendaba la lectura de un ensayo suyo, pero poco podía hallarse allí como explicación particular de esa época. ¿O acaso las coartadas catalogadas por él no eran también patrimonio de los nuevos comisarios?

"In medias res publica" abogaba por la intervención crítica de los intelectuales en las cuestiones públicas, pero su autor practicaba una crítica llena de cautelas, que dejaba fuera, por inalcanzable, ciertos nombres.

En el primero de sus mensajes electrónicos, se había extendido acerca de la responsabilidad que correspondía a los propios escritores y artistas. Era, según él, la otra mitad del problema.

"En mi artículo 'In medias res publica' he hablado de la responsabilidad de los políticos en las limitaciones del papel crítico del intelectual –sobre todo en los años en que la cultura fue conducida por Luis Pavón–, pero ésa es sólo la mitad del problema. La otra mitad –merecedora de un simétrico artículo– es la responsabilidad de los intelectuales: sin el silencio y la pasividad de la casi totalidad de ellos (por no mencionar la complicidad y el oportunismo de no pocos) el 'quinquenio gris' o el 'pavonato', como ya entonces lo llamaron muchos, no hubiera sido posible, o, en todo caso, no hubiera sido posible con toda la destructividad que tuvo. Con contadas excepciones, entre los intelectuales, los heterosexuales (incluidos los no-homófobos) se desentendieron del destino de los gays; los blancos (incluidos los no-racistas), de la suerte de los negros reivindicadores; los tradicionalistas, del destino de los vanguardistas; los ateos (incluidos los tolerantes), de las vicisitudes de los católicos y demás creyentes; los prosoviéticos, de la suerte de los antirrealistasocialistas y de los marxistas ajenos a la filosofía de Moscú, y así sucesivamente. Cabe preguntarse si esa falta de responsabilidad moral individual podría repetirse hoy entre la intelectualidad cubana."

Ante el peligro de retorno de los antiguos comisarios políticos, él apelaba a la solidaridad gremial, al sentido de responsabilidad de cada uno. Y terminaba su mensaje con esta frase: "Feliz el hombre aquel que llega a conocer las causas de las cosas".

Era una cita del libro segundo de las *Geórgicas*, de Virgilio. Llevaba en Desiderio Navarro, como en mucha otra gente que la había citado, un cambio del tiempo verbal. Del pretérito del original al presente acuciante.

Al final de un mensaje dictado por la alarma, constituía una invitación a buscar el por qué de la reaparición de aquellos antiguos burócratas, a investigar las causalidades escondidas de un período tenebroso. Pero, contrario al uso que el ensayista hacía de ella, la frase latina original hablaba de desentenderse de las cuestiones públicas.

Nada doblegaba el ánimo del sabio. Conocedor de las causas de las cosas, nada tenía que temer de la púrpura de los reyes. No habría de compadecer al pobre ni envidiar al rico. No lo desvelaban los problemas de Roma ni la suerte de los imperios llamados a perecer. El foro no era frecuentado por él, ni pesaban sobre su persona las leyes de las ciudades. Otros hombres hacían la guerra y vivían en la corte. Los más intelectuales cultivaban el aplauso de las graderías. A algunos les correspondía cambiar por el destierro la casa nativa y buscaban, bajo otro sol, una patria. Y, a diferencia de todos ellos, el conocedor de las causas de las cosas recogía los frutos que los árboles y los campos le entregaban. Cultivaba su tierra lejos de la política y de la sofocante vida urbana.

Desiderio Navarro llamaba a la participación política y a la búsqueda de la verdad histórica mediante la cita de un pasaje clásico que alababa una existencia en las antípodas, pastoril, apartada de la cuestión pública. Y quizás esta utilización paradójica viniera dictada por cierta justeza.

Una exactitud inconsciente conducía a Navarro a propugnar la crítica histórica y política a partir de un fragmento latino en el que se abjuraba de política y de historia. Pues, pese a sus peticiones de un papel crítico del intelectual, él conocía los peligros de adoptar realmente ese rol, y lo ejecutaba a medias. Sabía que su lugar estaba en el foro, en la corte, en la guerra, en la discusión de los problemas de Roma, hasta la asunción del destierro incluso. Pero no dejaba de obedecer al llamado de una vida más calma, bucólica, campestre.

La composición de las *Geórgicas* había respondido a una política agrarista del emperador Augusto, interesada en tales abjuraciones ciudadanas. A su vez, "In medias res publica" se preocupaba por la perfectibilidad y pervivencia del régimen revolucionario. El ensayo de Desiderio Navarro sacaba lecciones del final de los regímenes comunistas europeos y recomendaba el ejercicio de la crítica que garantizara la longevidad del régimen cubano. Su crítica a los comisarios políticos iba incluida en una carta áulica dirigida al emperador.

Se proponía "contribuir a la comprensión del papel de la intelectualidad artística en la esfera pública en la Cuba revolucionaria, esto es, en los últimos cuarenta años de historia de mi país", y en ningún momento aludía al exilio, a los artistas y escritores residentes en el extranjero. Los desacuerdos políticos llevados hasta el exilio quedaban fuera del panorama trazado por él. Igual que en la famosa frase de Fidel Castro que citaba, "In medias res publica" no contaba con espacio alguno para los opositores.

8

Apenas hizo circular Desiderio Navarro el primero de sus mensajes electrónicos, Duanel Díaz, residente por entonces en Madrid, publicó un artículo que fue antes entrada de su blog. Con él se sumaba al repudio de Luis Pavón y lo que éste significara, aunque su interés mayor estaba en denunciar los límites del análisis realizado por Navarro, en denunciar su idea de que el socialismo cubano era compatible con la libertad de crítica.

Duanel Díaz establecía un linaje nacional del estalinismo ocupado en apoyar la doctrina del realismo socialista, que incluía a figuras como Mirta Aguirre, Carlos Rafael Rodríguez, Juan Marinello, José Antonio Portuondo y Nicolás Guillén. Se trataba, por tanto, de una historia que antecedía al comisariato de Pavón. Anterior, incluso, al establecimiento del régimen revolucionario. La declaración del marxismo-leninismo del régimen, ocurrida pocos meses antes de la reunión de Fidel Castro con los intelectuales en la Biblioteca Nacional, provocó la emergencia de figuras de ese linaje. Y al estrecharse los lazos de amistad con el bloque soviético, se estrecharon también los límites de la legalidad revolucionaria. De manera que la ejecutoria de los comisarios políticos de los años setenta no estuvo desprovista de teoría y apoyo intelectual.

Desiderio Navarro olvidó señalar que, con su discurso de clausura del Primer Congreso Nacional de Educación y Cultura, Fidel Castro había consagrado los terribles dictámenes del evento. Olvidó señalar también que Luis Pavón había estado subordinado directamente a Raúl Castro. Era, pues, hacia Fidel y Raúl Castro hacia donde apuntaban las causas de las cosas de la frase virgiliana citada por él.

Díaz fustigó el ensayo tan recomendado por Navarro.

"Preconizar la necesidad de ir a las raíces y quedarse en las ramas es [...] la contradicción medular de la crítica que ya en el ensayo 'In medias res publica' ofrecía Desiderio Navarro."

La existencia del régimen socialista dependía de la represión de toda crítica de fondo. Una crítica de fondo, sostuvo Duanel Díaz, podría derretir al régimen como el sol del mediodía cubano hacía con un trozo de hielo.

Por otra parte, las cosas no habrían sido distintas en los setenta aunque las autoridades hubiesen encontrado mayor resistencia entre artistas y escritores. En todo caso, habría existido mayor represión, pues el sistema producía represores incansablemente.

"Más criticable que los que en aquella coyuntura callaron o colaboraron, me parecen esos que, entonces marginados, se han convertido luego de rehabilitados en grandes adalides del régimen."

Gente como Antón Arrufat, Abelardo Estorino, Reynaldo González, Ramiro Guerra, César López entraban en esa categoría. Aunque Duanel Díaz no mencionaba nombres.

Por último, los reclamos de responsabilidad intelectual hechos por Desiderio Navarro empujaban a exigirle una autocrítica. Duanel Díaz no ignoraba que éste había sufrido la censura de sus textos y de textos de otros autores traducidos por él, pero no dejaba de ser "uno de los cómplices de esa misma política con la que ha quedado identificado el nombre del teniente Pavón". Y apoyó tan fuerte acusación con un fragmento de "El papel conductor del Partido marxista-leninista en el terreno de la cultura", un viejo texto de Navarro publicado por *La Gaceta de Cuba* en enero de 1976.

"En modo alguno el sistema directivo de la sociedad socialista podría permitir que la cultura llegara a ser ese factor histórico que una vez fue abandonado a la espontaneidad y al libre curso y gracias a su capacidad de acción inversa sobre los demás factores sociales, introduciría en la masa lo aleatorio, el desorden, la desproporción y la discordancia en todo el organismo social", había escrito el Desiderio Navarro de treintiún años antes.

La cita, no desmentida públicamente, abogaba por un férreo control ideológico sobre la cultura, prometía todos los estalinismos y consideraba la armonía social proporcionada por un partido único. Difícilmente su autor podría estar de acuerdo con esa idea que reaparecía tan sorpresivamente como las figuras de unos comisarios perdidos de vista. Quien la traía a cuento le echaba en cara que, en algún momento de los años setenta, defendiera el yugo del partido único sobre la cultura. Le echaba en cara que, tres décadas más tarde, convertido en decidido abogado de la libertad crítica de los intelectuales, imaginara esa libertad dentro de un régimen político como el cubano.

No todo había sido obra de un puñado de burócratas militaroides. La frase reflotada de Desiderio Navarro era una prueba de cuánta ayuda pudieron prestarle los intelectuales. El autor de esa cita, que había dado muestras sobradas de escandalizarse ante la pantalla de su televisor, tendría también que soportar el escándalo provocado por alguna afirmación suya de entonces. Y, si como suponía él, buena parte de la responsabilidad en lo ocurrido correspondía a quienes hubiesen elevado dudosos informes y contribuyeran a la creación de un clima generalizado de sospechas, la frase citada por Duanel Díaz podría incluirse en ese apartado.

Desde Berlín, Amir Valle se dirigió directamente a Desiderio Navarro para confesarle su deseo de que la indignación alzada por unos viejos comisarios políticos trascendiera, se prestara para la reflexión general, abriera un espacio para la discusión y ayudara a esclarecer los muchos puntos todavía pendientes de explicación.

"Espero que allí, en ese debate, dejemos de usar eufemismos, palabritas bonitas y frasecillas intelectualoides que complican la necesaria claridad y aprendamos a llamar a las cosas por su nombre. [...] Como espero llegue el momento de que no se intente librar de culpa, 'pasar la mano', o 'echar agua al dominó' a quien haya sido culpable de aquellos desastres y de muchos que se han cometido (y aún se cometen), y esa culpa, lo dejo bien claro, empieza en Fidel y llega hasta esos muchos Pavones que hoy conocemos."

El anciano comandante podría seguir en su convalecencia y, aún así, continuaría su participación en aquellos desmanes. Mientras continuaran citándose sus "Palabras a los intelectuales" como principio rector de la administración cultural, no dejaría de aumentar su responsabilidad en las exclusiones que fuesen practicadas. Su culpa no cesaría mientras él no dejara de figurar como equivalente de nación y de patria.

Por su parte, Luis Pavón podría permanecer lo mismo en su casa que en los televisores de todas las casas cubanas, que el aparato represivo contaba con gente más joven y mejor formada para los tiempos que corrían. De manera que no discutían acerca del pasado, sino de las responsabilidades del presente. Discutían del pavonato inherente al régimen revolucionario.

En un artículo firmado en Madrid, Jorge Luis Arcos dio rienda suelta a su indignación.

"Es sencillamente increíble. Tal parece que una parte considerable de los intelectuales cubanos dan por hecho que el régimen actual va a continuar existiendo, y ellos, dentro del mismo, con su variada gama de complicidad, silencio, oportunismo o, incluso, alegre aprobación. Porque aun cuando se rectifique públicamente lo sucedido recientemente, ello no constituiría sino un leve reacomodo dentro de una política cultural en esencia subordinada a un poder totalitario. Pues está muy bien protestar por la resurrección de la imagen de aquel pasado ominoso, pero ¿cómo convivir en el presente con un régimen que coarta diariamente todas las libertades elementales? Peor que olvidar el pasado, es tener amnesia del presente. Aun los más honestos críticos de lo sucedido, demuestran que en el presente ellos mismos continúan sometidos a cierta censura, a un miedo modelado por décadas de represión. Como si lo terrible sólo aconteciera en el pasado, como si el presente no pudiera ser cuestionado..."

Arcos hacía balance de los mensajes electrónicos cruzados hasta la fecha.

"El poder a la larga ha ganado: ha logrado que una buena parte de la intelectualidad, sobre todo aquella que tiene voz pública dentro del país, viva en un limbo metafísico con respecto al resto de la población, no levante su voz –como ahora– contra los que organizan mítines de repudio contra los disidentes pacíficos, contra los que fusilan sumariamente a tres delincuentes comunes en una oprobiosa madrugada, encarcelan a periodistas, y, para colmo, firman cartas de aprobación de tales actos vandálicos."

Acusaba a los autores de esos mensajes de practicar un civismo selectivo, que sólo tenía alarmas para lo que afectase al gremio, y se desentendía del resto. Aunque reconocía que también él, cuando vivía en Cuba, había sentido miedo. Había padecido la censura y, sobre todo, la autocensura.

"Tuve que irme de mi país para disfrutar del triste privilegio de poder escribir este mismo artículo sin esperar represalias, para poder poner en blanco y negro lo que pienso realmente sin el temor de perder mi trabajo, ser expulsado de la vida civil o, incluso, ir a la cárcel."

Después de esta nota de humildad, Arcos se dirigía a sus colegas con un tono al que no le faltaba soberbia.

"Ustedes, los que viven en Cuba, también merecen ser respetados, pero tendrán que ganarse –como todos– ese respeto, ya sea con actos o incluso con silencios y sacrificios significativos, pues cómo siquiera intentar ser respetado por el mismo régimen que los humilla día a día con su variopinta colaboración o amnesia selectiva u oportuna."

Podía Jorge Luis Arcos pedirle a sus colegas silencios significativos, pero, ¿no era incongruente que les exigiese actos y sacrificios después de haber reconocido él mismo que sólo gracias al exilio y la lejanía se había atrevido a abordar por escrito lo que realmente pensaba?.

Otro escritor exiliado, José Prats Sariol, trajo a cuento una recomendación que le hiciera Lisandro Otero en una tarde mexicana de 1997.

"Métete con la cadena, nunca con el león", le había dicho.

Y Prats Sariol se preguntaba si la mayoría de las protestas levantadas por la resurrección de unos comisarios políticos no seguía esa misma advertencia.

"Salvo en una de las protestas –de una talentosa narradora– no parece observarse la más mínima intención de juzgar al león, ni al hermano, a los que nunca se han arrepentido públicamente de cometer aquel Congreso Nacional de Educación y Cultura en abril de 1971, tras el desastre de la zafra de los 10 millones y la consiguiente sumisión al Moscú del comunismo científico y el realismo socialista."

La talentosa narradora a la que Prats Sariol salvaba era Ena Lucía Portela. El resto de los mensajes que habían llegado hasta él evitaban responsabilizar a Fidel y Raúl Castro. Pero cabía la pregunta de si José Prats Sariol no habría hecho lo mismo en caso de vivir todavía en La Habana.

Las reclamaciones llegadas desde el exilio, aún siendo exactas, corrían el riesgo del fariseísmo.

No trascendió entre los mensajes cursados por Desiderio Navarro respuesta suya a las líneas que Amir Valle le escribiera o al texto que le dedicara Duanel Díaz. Aunque, más adelante, ofendido por un mensaje que cuestionaba un ciclo de conferencias organizado por él, iba a referirse a "las jineteras políticas que, hoy en el exterior, jamás escribieron en Cuba siquiera una línea polémica como cualquiera de las de 'In medias res publica' (2001) o, décadas atrás, 'La crítica literaria: también una cuestión moral' (1981), ni se ganaron una fama de 'conflictivos' en cuanto congreso, asamblea o coloquio participaran de los 70 a hoy, pagando el consiguiente precio biográfico e intelectual".

Fuera o no ésta su respuesta a las comunicaciones de Duanel Díaz y Amir Valle, recurría al insulto personal. Trataba a sus oponentes en femenino y los acusaba de prostituirse. Hacía depender sus credos políticos de quien les pagase, les otorgaba el sueño de la prostituciones de nuevo cuño: marcharse al extranjero. Y los acusaba de inacción y cobardía.

A la incómoda cita suya que le sacaran en cuenta oponía dos trabajos de los que podía sentirse orgulloso. Pero nada explicaba de aquella afirmación suya de los años setenta. Desiderio Navarro parecía antologar sus intervenciones públicas del mismo modo en que seleccionaba las cometidas por Fidel Castro. Cuando le recordaban su apuesta por un Partido Comunista de mano fuerte con la cultura, él traía a colación sus enfrentamientos con las autoridades, el precio que había tenido que pagar por ello. Episodios que no dejaba de reconocerle Duanel Díaz, al mencionar cómo habían padecido censura política textos y traducciones suyas.

Desiderio Navarro había aludido a la responsabilidad de cada quien en lo ocurrido cuarenta años antes. Un ensayo suyo que gustaba de citar abogaba por el deber intelectual de imniscuirse en las cuestiones públicas. "In medias res publica", historiaba y catalogaba el fracaso participativo de los intelectuales cubanos en la política del país. Pese a ello, apenas se le exigía a él un análisis más profundo y le recordaban una frase propia con la que ahora se mostraría en desacuerdo, evitaba cualquier contestación para acudir, sin citar nombres, a los insultos.

Podría convertir la polémica en una competición de valerosidades, pero no dejaba de seguir en pie su imposibilidad de admitir un Fidel Castro completo y responsable, con sus discursos todos, con todas sus prácticas. Desiderio Navarro se mostraba incapaz de arriesgar un marxismo-leninismo o, si se prefería, un pensamiento cubano de izquierda desprovisto de coincidencia con Fidel Castro, opuesto al régimen dictatorial de Fidel Castro.

9

Junto a Reynaldo González y Desiderio Navarro, Arturo Arango fue de los primeros en sumarse al intercambio.

"Aunque sea obra de un aparente azar", escribió a Navarro, "la presencia en la televisión cubana, a pocos días de diferencia, de Jorge Serguera y Luis Pavón Tamayo debe ser interpretada como un síntoma, y cometeríamos el gravísimo error del silencio si no realizamos, de inmediato y por cualquier vía, la labor simultánea de denuncia y análisis".

Al día siguiente, 7 de enero de 2007, se apresuró a rectificar su anterior mensaje con un síntoma de otro signo, halagüeño.

"Las señales, los síntomas, siempre son complicados y diversos, y creo que hacemos mal si sólo vemos (y condenamos) unos y pasamos por alto otros. Mientras en la televisión ocurrían estas dos apariciones", él se refería a las que lo alarmaran el día antes, "en otra zona de la realidad le fue concedido el Premio Nacional de las Ciencias Sociales a Fernando Martínez Heredia, el guevarista, el fidelista, el marxista, uno de los intelectuales que con más lucidez ha analizado la historia cubana del siglo XX, de los fundadores, y el director de la más importante revista cubana de Ciencias Sociales, un ser consecuente hasta el dolor con sus ideas, que siempre está colocando su pensamiento en términos de acción hacia un futuro que comenzó a imaginar desde que aún estaba en Yaguajay y en que aún sigue confiando. Hay que leer también esta señal, y acompañar a Fernando en sus empeños".

Si la vía para comunicarse iba a ser a través de monitores y teclados, habría que aprovecharla también para las buenas señales. Fernando Martínez Heredia, que había dirigido la clausurada revista *Pensamiento Crítico*, recibía el mayor galardón nacional en su disciplina. Y si resultaba sintomático que apareciera en televisión gente responsabilizada con el cierre de aquella revista, también tenía que entenderse como síntoma que su ex-director recibiera este premio.

Arturo Arango parecía interesado en corregir el tono de rebeldía de su primer mensaje. Intentó desde el comienzo moderar el debate.

Una tercera comunicación suya versaba sobre la naturaleza de la polémica en la que se metían.

"El debate, como era de esperarse, ha desbordada sus fronteras iniciales."

Lo asaltaba entonces la pregunta de quiénes debían participar en él. Nada de espontaneidad, nada de fronteras abiertas. Cualquiera no iba a entrar en la discusión, y no todas las opiniones serían bien recibidas.

Arango acometía un esfuerzo ridículo. Añoraba las formalidades habituales, se comportaba como si se encontraran reunidos en un salón de asambleas. Quería darle forma al guirigay, ordenar el molote, dar turnos de palabra. Extrañaba los guardas de la puerta y las firmes instrucciones para esos guardas.

No perdía de vista lo dificultoso de trazar fronteras rigurosas dentro del intercambio: "hasta donde recuerdo, es la primera vez que un diálogo tan importante y con tantas voces tiene lugar mediante correos electrónicos. Esa condición, en sí misma, lo hace que ruede como una bola de nieve".

Sus dos mensajes anteriores habían llegado a personas que ni siquiera estaban en su libreta de direcciones. Aclaró que este hecho no le parecía mal, aunque habría que tomarlo en consideración. El miedo a perder el control, miedo a que la discusión se saliera de órbita, se transparentaba en sus comunicaciones. Los mensajes de Magaly Muguercia y de Amir Valle, residentes ambos en el extranjero, despertaron sus preocupaciones por los límites de la polémica.

"Quienes viven fuera de Cuba, ¿no pertenecen ya al corpus de la cultura cubana?. Esa posible exclusión, ¿no contradice el espíritu de todo lo que se ha hecho por reinsertar aquí todo cuanto de Cuba y su cultura andan dispersos por el mundo?. Si decidiéramos que este es un debate sólo 'entre revolucionarios', ¿estaríamos diciendo que quienes vivimos dentro de la Isla lo somos, y los que están fuera dejaron de serlo automáticamente?."

Lo angustioso para él era que no pudieran determinarse filiaciones políticas según los lugares de residencia. ¿Cómo administrar la polémica? De la desesperación por lo visto en su televisor había pasado a la desesperación por cuanto pudiese ocurrir entre tantas máquinas conectadas. La reaparición de tres ex-comisarios políticos había puesto en crisis el orden, pero tendrían que adoptar unas reglas mínimas dado lo inédito de la vía de discusión. El equilibrio en que vivían podría ser tan afectado por la restauración de una política cultural como por el libertinaje de las comunicaciones.

El debate, si querían continuarlo bien, tendría que restringirse. Aunque no lo expresara en ninguno de sus mensajes, Arturo Arango aspiraba al foro de previa inscripción, a un espacio de libertad media. En algún momento pudo pensar que ese foro era ya la intranet. O, dentro de ella, el servidor del Ministerio de Cultura que traficaba los mensajes de artistas y escritores residentes en el país.

Vetar la entrada a quienes residían en el extranjero tenía el inconveniente de que podría estársele negando el derecho de expresión a algún que otro intelectual revolucionario. Y, del mismo modo que habría que evitar las discriminaciones espaciales, tendrían que cuidarse de las temporales.

"Considerar que este problema atañe sólo a quienes, por edad, lo vivieron, ¿no es pensar que se trata de algo pasado, que no involucra o amenaza el presente y el futuro?. Les confieso que si algo me alarma en este minuto es que muy pocos jóvenes han opinado."

Sólo participaban en el intercambio escritores y artistas, pero Arango advirtió que la época de dogmatismos que exorcizaban había afectado a toda la sociedad cubana.

"Aunque mi mamá, mi suegra, mis vecinos, no conozcan a Luis Pavón, también fueron dañados por él."

Bien sabía él que tanta inclusividad resultaba peligrosa. Corrían el riesgo de que se les atravesara algún provocador, y tendrían que "cuidar que la bola de nieve siga el camino que nosotros elegimos, y no dejar que la desvíen y que, en lugar de desbrozar los espacios, destruya con su peso lo que ya hemos alcanzado".

Consciente de lo inusitado del vehículo de discusión, lo desvelaba su calidad amorfa. Mientras los mensajes eran reenviados, adjuntados, encadenados, él defendía la necesidad de hacer de todo aquel cardumen una flecha.

Muy pronto le causarían sobresalto la llegada de ciertos mensajes desde el extranjero.

"Algunos de esos mensajes", escribió a Orlando Hernández, "me molestaron tanto como la aparición de Pavón. Me son más cercanos".

Acusaciones y reproches llegados desde el exilio provocaban tanta indignación en él como el regreso de un arrasador de la cultura. La equivalencia no estaba, empero, desencaminada. El orden defendido por Arango limitaba con las fuerzas retrasadoras del pasado y con los cuestionamientos del futuro. Mejor habría escrito que algunos de esos mensajes llegados desde el exilio le molestaron más que la aparición de Luis Pavón. Pues contra los antiguos comisarios políticos podía entablarse una lucha heroica y lucida, que hablaba del orgullo del escritor. Podían recogerse pormenores de los años setenta, leyendas del gremio. Pero los reclamos de una crítica seria, hecha a profundidad, revelaban las haraganerías de pensamiento, el miedo a imaginar que padecían los intelectuales.

Opuestos a los ex-comisarios políticos, defendían sus derechos. Pero de oponerse a los colegas del exilio, se haría evidente que lo que defendían eran unos privilegios.

Lo mismo que Arturo Arango, varios de los participantes en el debate mostraron su preocupación por los mensajes llegados de fuera.

Eddy E. Jiménez Pérez habló de un exilio alérgeno.

"No soy alérgico a los intelectuales que residen en el exterior. Creo que allá afuera los hay también revolucionarios y honestos, dispuestos incluso a dar sus vidas por nuestra Patria, pero para mí resulta obvio que esa oportunidad era aprovechada por la derecha, cubana o no cubana, para intentar avivar el fuego y sacar provecho."

También él hacía un problema de lo indistinguible del exilio. Igual que a Arango, lo desvelaba el deseo de encontrar revolucionarios por esas tierras del mundo. Y la derecha le parecía ilegítima hasta el punto de no merecer diálogo.

Ya en uno de sus mensajes Arturo Arango se había perdido en taxonomías de la derecha política.

"El campo intelectual cubano, a mi juicio, se ha complejizado en los años más recientes y, al lado de un evidente pensamiento de derechas, dentro y fuera de Cuba, coexiste una posición complaciente (¿una derecha pragmática?) en la que se mezclan las oportunidades del mercado con la preferencia oficial por actitudes de obediencia y de silencio. 'Si me dejan ganar dinero en paz, me quedo callado o aplaudo sin reservas', parecería se un lema frecuente en estos días, alimentado por la difusión de que disfrutan esos que siempre asienten y el usual ninguneo para quienes, desde la izquierda y la revolución, prefieren pensar (y, con frecuencia, discrepar). Ambas vertientes, la derecha beligerante y la pasiva o pragmática, pueden ser un terreno propicio para el resurgimiento no ya de figuras cuyo capital simbólico, incluso por razones de edad, está muy desgastado, sino de un tipo de pensamiento que persiste en nuestra cultura."

Arturo Arango había decidido no responder a los mensajes del exilio que tanta molestia le causaron. En caso de contestarles, habría cometido un error. Y ya Eliseo Alberto Diego se encargaba de hacerlo desde mejor posición que la suya, porque no podrían acusarlo de actuar por miedo o por oportunismo. Era alguien del exilio que contestaba a gente del exilio.

Llamó la atención de Eliseo Alberto Diego que los mensajes de algunos escritores exiliados se produjeran en el mismo momento en que desde La Habana llegaba un extraño silencio. Parecía reinar allá una tregua. La pausa podía obedecer a alguna reunión de urgencia celebrada en el Ministerio de Cultura, conjeturó Diego. Y romperla desde afuera, avivar la discusión en ese momento, podía juzgarse no ya torpeza, sino oportunismo.

"Al enmudecer La Habana, algunos aprovecharon la pausa para desbocarse."

Se refería, por sus nombres, a José Prats Sariol, Jorge Luis Arcos y Duanel Díaz. A ellos no los movía, según él, la impunidad televisiva de unos esbirros, sino el silencio que caía luego de unas protestas iniciales. Se desbocaban, se salían de boca, hablaban desde fuera de Cuba. Aprovechaban la coyuntura, sacaban oportunidad de la flaqueza de sus colegas dentro del país. Y sus críticas resultaban demasiado severas, injustas, inapropiadas, llenas de resentimiento y de autosuficiencia.

"Como se dice en México, coloquialmente y sin ofender, tengo la sospecha de que los tres perdieron una excelente oportunidad para callarse."

Diego estimó que no era "el momento de calar a fondo en un pasado que sus testigos recordamos, adoloridos, y buscar culpables mayores, nombrarlos a cuenta y riesgo".

Porque, de insistir en esa vía, perderían todos.

Sería una apuesta suicida.

En situaciones complejas como las que vivían, él extrañaba el diálogo con los mayores muertos. Y citaba a Tomás Gutiérrez Alea, a Jesús Díaz, a Manuel Moreno Fraginals, a Gastón Baquero. Juntaba, en una selección bastante arbitraria, a Santiago Álvarez con Reinaldo Arenas.

Falto de dogmáticos a pesar de las apariciones de Serguera, Quesada y Pavón, extrañaba a los teóricos del viejo Partido Comunista de la época de Stalin: Mirta Aguirre, Carlos Rafael Rodríguez...

Claro que advertía que no iba a estar de acuerdo con los juicios de algunos de ellos, pero le hubiese gustado escucharlos.

Eliseo Alberto Diego coincidía en aplazamiento con el discurso oficial. No había llegado aún el tiempo de exigir responsabilidades, no era momento todavía. Las discusiones quedaban pendientes, mejor esperar a que los culpables mayores y menores hubiesen desaparecido. Con los muertos era más fácil intentar la democracia, pues no resultaba muy loable la opinión de Eliseo Alberto Diego sobre la democracia de los vivos.

"A estas alturas del 'partido', después de tanto llover sobre mojado, lo mismo en La Habana que en Miami, apenas tiene sentido la propuesta de elegir entre un nombre Equis y un apellido Zeta."

Creía en la necesaria unidad entre artistas y escritores, sin importar sus sitios de residencia. De no insistir en esa unión, cometerían un grave error al equivocarse de contrincantes, acabarían convirtiéndose en sus propios enemigos.

"Todavía no ha llegado el momento de criticar a nuestros camaradas de la isla, sostiene Eliseo Alberto Diego en un artículo que sorprende por lo ingenuo", le respondió Ernesto Yevgueni. "En ciertos momentos, y creo que tal es el caso, tanta ingenuidad puede ser más nociva que loable. Condiciona el ejercicio de la verdad, sumerge la polémica en un sentimentalismo barato, diluye la capacidad de crítica que define la profesión intelectual en nombre de la cultura del 'encuentro', los buenos sentimientos y el *ubi sunt* de viejas glorias cobardes –porque Titón, Lezama, Jesús Díaz y Moreno Fraginals fueron, entre otras cosas mucho más memorables, ejemplos de cobardía intelectual–. (Algunos, como Jesús y Moreno, tuvieron tiempo de reconocerlo públicamente. Otros pasaron de largo en nombre de las circunstancias, lo cual no quiere decir que nosotros tengamos que hacer lo mismo)".

Duanel Díaz contestó a Eliseo Alberto Diego.

"Y yo me pregunto si la suma que saldría si nos calláramos quienes hacemos una crítica de fondo ayudará a que venza alguien más que ese régimen que coarta las libertades de todos, los de allá, que no pueden expresarse libremente, y los de aquí, que por hacerlo tenemos prohibida la entrada a nuestro país. ¿Nos equivocamos de contrincante nosotros o se equivoca Lichi Diego? Mi contrincante no es Desiderio Navarro, ni mucho menos los demás colegas en La Habana: mi contrincante [...] es el régimen castrista."

Lo sucedido no había sido un síntoma ni un anuncio, consideró Amir Valle en "Reflexiones para espantar el miedo", texto suyo que circuló entre los mensajes. Se trataba, simplemente, de más de lo mismo, respondía a la política cultural revolucionaria. Y mencionó a sucesivas jefaturas relacionadas con esa política de varias décadas: "fidelistas, llanusistas, aldanistas, pavonistas o, como dicen algunos adecuándose a los nuevos aires de la política, raulistas".

Si bien era necesaria la unidad de artistas y escritores, resultaba también necesario que éstos reconocieran sus miedos. El análisis de la situación no podría adelantar mucho si lo coartaban las autocensuras. Tanto miedo como existía entre la gente del gremio se debía principalmente a las exclusiones. Y los del gremio terminaban por imponer también exclusiones, se convertían en ayudantes de los comisarios políticos.

"¿Qué razones puede tener alguien para excluir de un debate intelectual a los que llama 'contrarrevolucionarios'? ¿Hasta cuándo los intelectuales debemos soportar esa máxima de corte fascista que impone que 'Cuba es para los revolucionarios', 'la universidad es para los revolucionarios', etc? ¿Hasta cuándo los intelectuales cubanos, en un acto contrario a nuestra naturaleza, vamos a ser cómplice de presupuestos que limitan las libertades sociales y de pensamiento? ¿Por qué debemos aceptar el concepto de 'revolucionarios', 'contrarrevolucionarios' que nos ha sido impuesto? Esa arma ha sido usada de modo magistral por quienes nos han dividido y lamentablemente no hemos sabido, ni tenido el valor necesario, para generar un pensamiento sólido, maduro, valiente, que se oponga a esos designios."

Entre los mensajes, una corresponsal firmaba sin apellidos, Eva.

"¿Hasta qué punto no estamos permeados de actitudes intolerantes e incluso represoras, como artistas, como comunicadores, como educadores, o como ciudadanos, si hemos tomado y tomamos como 'normales' o al menos no públicamente y abiertamente reprochables, las políticas y modos institucionales represores, antidemocráticos y pervertidos?"

Ella tenía un hijo en edad escolar y vivía a través de él cuánto de adoctrinamiento, dogmatismo y pasividad era inoculado en niños y jóvenes por el sistema educativo cubano. Se preguntaba si no era ese el camino de las parametraciones.

"¿Hasta dónde no hemos sido y somos educados, en el mejor de los casos, casi insensiblemente, para ser reprimidos y represores? ¿Por qué no alimentamos la palabra cultura en todas sus dimensiones, más allá de los ejecutores profesionales y de las élites, y hablamos de cultura de convivencia, de cultura familiar, cultura vecinal, barrial, comunitaria, cultura de la participación y cuánto apellido se nos ocurra como significante en nuestras vidas? ¿Podremos comenzar el difícil proceso de reconocernos sujetos activos o pasivos de una educación intolerante y para la intolerancia, tendremos voluntad y capacidades para reconocer cada proceso personal y grupal en los que hemos sido y tal vez seamos aún verdugos y víctimas a cualquier escala?"

Aquello que horrorizaba a todos, lo que creían ver representado en la figura de un antiguo comisario político en pantalla, fluía incesantemente a lo largo de todo el sistema educativo. Lo alimentaba, lo constituía. Era posible reconocerlo en ejemplos tan extremos como la orquestación de actos de repudios en los que niños y jóvenes atacaban a otros niños y jóvenes. Pero también en los programas de estudios que obligaban a cada estudiante a repetir la histeria del discurso oficial, y a no tener otra voz propia que ese discurso.

El sistema educativo cubano imponía a la imaginación un estado permanente de guerra. Los comisarios políticos de la pedagogía, metodólogos e inspectores, se encargaban de que toda lección ocurriera dentro de un refugio antiaéreo. Y, más aún, velaban por que las inteligencias formadas de este modo no alcanzaran a imaginar otro ámbito que el refugio antiaéreo, que la guerra.

10

Amir Valle no recordaba otro momento, como ahora, en que se hubiera producido la unión de intelectuales más allá de sus diferencias estéticas y personales. Esa unión era contraria a la política cultural revolucionaria, basada en las exclusiones. Y era contraria a la falsa unidad promulgada por los administradores de la cultura, "viciada por los totalitarismos y las discriminaciones impuestas por el proyecto político. Una unidad a la sombra y bajo la égida del poder".

Las relaciones establecidas mediante correos electrónicos eran libres, rebeldes de algún modo. Eran conspirativas, irreverentes. En esa masa de opiniones cruzadas que él tildaba de "caldo de cultivo espeso y explosivo" se producían las variantes del pensamiento social que primarían en los tiempos futuros.

Al intento de exculpar a las más altas autoridades detectado en muchos mensajes, él remitía al documental *Seres extravagantes*, realizado por Manuel Zayas. Allí, en las imágenes de un noticiero fílmico de 1968, Fidel Castro cargaba contra los homosexuales desde su tribuna de la Plaza de la Revolución.

Otra falsa apreciación extendida era la de creer que nada terrible había sucedido desde las destituciones de Pavón y otros comisarios políticos. Cuando no faltaban episodios…

La reacción oficial de la Unión Nacional de Escritores y Artistas, firmadas por tantos de los que ahora protestaban, contra la Carta de los Diez.

La represión ejercida sobre el movimiento plástico y teatral de finales de los años ochenta, que provocó uno de los más grandes éxodos de artistas.

La censura política sobre Rolando Sánchez Mejías y el grupo Diáspora(s), que llevó al primero a escribir una carta abierta publicada en el diario español *El País*.

Las presiones y sanciones sobre jóvenes escritores cubanos acusados de enviar sus textos a la revista del exilio *Encuentro de la Cultura Cubana*.

Idénticas coacciones contra quienes publicaran en la editorial Plaza Mayor, que dirigía en Puerto Rico Patricia Gutiérrez.

La represión del proyecto, concurso y revista *Vitral*, organizados en Pinar del Río por Dagdorato Valdés.

La expulsión de la Unión Nacional de Escritores y Artistas, bajo el eufemístico nombre de "desactivación", de Antonio José Ponte.

Los ataques contra Luis Felipe Rojas Rosabal por haberse atrevido a fundar una Asociación de Jóvenes Escritores del Oriente.

La persecución de las revistas independientes *Cacharros(s)* y *Bifronte*.

Josefina de Diego aportó más ejemplos: la arremetida contra filmes como *Alicia en el pueblo de Maravillas* y *Guantanamera*, el encarcelamiento en 1993 de María Elena Cruz Varela, la imposibilidad de mencionar a artistas exiliados considerados incómodos por las autoridades, la censura del cortometraje *Monte Rouge*, el encarcelamiento de Raúl Rivero y otros periodistas independientes en 2003.

"El ICAIC, un organismo con fama de liberal, sigue decidiendo qué guiones se filman y cuáles no, qué películas se exhiben y cuáles no, igualito que como lo hicieron con *PM* en 1961", consideró De Diego.

"¿Quién ordenó cerrar las exposiciones del grupo Arte Calle?", preguntó Reinaldo Escobar. "¿Cómo se llamó la década o el trieno en que prohibieron a Pedro Luis Ferrer?".

La crítica pendiente de la política cultural no sólo incluía el Primer Congreso Nacional de Educación y Cultura, los campos de concentración de las Unidades Militares de Ayuda a la Producción (UMAP) o la Ofensiva Revolucionaria. Llegaba hasta los episodios más recientes, e iba más allá de lo cultural entendido en sentido estrecho. Habría que preguntar por los mitines de repudio ocurridos en 1980, por el hundimiento del remolcador "13 de Marzo".

En mensaje de adhesión dirigido a Reynaldo González, Ena Lucía Portela publicó su opinión de que no se trataba solamente de historia pasada.

"En medio de la avalanchita de e-mails que ha suscitado la vuelta al proscenio de Luis Pavón, he leído sus opiniones al respecto. Le escribo sólo para hacerle saber que estoy plenamente de acuerdo con usted, con cada una de las palabras que dice ahí. Sólo que en algún sitio donde usted pone 'errores', entiendo que por elegancia, por no ser obvio, yo pondría 'actos criminales', que desde luego siguen y seguirán siéndolo en tanto no se los reconozca abierta y públicamente como tales, con absoluta transparencia, algo que mucho me temo no va a ocurrir en las actuales circunstancias de nuestro país."

"Lo que me molesta", escribió Ángel Santiesteban a Amir Valle, "es que se hable en pasado, cuando se sabe, como bien dices tú, que los pavones aún existen y quiénes lo lideran [...] Ojalá que el escarnio sirva para actualizar y desenmascarar a los actuales sicarios de la cultura..."

Jorge Luis Arzola resumió en un mensaje sus encontronazos con Seguridad del Estado y los dirigentes del Partido Comunista antes de marcharse al exilio.

"Me dieron de patadas en los calabozos, me amenazaron y vejaron [...] Nadie, nunca, me quiso dar trabajo en Ciego de Ávila, ni siquiera de almacenero en una Casa de Cultura. ¿Y cuándo ocurrió todo esto? Por supuesto que no fue durante el famoso Pavonato, durante el cual yo no tenía más de cuatro años, sino en un período de tiempo que va desde mediados de los ochenta, todos los años noventa y casi hasta el mismísimo 2002, cuando casi por puro milagro [...] me dejaron salir del país hacia Berlín, después de haberme acosado hasta el último minuto..."

Pese a todo, él había sido un privilegiado, admitía. Porque era un escritor relativamente conocido y tenía el apoyo de algunos intelectuales importantes de la capital. Pero quienes no contaron con esos privilegios sufrieron largas estancias en los calabozos.

"Queridos míos", se despedía Arzola, "yo estaré rezando por ustedes en los tres idiomas en que pudiera hacerlo, por si Dios entiende alguno de ellos. Temo por todos ustedes. Creo que necesitan de mucha suerte y de la ayuda de Dios".

Por haber nacido en 1977, Ismael de Diego tampoco contaba con edad suficiente como para haber sufrido las jefaturas de Pavón o Quesada o Serguera. Pero habían cambiado los nombres de los jefes, o "sencillamente ya no hizo falta seguir poniendo las escabrosas intenciones en boca de ningún mediocre y la intolerancia pasó a ser la política del Partido, de Fidel".

Aún dentro del país, los jóvenes se atrevían a criticar a fondo. Llegaban, por la cadena, al mismísimo león.

A Ismael de Diego siempre lo había desconcertado que esos mismos veintiañeros que bajaron de la Sierra Maestra con los pelos largos, barbudos y con collares, se convirtieran luego en represores de carrera. ¿Nadie había percibido el cambio, la traición a la confianza y el apoyo que se les había dado? ¿No eran ellos, acaso, unos traidores? ¿No se comportaban como enemigos de la Revolución?

También él recordó aquel momento de *Seres extravagantes* en que Fidel Castro declaraba abiertamente la persecución de todo el que no se ajustara a unos parámetros. Las vidas destruidas por esa política no fueron nunca reinvidicadas. Después de aquel discurso y de aquellas prácticas no se pidió perdón siquiera.

"Y la parametración siguió aquí entre nosotros, con otro nombre, con otras caras, con otras excusas..."

Octavio Miranda firmaba en La Habana un texto, "El derecho del 'ente más infeliz'", puesto a circular como mensaje. En él aseguraba que las restricciones a la libertad de expresión habían comenzado desde el propio año 1959. Fidel Castro estaba incapacitado para soportar una opinión distinta a la suya, tal como lo demostraban sus actos y los testimonios de sus colaboradores más cercanos. Y se había encargado de mutilar y tergiversar el pasado de acuerdo a sus intereses.

Miranda llevó sus afirmaciones tan lejos como para poner en duda la versión oficial de la desaparición de Camilo Cienfuegos y el pliego de acusaciones contra el general Ochoa y los hermanos La Guardia.

Los mensajes de los participantes más jóvenes hicieron ver la continuación, bajo otros nombres y sinuosidades nuevas, de esa misma política cuyo regreso tanto temían los mayores. Los principios de intolerancia y celo ideológico conformaban el sistema educativo. Octavio Miranda llegó a apuntar a las altas políticas del Estado, a los secretos políticos más peligrosos. Esclarecer la participación de varios comisarios políticos en la represión de la cultura tenía su correlato en el esclarecimiento de la participación de individuos como Ochoa y los La Guardia en el narcotráfico. ¿No obedecían éstos, igual que Serguera, Pavón y Quesada, a la más alta dirigencia del país?

Miranda recordó que muchos de esos mismos escritores y artistas que ahora mostraban su indignación no se habían pronunciado contra el fusilamiento de tres jóvenes ocurrido unos pocos años antes. Tampoco contra los procesos judiciales y encarcelamientos de un crecido número de periodistas independientes. No sólo habían callado, resaltó, sino que firmaron la carta oficial que pedía la complicidad de los intelectuales extranjeros con esos fusilamientos y encarcelamientos. Y ahora no podía rastrearse en sus mensajes de protesta ninguna alusión a tales crímenes, empeñados como estaban en fijar durante un quinquenio o una década los motivos de su indignación.

La protesta empezaba a abrirse a asuntos sumamente delicados. Arturo Arango había echado de menos a los jóvenes, pero éstos se mostraban capaces de ponerlo todo patas arriba. Sus reclamos de un análisis más profundo que el sostenido por intelectuales como Desiderio Navarro o Antón Arrufat o Arturo Arango coincidían con las tan molestas peticiones llegadas desde el exilio. Tenían, por encima de éstas, el agravante de haber sido tecleadas en territorio nacional. Resultaban una oportunidad para la represión policial y, a la vez, dejaban mal parados a quienes, sin perder las ínfulas de analistas de fondo, dejaban a medias sus razonamientos bajo licencia del comprensible miedo humano.

Paquita Armas Fonseca, ex-directora de *El Caimán Barbudo* y colaboradora de *La Jiribilla*, autora de una biografía de Karl Marx para jóvenes, mostró su preocupación.

"Que este intercambio de ideas camine tan rápido hace evidente la necesidad de un espacio de diálogo entre los artistas cubanos. La UNEAC dejó de ser lo que era y ahora no hay un lugar donde decir lo que se piensa."

Le preocupaba la falta de institucionalización, el hecho de que no existiese un espacio oficial donde verter opiniones. Echaba de menos aquellas reuniones tan bien presididas. No tardó en pedir que detuvieran los envíos de mensajes electrónicos para evitar que el debate llegase a oídos inconvenientes. No era momento para "entablar un debate sobre este tema vía electrónica", y citaba la frase de Ernesto "Che" Guevara acerca de que al enemigo no había que darle "ni un tantico así".

En uno de los mensajes llegados a su buzón, Amir Valle alcanzó a leer esta advertencia: "Y ya llegó el asunto a la otra orilla".

Se le encogió el pecho al leerlo, confesó. Era aviso de que la discusión peligraba para la gente de adentro. Leído en Berlín, era el aviso de que los de otras orillas, escritores y artistas exiliados, tendrían que ser sacrificados y excluidos para poder continuar con el debate.

Obedeciendo a estas y otras señales, su discreción lo condujo al silencio. Escribió a Arturo Arango: "para evitar equívocos, debido a que considero mi posición un tanto incómoda y a que creo haber dicho con transparencia lo que pienso sobre este asunto, paso a ser alguien que se limita a 'escuchar' desde el email".

Pero aún la restringida opción elegida por él habría desagradado a quienes, como Paquita Armas Fonseca, esperaban por una asamblea que terminara de una vez con aquella fiebre de mensajes electrónicos. Porque las verdaderas reuniones sucedían a puertas cerradas, sin oyentes fuera de ellas.

II

Atento a la discusión, decidido a examinar los hechos con mayor detenimiento que el de la simple correspondencia, Víctor Fowler compuso un ensayo sobre el tema: "Pavonato, uno de los nombres del autoritarismo".

Estudió, no sólo la comparecencia de Luis Pavón en "Impronta", sino también las sesiones televisadas del coloquio internacional "Fidel: memoria y futuro". Le resultaba sorprendente que aquel coloquio viniera a celebrarse en vida de la figura congregadora, aunque sin su presencia. Tal como indicó, podría decirse que Fidel Castro presidía desde su puesto de convaleciente aquella cita que había contado con más de tres mil personalidades y que constituía un pretexto para razonar el devenir del socialismo cubano.

"A reserva de que haya sucedido otra cosa en los salones, las sesiones transmitidas por la televisión hablan de un país estable, homogéneo alrededor de su historia, inmerso en luchas de supervivencia y desarrollo, una sociedad sin heridas o fracturas que elabora un futuro de ideales compartidos, y donde, por encima de las diarias dificultades de la vida, la felicidad es estandarte común."

Por esos mismos días del coloquio apareció Luis Pavón en otro espacio televisivo y provocó una avalancha de mensajes electrónicos.

Una avalancha caótica, precisó Víctor Fowler.

Los primeros corresponsales de esos mensajes tenían más de sesenta años de edad y habían padecido en carne propia las atrocidades de las que acusaban a Pavón. Pero individuos que entonces eran niños se mostraban capaces de relatar sucesos iguales o parecidos de sus vidas adultas.

"Dicho de otro modo, establecen una sólida línea de continuidad entre el ayer que alguien trató de limpiar, con el frustrado homenaje al ex-funcionario, nuestras vidas presentes e incluso hay quien extiende la conexión hasta la vida que a nuestros hijos les espera."

Los corresponsales del exilio, a su juicio más agresivos, emplearon ironía y burla contra una comunidad de escritores a la que hasta hace poco pertenecían. No se conformaban con una crítica a los antiguos comisarios, sino que pedían rastrear las conexiones de éstos con el entramado político de la época. Y, puesto que parecía aceptarse que el ambiente de los años sesenta tenía continuación hasta hoy, llevaban sus exigencias hasta una revisión de la historia cultural cubana durante todo el período revolucionario.

Al igual que Arturo Arango, Fowler tanteaba las particularidades del medio en que se desarrollaba la polémica. Si es que era una polémica.

"Es difícil extraer reglas de algo que no es sino un intercambio caótico donde nadie es el centro y en el que el principal interpelado no ha respondido, así como tampoco cualquiera de quienes pueden compartir sus ideas acerca de cómo tratar los problemas de la cultura cubana (desde el punto de vista de alguien que la dirige y administra)."

A lo desparramado de las intervenciones venía a sumarse, según él, la ausencia de respuesta de los comisarios políticos. No hablaban ellos, nadie hablaba por ellos. Solamente habían producido el escándalo. Y ese escándalo flotaba, multiforme.

Para ocuparse del coloquio televisado sobre la figura de Fidel Castro, propuso un ejercicio que él mismo calificó de delirante. Ese ejercicio consistía en "colocar aparte dos cosas que el coloquio unifica: los liderazgos de la Nación y el retrato que de ella se brinda".

Después de esta operación, el gobernante de varias décadas quedaba eximido de responsabilidad sobre la situación nacional. Víctor Fowler desmembraba la ecuación que identificaba a Fidel Castro con país, patria, nación, Estado, revolución socialista. Y, luego de una partición tan dislocada, ya podía manejarse libremente en la crítica social, en la casuística. Se mostraba capaz de afirmar que la imagen de la nación ofrecida por aquel coloquio era edulcorada y falsa.

Contrario a lo que pregonaban en el coloquio, la sociedad cubana no estaba exenta de heridas y fracturas. Venía a demostrarlo "la cantidad de dolor que ha fluido en apenas una semana de intercambios electrónicos entre un pequeño grupo de escritores y artistas que, después de todo, no alcanza el medio centenar de personas".

No cabía imaginar cuánto se haría visible si una exposición semejante ocurría de modo abierto en los medios de comunicación, centros de enseñanza, organizaciones políticas y sociales. A su juicio, lo principal estaba en elucidar si lo ocurrido en los años setenta provenía de un archirresponsable o se trataba "de una política de Estado, de un proyecto de Nación e ingeniería humana propio del contexto de la Guerra Fría".

Para ello resultaba imprescindible estudiar el entorno del ex-funcionario y el diseño global del sistema político. Y reconoció que si todo desembocaba en la figura de Luis Pavón, tendrían que aceptar que éste había dirigido el ámbito cultural como "una suerte de gobierno paralelo al país". Lo cual abría nuevas interrogantes: cómo es que pudo hacerlo, dónde se encontraba entonces el gobierno real...

En descargo de Pavón, Fowler adujo que el catálogo de atrocidades aportados por los mensajes electrónicos sobrepasaba su período como administrador cultural. E insistió en que ninguna de esas denuncias había hallado refutación dentro del intercambio. Podía arriesgarse entonces el carácter constitutivo de la represión en el socialismo cubano. No obstante, calificó a Serguera, Pavón y Tamayo como "cuadros de mando de un ejército desaparecido". Y, por más que algunos mensajes intentaran convencerlo de que todo seguía como en los viejos tiempos, él sostenía que la vida del país había cambiado bastante respecto a la atmósfera represiva de los años setenta.

Aunque algo de esa atmósfera pervivía.

"Pavonato no es sino uno de los tantos nombres que toman el autoritarismo, la violencia, el miedo, la hipocresía, la doblez, la emocionalidad y otras cualidades dañinas cuando se trata de dirigir masas humanas. Policía cortando cabellos largos y zafando pantalones demasiado estrechos, gente dispuesta a vigilar si escuchabas 'música americana' y 'emisoras extranjeras', si en el techo de la casa tenías una antena capaz de sintonizar las televisoras 'del Norte', hostilidad contra los creyentes religiosos de cualquier denominación, contra la homosexualidad masculina o femenina, contra las escrituras 'raras', fueron el alimento de mi niñez y juventud. No poco de ello está igual de vivo hoy, a veces bajo nuevas y sutiles formas, además de que, al crecer, continuamos aprendiendo y sumando elementos a ese catálogo oscuro (censuras, autocensuras, visitas indeseables, abierto miedo)."

Indeciso, contradictorio, pero decidido a procurarse un distanciamiento adecuado que le permitiera juzgar lo ocurrido, Fowler se inventó para su ensayo la figura de un aborigen australiano que aprendía español y estudiaba los acontecimientos de Cuba. Aquel aborigen australiano estaba seguramente emparentado con los persas de Montesquieu. Tenía igual razón de ser: asistir a la extrañeza de lo cotidiano. Pero, a diferencia de las *Cartas persas*, publicadas en Amsterdam sin nombre de autor y con falso pie de imprenta, su autor no pretendía librarse de la responsabilidad por los juicios que pudiera hacer su criatura. La convocaba, no como máscara, sino como instrumento óptico.

Y lo primero en saltar a la vista de ese aborigen fue que a Luis Pavón pretendían imponerle un castigo no muy distinto a los que éste impusiera en el pasado. Quienes se mostraban insultados por su aparición televisiva procuraban suprimirle su vida pública, silenciarlo.

Al parecer, el aborigen australiano confundía una serie de peticiones inescuchadas por las autoridades con las determinaciones practicadas por Pavón treintitantos años antes.

"Claro que esto nos obliga a plantear el tema de la responsabilidad. ¿Qué hacer con Pavón, el funcionario que estructura un dispositivo de control y represión de la diferencia a nivel de todo un país, pero de quien no queda otra huella? No existen libros que recopilen sus discursos, ni tampoco sus ensayos sobre el tema que sea; su periodismo está lo bastante disperso como para dificultar su seguimiento o contiene tan pocas ideas que, en general, no existe su pensamiento, sino que es, desde el punto cualquiera que se le juzgue, un ejecutor."

Otros eran los autores de discursos, de ensayos.

"A fin de cuentas", razonó el aborigen o Víctor Fowler, "por mucho dolor que haya podido ocasionar, no se trata de Adolf Eichmann organizando 'la solución final'...".

El tema de la responsabilidad política, que ya le había hecho citar a Hannah Arendt, debió conducirlo hasta Eichmann. Con evidente exageración, pues nadie le achacaba crímenes semejantes a Pavón y ninguno de los mensajes circulados hasta ese momento, sólo uno más tarde, reclamó el procesamiento judicial del ex-presidente del Consejo Nacional de Cultura.

Una breve frase entre paréntesis permitía deducir la cuota de responsabilidad que Víctor Fowler adjudicaba a Pavón: "sólo fue una pequeña figura dentro de la marea que contribuyó a desatar y administrar". Y, en nombre de tan magra participación, y sin que pareciera existir ironía en este pedido, Fowler o el aborigen asutraliano inventado por él creían conveniente "pedir perdón a Pavón por el uso excesivo de su nombre".

Pavonato, según titulara, era apenas uno de los nombres del autoritarismo. Fidel Castro quedaba absuelto gracias a una operación forzada. Luis Pavón merecía que se le pidiera perdón. El deseo de justicia, o tal vez de originalidad de pensamiento, conducía a Víctor Fowler al delirio. Si, por una parte, desconfiaba del alcance de las críticas lanzadas en los mensajes electrónicos, por otra exageraba el efecto que esas críticas podrían ocasionar. Sólo la soberbia de creer mortífera una discusión entre intelectuales explicaría la necesidad de disculparse con un esbirro que, total o parcial responsable, había hecho cuanto estuvo a su alcance para imponer su nombre a hierro sobre artes y sobre individuos.

Fowler sobredimensionaba el alcance de aquella discusión. Proponía ofrecer disculpas por algo que dudosamente podría considerarse ofensa y que, en cualquier caso, no había trascendido a lo público. Igualaba el alcance de una entrevista emitida por televisión con el de unos mensajes electrónicos puestos a circular endogámicamente, sin eco fuera del gremio.

Él admitía que una sociedad en buen funcionamiento podía darse el lujo de ver salir en televisión a gente como Pavón o Quesada o Serguera, a condición de que existieran asimismo espacios donde tales presentaciones fueran criticadas.

"En este sentido, el episodio recién sucedido es ejemplo de la inmadurez del sistema institucional cubano (sus medios masivos de comunicación y, muy especialmente, su aparato político) en lo que toca a la mera existencia de la crítica [...] y del debate público sobre temas sensibles para la vida nacional."

Para cumplir ese esquema de convivencia existían ya programas como "Impronta", "Diálogo Abierto" y "La Diferencia", dispuestos a invitar a figuras sumamente cuestionables. Faltaba únicamente lo que siempre faltaba: espacio para el debate. Y, a falta de ese espacio, un problema falso conseguía sepultar al problema real. No era éste el resurgimiento de unas sombras, sino la necesidad del debate público.

Por fortuna, el intercambio de mensajes ocurrido demostraba lo necesario de la solidaridad, de las conexiones.

"Tenemos, después de todo, que volver a conocernos, interesarnos y aprender a responder los unos por los otros, muy especialmente esto último. Tenemos familia, amigos, tenemos hijos, no estamos discutiendo un asunto puntual, sino nada menos que el destino de todos ellos; en el caso de los hijos, el país que les vamos a entregar y el horizonte de vida que pueden esperar, dentro del cual van a ser personas con esperanza y sueños o sofocados por nuevos miedos."

Al comienzo de su texto, Fowler había dispuesto como evento paralelo la emisión televisiva de un coloquio sobre Fidel Castro. Tal vez por causa de la misma impericia que le hizo olvidar a su aborigen australiano, se desentendió pronto del paralelismo entre las dos emisiones televisivas, la del coloquio y la entrevista. Abrió su texto con ese paralelismo, que entonces parecía llamado a mejor suerte y se hizo nada. Sin embargo, cabía una lectura para este cabo suelto. Cabía una lectura delirante que justificaba algunos de los aspavientos del ensayo. Como la comparación con Eichmann, por ejemplo.

Víctor Fowler había tenido presente a Luis Pavón hasta el final, mientras que se cuidó de mantener apartado a Fidel Castro de todos sus razonamientos. Pero, ¿y si a quien verdaderamente se comparaba allí con Adolf Eichmann, en un *zapping* que no se arriesgaba a ser escrito, era a Fidel Castro?.

El tema de la responsabilidad política giraba, no tanto en torno de Luis Pavón, como de Fidel Castro. Lo mismo que el coloquio televisado, el cruce de mensajes electrónicos ocurría en torno al vacío dejado por su enfermedad. Intentaban con sus mensajes ocupar ese vacío y prefiguraban las discusiones que sobrevendrían al fallecimiento del mandatario.

Víctor Fowler participaba en el intercambio, aunque no se mostraba optimista acerca de sus resultados.

"De las demandas iniciales de los que enviaron mensajes va a quedar muy poco: no va a haber disculpa pública de la televisión (o sea, de sus directivos) y sólo la UNEAC va a emitir una declaración dirigida a sus miembros (como si el 'pavonato' y sus consecuencias hubiesen sido sólo cosa de escritores y artistas); a ninguno de los afectados (que con tanta vehemencia enviaron mensajes electrónicos) le va a ser concedida la más grande tribuna nacional para explicarse. La ofensa es enorme y la satisfacción diminuta. Las revisiones posibles a la historia nacional (incluso a ese pequeño período del 'pavonato') van a permanecer confinadas a ámbitos académicos, asambleas de gremios o publicaciones sectoriales. El llamado a un nuevo silencio viene junto con la promesa de no repetir viejos errores (para los cuales, también, existe el cómodo expediente de más tarde denominarlo 'deformaciones') y el dolor va a seguir guardado como resultado de la renovación del pacto social."

Su pronóstico no pudo ser más exacto.

12

El debate había sorprendido a Félix Sautié Mederos de viaje por el extranjero. Al volver a La Habana, encontró el buzón lleno de mensajes reenviados por un amigo suyo. Allí estaban, en pantalla, las afirmaciones de cada uno de los participantes. Y la lectura de esos mensajes lo inclinó a dirigirle unas líneas a Desiderio Navarro.

Sautié Mederos había sido director del diario *Juventud Rebelde* y, entre enero y junio de 1968, de la segunda época de *El Caimán Barbudo*, puesto en el cual vino a relevarlo Armando Quesada. A partir de 1972, dirigió la Escuela Nacional de Arte y la red de escuelas de artes del país. Trabajó entonces bajo la jefatura de Luis Pavón, llegó a ser vicepresidente del Consejo Nacional de Cultura.

"Te diré que en un primer momento sentí que se estaba pasando cuentas al eslabón más débil de una gran cadena", comenzó su mensaje. "Me parecía que algunos se presentaban limpios de culpa y capaces de juzgar a los demás sin mirar para la viga que ellos mismos han tenido y tienen en sus ojos".

Recurría a las Sagradas Escrituras. Miembro de la Dirección Nacional de la Juventud Católica a fines de los años cincuenta, había integrado luego el movimiento clandestino 26 de Julio y las filas del Partido Comunista. Durante años debió simultanear con dificultad sus credos políticos y religiosos, negando seguramente su catolicismo. Hasta que el Cuarto Congreso del Partido Comunista ofreció libertad de prácticas religiosas a sus militantes, y él alcanzó a hacerse licenciado en Estudios Bíblicos y Teológicos, teólogo laico académico y miembro correspondiente de la Asociación de Teólogos Laicos (Católicos) de España.

Sautié Mederos impartía clases de Ética y Cooperación al Desarrollo en el Instituto Superior de Estudios Bíblicos y Teológicos de La Habana (ISEBIT), y era autor de varios libros. Había publicado, junto a Pedro Casaldáliga y Benjamín Forcano, un volumen titulado *Evangelio y Revolución*.

"Yo he sido participante de excepción en muchas cosas que se han estado hablando", admitió, "y he sido además victimario y víctima como muchos más que hemos creído en la posibilidad de tomar el Paraíso por asalto a partir del concepto tan repetido de que la violencia es la partera de la Historia".

De aceptar su propio recuento biográfico, la etapa como director de *Juventud Rebelde* había terminado con sanciones. La publicación de un suplemento crítico, *La Chicharra*, lo condujo de la redacción del diario habanero a una granja en Ciego de Ávila donde tuvo que trabajar en la recolección de bejucos de boniato como parte de las Columnas Juveniles Agropecuarias. Luego pasó tres años en las zafras de la Columna Juvenil del Centenario, y salió de allí para ponerse a las órdenes de Luis Pavón en el Consejo Nacional de Cultura.

La vejez le había aportado algunas prevenciones acerca de las élites, acerca de las vanguardias y de las masas. Él había formado parte de una élite, de una vanguardia. Había actuado conforme a los postulados de esos grupos y, a su vez, le había correspondido ser víctima de esa misma élite.

"Desde hace 50 años he estado arriba, en los planos medios y abajo. Mis primeros tropiezos fueron en *Juventud Rebelde*, en Cultura también terminé con discrepancias y problemas serios, y en 1994 tuve los últimos golpes antes de salir del mundo oficial."

Desde hacía unos años publicaba artículos periodísticos. No en la prensa nacional, de cuyas redacciones sólo recibía silencio cada vez que les enviaba alguno, sino en publicaciones extranjeras. Dentro de Cuba sus textos aparecían en la revista *Vitral*, publicada en Pinar del Río por la Iglesia Católica. En ellos se ocupaba de "la necesidad urgente de hacer un diálogo inclusivo de todos con todos y promover una efectiva reconciliación de los cubanos de adentro y de afuera en pro del bien común de la Patria, porque los pases de cuentas y las amenazas, repudios, insultos y descalificaciones de unos contra otros, desde todos los signos políticos e ideológicos sin excepción de ninguno, pueden generar una cadena de odios capaz de dar al traste con la nación misma".

Sautié Mederos no buscaba eludir responsabilidades. No citaba su participación en ninguna de las medidas impuestas cuatro décadas antes, pero sí que se enorgullecía de haber tomado parte en el proceso de rectificación de aquella tan extrema política cultural.

"En el breve tiempo que estuve como Vicepresidente del Consejo Nacional de Cultura", declaró meses después, "mi actuación concreta fue precisamente iniciar la rectificación de la famosa Resolución No. 3 para lo cual me reuní uno a uno con los teatristas y principales músicos afectados, con cuyos resultados elaboré un Informe sobre la Situación del Teatro en Cuba que fue un importante detonante para la solución positiva de aquel problema entonces escandaloso. Mi postura en aquellos momentos no fue fácil porque tuve que afrontar muy solo problemas e incomprensiones, para lograrlo dentro de la Dirección de Cultura de aquel tiempo".

En su poder obraban copias de ese informe, así como documentación del proceso que avalaba su ejecutoria.

Luis Pavón había sido amigo suyo, todavía él lo contaba entre sus amigos. Muchas veces concordaban y discrepaban otras. En realidad, su antiguo jefe había sido "un ejecutor de algo que le orientaron desde los mismos centros de poder con los que han compartido y comparten muchos de los que hoy lo critican sin atreverse a ir más a fondo como en realidad requieren los verdaderos análisis de los problemas".

Pero si lo que se quería era ir a fondo, habría que cuestionar "la política del Sistema en sus propios errores y desviaciones y mirar para arriba, no sólo para abajo...".

Habría también que abandonar las descalificaciones y los insultos contra quienes pensaban diferente. Se hacía necesario buscar las causas verdaderas de los problemas y resolver "la sucesión de crisis en que nos hemos estado desenvolviendo desde hace muchos años".

Las autoridades harían bien en abandonar el triunfalismo, el paternalismo y la grandilocuencia de su lenguaje y de su actuación. Y harían bien en reconocer los males de la sociedad cubana con verdadero espíritu autocrítico. Tendrían que perder el miedo a la discusión pública.

"Por eso en mi criterio habría que comenzar por debatir los problemas básicos de libertad de expresión y de conciencia, la necesidad imprescindible de verdaderas aperturas económicas que permitan la solución de muchas penurias que cada vez se generalizan más, así como que la población pueda sostenerse a sí misma con su trabajo a partir de salarios con verdadero poder adquisitivo [...] Igualmente considero necesario facilitar un máximo despliegue de la creatividad individual y colectiva eliminando todas las trabas que se le interponen."

Él no pretendía sustituir al régimen revolucionario por lo que consideraba un capitalismo feroz. Sin embargo, era ineludible la adopción de muchas reformas, rectificaciones, cambios. Y tendrían que excluirse rencores y resentimientos. Habría que abandonar "la búsqueda de chivos expiatorios entre los pequeños caídos en desgracia que ya no pueden defenderse". Y dar la bienvenida a un diálogo entre todos sin insultos, pleno de respeto.

El mensaje de Sautié Mederos no recibió contestación. Desiderio Navarro, a quien fuera dirigido, no le dio respuesta. Unos meses después, en agosto de 2007, cuando ambos cruzaron textos en una polémica, Navarro confesó haber recibido más de veinte mensajes de Félix Sautié Mederos, varios de ellos con textos adjuntos, que él decidió no responder.

Salvo en un resumen intentado por Josefina de Diego y en una alusión de Abelardo Mena, no apareció reflejada la entrada de Sautié Mederos en el debate. Quedó desoída su relativa exculpación de Luis Pavón. Y desoído también su llamado a procurar causas mayores en la investigación.

Su intervención en la polémica no fue siquiera aprovechada para acrecentar la indignación. El escándalo de que no sólo reaparecieran Pavón, Serguera y Quesada, sino que un antiguo subordinado de éstos se aprestara a dar razones, no consiguió prender entre quienes protestaban. Poco importaba lo que pudiera aportar a la discusión alguien como Félix Sautié Mederos.

Ninguno de los participantes en el intercambio de mensajes se había dirigido a Luis Pavón directamente. No fue interpelado, ni siquiera como recurso retórico. Al parecer, la pregunta acerca de su responsabilidad política no interesaba hacérsela a él. Tocaba a los participantes en el intercambio responder por ella. Hablaban de Pavón, no con él. Hablaban del pavonato.

"¿Quién lo hubiera pensado?", escribió Joel Franz Rosell desde París. "Al cabo de tantos quinquenios de moho y olvido, Luis Pavón Tamayo resulta –al fin– beneficioso para la cultura cubana. Su exhumación, con desafinada fanfarria y medallas de hojalata, ha logrado que por primera vez la intelectualidad de la Isla se atreva a discrepar".

Lo beneficioso del caso iba aún más lejos. Si aquellas apariciones televisivas habían puesto en duda el pacto entre intelectuales y autoridades, tocaba ratificarlo ahora. Y, cuidando de no sobrecargar la discusión con demasiadas discrepancias, podría negociarse con Raúl

Castro, ahora que él tomaba las riendas. Pasado el primer susto, el panorama no podía ser más venturoso. Negociar desde el honor ofendido podría traer a escritores y artistas mejores prebendas.

Necesitaban ante todo garantías de que no iba a producirse una restauración de los viejos modos administrativos. Sumadas esas garantías a la seguridad de no depender de los cuestionamientos del exilio, las circunstancias permitirían a cada quien continuar felizmente su trabajo y su obra. No necesitaban otro ambiente para sus carreras. Que el pasado no volviera, que el futuro se retrasara cuanto fuera posible. Este era el tiempo que correspondía a la fórmula espacial de "Palabras a los intelectuales".

Y constituía una excelente señal que Mariela Castro Espín hubiera enviado un mensaje a Reynaldo González.

"No soy artista ni escritora", escribió la hija de Raúl Castro, "pero como cubana identificada con un proyecto social revolucionario que pretende conquistar toda la justicia me siento conmovida con estos comentarios y el temor a que se diluyan momentos de la historia, que aunque nos duelan y avergüencen, deberían analizarse profundamente para evitar que se repitan. Evidentemente las experiencias del pasado no fueron suficientemente esclarecidas, ni oportunamente normadas y eso es lo que me preocupa".

Su mensaje aventuraba que esos programas de televisión eran sólo la punta de un iceberg, y que la reacción que provocaran respondía a malestares más profundos. Aquella historia era mucho más honda de lo que se calculaba.

"Como militante del PCC, aspiro a una respuesta inteligente de la organización, en condición de facilitadora y coordinadora del debate, para que se consideren todas las inquietudes y sugerencias que responsablemente se hagan y podamos colaborar con este proceso dialéctico permanente y necesario, de abordar y elaborar las contradicciones inevitables de todos los procesos."

Estas líneas debieron ser reenviadas frenéticamente.

13

Desde que comenzara el revuelo de mensajes electrónicos habían pensado en presentar un documento a las autoridades. El 6 de enero de 2007, al día siguiente de la emisión de "Impronta", Reynaldo

González acordó con Desiderio Navarro: "sé que puede ser diverso, pero desearía que muchos se sensibilizaran para hacer notar un error. Nomás, pero en grande. Y pienso que uniendo ideas y expresiones de tu carta, de la reflexión de Arango y de mi breve respuesta a Jorge Ángel, pudiéramos armar un documento, recabar firmas y entregarlo al ICRT y a nuestras fuentes gestoras".

Jorge Ángel Pérez había dado la voz de alarma, avisó de que entrevistaban a Pavón. No queda claro a quiénes se refería Reynaldo González al hablar de fuentes gestoras. Supuestamente, a funcionarios amigos o prestos a escucharlos a él y a Desiderio Navarro, en tanto Premio Nacionales, de Literatura y de Edición respectivamente.

"Puedes contar conmigo para la elaboración colectiva de ese documento", respondió Navarro, "pero me parece que deberíamos esperar otras reacciones como las de nosotros tres en las próximas horas o días, que podrían revelar otros ángulos del problema y enriquecer mucho ese documento (y, de paso, darnos un índice de la sensibilidad y actitudes actuales de la intelectualidad al respecto)".

Era sábado y acordaron dejar pasar el fin de semana. Mucha gente sólo tenía acceso al correo electrónico desde sus puestos de trabajo, y no recibirían el aviso hasta el lunes. Navarro y González no mencionaban las gestiones necesarias hasta entonces, pero es de suponer que reenviarían sus mensajes a lo largo de ese primer fin de semana.

Reynaldo González comenzó con las cautelas.

"Y buscar un tono, lo más difícil, que no atropelle las ideas, porque tenemos la razón. Y que no parezca rencoroso, sino justiciero. [...] Ya sé que este asunto constituirá un impacto, una incisión en el cotarro. [...] En la actualidad hay intereses cruzados, más intereses. Veamos, pero no creo que debamos esperar demasiado, porque se enfría. El trópico indolente, el trópico."

Sin que llegara el lunes, en la tarde del domingo el ministro de Cultura y el presidente de la Unión Nacional de Escritores y Artistas convocaron a los iniciadores de la protesta a una reunión a celebrarse el martes.

Durante el fin de semana aumentó el caudal de mensajes circulados. Rebeca Chávez llamó por teléfono a Reynaldo González para comentarle que el asunto implicaba a toda la cultura, no sólo a los escritores. Zenaida Romeu y Cira Romero le escribieron solidarizándose.

"Encabezaremos los premios nacionales, ofendidos o no, con los que se quieran unir", avisó González a Jorge Ángel Pérez.

Hablaba de una carta pública, de un levantamiento, de una manifestación callejera: no quedaba claro.

La tropa, no obstante, ya estaba perfectamente jerarquizada.

"Pero ahora, con la citación para el martes, de Abel y Carlos Martí, me preocupa que nos quieran parar la jaca. Cualquier cosa que hiciéramos, no tendría el alcance multitudinario de la TV."

Abel era Abel Prieto, ministro de Cultura. Carlos Martí era el presidente de la Unión Nacional de Escritores y Artistas de Cuba.

"Debemos dejar constancia, alguna vez, de que ese mal llamado quinquenio gris fue un cáncer. La operación ha sido buena, pero no se ha divulgado directamente y por eso ocurren estos atrevimientos. Una parte de la cultura, y de la para-cultura, y de otras disciplinas, no tienen una comprensión del verdadero drama, del corte al sesgo que se le dio a la vida cultural, terreno donde las cosas no se subsanan con decretos, con los cuales sí se les hizo enorme daño. Estas cosas debemos dejarlas muy bien sentadas en la reunión del martes y persistir en que queden explicitadas."

A diferencia de otros participantes en el intercambio, Reynaldo González creía en el éxito de las rectificaciones institucionales que cerraron el mandato de Pavón, Serguera, Quesada y otros. Existió un cáncer, la operación para extirparlo fue buena, y el único reparo que cabía era que los resultados no fuesen divulgados. Así que ya era hora, treinta años después, de confirmar el éxito quirúrgico. Hora de notificar la desaparición del cáncer, sólo así podrían cerrar definitivamente aquel período.

Los citados llevaron a la reunión una carpeta con todas las comunicaciones recibidas. En aquella carpeta aparecían casi todos los Premios Nacionales.

Un mensaje de Antón Arrufat especificó lo que él consideraba una petición pertinente.

"Me parece que, dada la enérgica reacción de tantos escritores y artistas cubanos contra la aparición en pantalla de Pavón, Serguera y, ahora me entero, Quesada, estamos en condiciones de solicitar a la UNEAC que exija al ICRT una disculpa pública sobre lo acontecido. Creo que hay razones y fuerzas para intentarlo. No pienso que la disculpa se haga, pero sería una manera de presionar más."

También Desiderio Navarro descartaba que el instituto de televisión ofreciera disculpas. Pero la gestión le parecía útil.

"Aunque el ICRT no la aceptara, los obligaría a quitarse la careta de 'imparcialidad' como medio masivo de la nación y quedaría muy en claro que abusan de ese instrumento informativo del Estado para propugnar una política cultural contraria a la del Ministerio de Cultura –cabría decir con propiedad, si no con mucha exactitud cuantitativa, la política cultural de un 'grupúsculo'."

Fueron celebradas, al menos, dos reuniones con el ministro de Cultura y el presidente de la Unión Nacional de Escritores y Artistas. Lo que fuera una protesta masiva y espontánea comenzaba a adquirir empaque institucional.

Orlando Hernández escribió a Arturo Arango.

"Supe ayer por Desiderio que habían tenido (¿quiénes?) una reunión con el Ministro y que estaban esperando 'alguna' decisión. ¿Cuál? ¿De quién? No sé cómo han seguido moviéndose las cosas en las últimas horas, pero lo cierto es que –ninguno de los participantes en dicha reunión ha dicho hasta ahora nada concreto sobre lo que allí se discutió–. ¿Hubo acaso algún compromiso de mantener la discreción?"

Si lo que intentaban desde el Ministerio de Cultura y la Unión Nacional de Escritores y Artistas era la disuasión, nada fue más atinado que convocar a unos pocos. A los iniciadores precisamente, con el fin de descabezar la protesta. Y obtener de ellos un compromiso de secreto, que los apartara del resto de los manifestantes.

A cambio, quedaba prometida gestión ante el instituto de radio y televisión. ¿Querían una explicación pública? Se trabajaba en ello. Pero era desaconsejable llevar más lejos la protesta. El propio Reynaldo González, Premio Nacional de Literatura, afirmaba que la actual era otra política cultural, que la rectificación de los errores cometidos había sido poco publicitada aunque exitosa. Extender entonces la discusión podía poner en peligro lo conseguido hasta entonces. Los más jóvenes, aquellos que no habían sufrido un Pavón, estaban inventándoselo por puro protagonismo. Sostendrían, como sostenían ya, que el pavonato llegaba hasta nuestros días, que nunca había acabado.

Quienes quedaron fuera de aquellas reuniones no se mostraban demasiado satisfechos, tal como le escribió Orlando Hernández a Arturo Arango.

"Debo confesarte que en las actuales circunstancias y dado el tono de sinceridad y 'transparencia' que ha prevalecido en estos intercambios públicos cualquier manifestación de 'secretismo' me parece fuera de lugar. ¿No lo crees así? Si estamos estrenando un estilo de debate virtual que tiene la gracia –y la valentía– de no ser anónimo, ¿por qué no mostrarnos todas la cartas?. Ya es bastante incómodo que muchos interesados se hallen excluidos por no tener correo electrónico ni teléfono, o por no estar en nuetras listas de direcciones. Me parece que TODOS debemos tener el privilegio de compartir TODA la información."

El diálogo de los administradores de la cultura con sólo unos pocos estaba diseñado para aceptar las denuncias y peticiones más superficiales. Ministro y presidente convocaban a unos Premios Nacionales y hacedores de revistas oficiales para desvirtuar la polémica y domesticarla. Al fin y al cabo, ministro y presidente eran los responsables de la conducta de escritores y artistas ante el mando nacional, ante el Partido.

Luego de criticar la conspiración silenciosa de los reunidos, Orlando Hernández examinó el alcance de sus negociaciones.

"Nadie sabe qué tipo de 'decisión' se está esperando, o se estuvo de acuerdo en esperar. ¿Acaso una simple disculpa del ICRT por sus meteduras de pata? ¿Alguna propuesta de sanción quizás? ¿Para quién o quiénes? En mi opinión, nada de esto me parece realmente importante. Ya todos hemos visto esas películas. Ni las disculpas (verdaderas o falsas), ni las sanciones (donde los sancionados a menudo 'caen para arriba' o incluso son premiados años después con programas en la TV) van a arreglar nada."

Cuanto analizaban en sus mensajes electrónicos no eran problemas gremiales, sino que afectaban a toda la población. ¿Acaso ellos sólo defendían el derecho a no ser censurados, el derecho a no autocensurarse? ¿Solamente esa minúscula cuota de libertad?, quiso saber Hernández.

Él estaba convencido de que "a los demás sectores de nuestra población les gustaría reclamar estos mismos derechos a poder expresarse sin tener que mentir, ni susurrar, ni vivir dobles vidas, a ser socialmente, ideológicamente, políticamente sinceros, sin miedo a las censuras y reprimendas de las otras muchas instituciones con las que estamos relacionados como ciudadanos".

La discusión podía ser más amplia que lo que permitían las redes, ver más allá de las limitaciones del gremio. Para ello habría que entender la cultura de un modo menos elitista. Que no estuviese compuesta solamente por intelectuales.

"Que el bodeguero de la esquina, o el médico de la familia o el babalawo de la cuadra no puedan acusar los desmanes de un tal Pavón o un Serguera no los hace por eso menos víctimas de esos mismos defectos de fábrica que aquí hemos estado debatiendo."

Según él, existía el peligro de que todo cayera "dentro del ridículo buzón de quejas y sugerencias del Ministerio de Cultura", el peligro de que "se convirtiera en la catarsis colectiva de una minoría".

"¿Por qué Abel se reúne sólo con un grupito de artistas", preguntó Mario Crespo a propósito del ministro, "por qué la UNEAC no hace su declaración protestando y de esa manera limpia su nombre por los muchos a los que en otras épocas sacó de sus filas sin razón o les dio la espalda, por qué no se permite que de una reunión amplia de artistas salga una información a la luz pública?"

También a Francis Sánchez, en Ciego de Ávila, le preocupó el silencio de quienes se reunían aparte.

"Con ese silencio, un poco que me siento ninguneado, codeado, empujado definitivamente fuera del grupo que, tras unos primeros llamados a la inclusión amplia y diversa, finalmente pudiera armarse como otra cofradía no sólo de desesperados, sino de gente de alto rango y prudente, con fines muy tácticos, que toma precauciones y se preocupa sobremanera por a quiénes llega el eco, quiénes deben o no opinar, y deriva por boquetes como pueden ser una carta firmada, una reunión estrecha, etc."

Estaba en discusión, no sólo la conveniencia de una cita de pocos, sino la representatividad de ésos y la legitimidad de sus reclamos.

Desde Berlín, Amir Valle se atrevió a imaginar lo que ocurriría en las reuniones con el ministro Prieto.

"Abel se pondrá de parte de los intelectuales citados para hablar del problema. Como siempre, sorteará los momentos incómodos con sus chistes y sus juegos de palabras (Abel es un hombre con un sentido del humor excelente, no lo olviden, y esa es un arma muy útil para los políticos). Al final prometerá 'canalizar' el asunto, pedir responsabilidades, etc. Y todo quedará en ese lugar."

"Como las aguas se revolvieron", continuó con sus conjeturas, "quizás algún pobre diablo cargará en el ICRT con las culpas. E incluso podrían poner a un locutor a leer una discupa por el 'error'. Nada más. Bien sabemos todos que el ICRT y la prensa cubana han sido siempre instituciones controladas directamente por las altas esferas del poder en la isla. [...] Nos van a dar, nuevamente, gato por liebre. Y lo peor, como han dicho algunos en varios mensajes, esto no es nada, hay que estar preparados para otras cosas que pueden venir".

Era una ingenuidad esperar disculpa pública de quienes habían transmitido por varios canales de televisión aquellos homenajes. Y resultaba descabellado pensar en mayores satisfacciones cuando ni siquiera les sería otorgada esa satisfacción mínima.

Arturo Arango, que no tuvo que recurrir a la imaginación para saber lo ocurrido en el par de reuniones, contestó a las recriminaciones de Orlando Hernández.

"En verdad, sin que se nos hiciera un llamado a la discreción, me doy cuenta de que quienes participamos en las dos reuniones, casi de inmediato, bajamos el tono, o nos apartamos del debate público."

Pero no habían recibido petición de silencio por parte de las autoridades. Tampoco parecían haber acordado silencio entre ellos. Que callaran se debía seguramente a desaliento, a miedo o a necesidad satisfecha, al hecho de que habían hablado ya con las personas idóneas. Con las fuentes gestoras que Reynaldo González mencionara.

Bajaron el tono, se apartaron del debate, regresaron a sus egoísmos después de haber llamado a la solidaridad gremial. Creyeron no deberle explicación a cada uno de los que escribiera mensaje incluido en la carpeta entregada a las autoridades. Pero allí estaba, en manos del ministro, cada uno de sus requerimientos. A pesar del silencio posterior, los convocados por el Ministerio de Cultura y la Unión de Escritores y Artistas no habían dejado de servir de embajadores de las distintas opiniones.

Llegaron a algunos acuerdos en la segunda reunión, reconoció Arango. Escucharon también explicaciones. Les aseguraron que lo sucedido no obedecía a conspiración alguna, que no iba a ocurrir más. El extremismo de eso que llamaban pavonato jamás volvería. Y se acordó estudiar y divulgar la política cultural cubana en todas sus contradicciones. No sólo la de los años setenta.

"También habrá todo lo demás que es previsible: sanciones, informaciones, etc."

Como ganancia quedaba la manera en que se estableciera el debate, destacó. Era la primera vez que ocurría una movilización de este tipo, y todos habían aprendido esa lección.

"Y cuando digo todos, digo todos."

Todos: desde los participantes hasta las autoridades.

Los primeros conocían ya su capacidad movilizativa y de denuncia. Los segundos, que por cualquier tema sensible podría establecerse una discusión colectiva fuera del ámbito institucional.

"Es importante también que nadie haya cuestionado la legitimidad del método, y que, incluso, fueron criticadas aquellas personas que en sus mensajes trataron de acallarlo. [...] Ahora pienso que no hay que dejar decaer este impulso, que hay que irlo dirigiendo hacia otras zonas, y no perder las comunicaciones."

Pese a este último deseo, su correspondencia se convirtió otra vez en privada. Arturo Arango no expuso ninguna otra comunicación a esa manía ajena de reenviarla. Cierto que habían dado con un medio inusual para la discusión política pero, después de descubrirlo, tenían que abandonar el hallazgo. Por demasiado peligroso, por lo mucho que exponía de uno mismo.

Los otros asistentes a las reuniones con el ministro de Cultura y el presidente de la Unión de Escritores y Artistas no se consideraron en el deber de realizar ninguna explicación pública.

En la segunda de las reuniones a puertas cerradas, celebrada el sábado 13 de enero, Desiderio Navarro propuso organizar un ciclo de conferencias en que fuera analizada la política cultural revolucionaria. La propuesta fue apoyada por los jefes. Poco después, varios de los participantes en el intercambio recibieron una invitación del Centro Teórico-Cultural Criterios para la primera conferencia.

"El Quinquenio Gris: revisitando el término", se titulaba.

En ella Ambrosio Fornet volvería sobre una expresión que él mismo acuñara.

Orlando Hernández recibió la invitación y lo comentó con Arturo Arango.

"Me parece muy bien, desde luego, pero también me preocupa que esto vaya convirtiéndose en un debate de tipo académico, 'terminológico', etc."

Desiderio Navarro no tardó en recibir ese mensaje y en responderlo. Juzgó injustas e infundadas las afirmaciones de Orlando Hernández. En menos de dos días, acuciado por todo lo sucedido, él había organizado todo un ciclo de conferencias.

"Creo que raras veces una institución cultural académica cubana ha reaccionado tan rápidamente como ahora Criterios a las urgencias de la vida intelectual cubana. Todavía faltan semanas para esa conferencia, que sería la primera, ¿y ya puedes decir que esto va convirtiéndose en un debate académico, 'terminológico'? Me parece que te apresuras al prejuzgar."

¿Acaso podía ser dañino o innecesario un debate académico sobre lo discutido en los últimos días? Navarro apostaba por lo contrario.

"¿No es acaso la ausencia de investigaciones y eventos académicos, de toda una literatura académica y no meramente ensayística sobre el tema, con sus descripciones, análisis, interpretaciones, explicaciones y valoraciones, uno de los principales factores causales que permite, entre otras cosas, que ese período y los fenómenos de ese período que sobreviven o reviven en los subsiguientes permanezcan tan desconocidos o inexplicados para tantas y tantas generaciones que no lo vivieron como jóvenes o adultos –como hemos visto en muchos mensajes de estos días?"

Las conferencias no tendrían por qué suponer el silenciamiento de cualquier otro debate. Por el contrario, la seriedad del debate académico dependería de cuánta atención se prestase al material salido a flote en las discusiones recientes. Navarro aseguró que "la responsabilidad de continuar la discusión de estos temas por unas u otras vías mientras haya motivo para ello, es responsabilidad de todos y cada uno de nosotros".

Por último, recomendó a Orlando Hernández que esperara al documento que la presidencia de la Unión Nacional de Escritores y Artistas emitiría en breve, tal como habían acordado en las reuniones.

La paciencia general iba a ser puesta a prueba, sin embargo. Porque los días pasaban y el instituto de televisión no sólo no se pronunciaba, sino que nominaba a premio a la directora de uno de los espacios televisivos en cuestión.

Desiderio Navarro perdió su confianza en lo alcanzado en reunión con el ministro.

"Es preciso pensar muy bien una merecida pero pronta respuesta a esta falta de respeto a todos los que la pasada semana nos reunimos en dos ocasiones en la UNEAC, empezando por el Ministro de Cultura, y a todos los que dentro y fuera de Cuba hemos esperado por los resultados concretos de esa reunión y a los que le dimos un voto de confianza al Partido y a la UNEAC."

Al fin, el 18 de enero, dos semanas después del escándalo, el Secretariado de la Unión de Escritores y Artistas emitió una declaración bajo el título "La política cultural de la Revolución es irreversible".

Compartía ese secretariado "la justa indignación de un grupo de nuestros más importantes escritores y artistas como consecuencia de recientes emisiones de tres programas de la Televisión Cubana". Daban el nombre de cada uno de los programas y, ya a la tercera oración, pasaban a ocuparse de los participantes del exilio: "algunos intervinieron con honestidad en la polémica; otros, trabajando obviamente al servicio del enemigo, han querido manipularla y sacar provecho de la situación creada".

Hacia estos últimos dirigía una advertencia.

"Quedarán definitivamente frustrados, una vez más, aquellos que pretenden ver en el debate entre revolucionarios posiciones ambiguas, fisuras u oportunidades para su agenda anexionista."

Fuera del país cabían honestos y anexionistas. Dentro, todos eran revolucionarios. Al menos, lo era el grupo de importantes escritores y artistas cuya indignación la declaración tomaba en cuenta.

La nota oficial hacía referencia a las reuniones celebradas con el ministro de Cultura.

"La preocupación fundamental de los compañeros allí reunidos, consistía en que los mencionados programas pudieran responder a una intencionalidad y expresar una tendencia ajena a la política cultural que ha garantizado y garantiza nuestra unidad. Fue de la mayor importancia contar desde el primer momento con el más absoluto respaldo de la dirección del Partido."

Tres días después de aquella reunión, la presidencia del instituto de televisión ofreció a los dirigentes de la Unión Nacional de Escritores y Artistas "una explicación detallada sobre los resultados iniciales de un análisis acerca de estos programas".

Fintas del dialecto burocrático: explicación detallada sobre los resultados iniciales de un análisis acerca de estos programas.

"Se puso de manifiesto que no respondían a una política del organismo y que en su gestación y realización se habían cometido graves errores. En la discusión, se hizo evidente la necesidad de trabajar de conjunto, el ICRT, la UNEAC y las instituciones culturales, en la promoción a través de los medios de obras y creadores que expresen las auténticas jerarquías intelectuales y artísticas de la cultura cubana".

Hasta aquí llegaba la sustancia de la declaración. El resto era pura consigna.

"No nos dividirán ni las torpezas ni los que quieran aprovecharse de ellas para dañar la Revolución. La política cultural martiana, antidogmática, creadora y participativa, de Fidel y Raúl, fundada con 'Palabras a los intelectuales', es irreversible."

Cinco años antes, en junio de 2002, la Asamblea Nacional del Poder Popular había acordado una modificación constitucional que declaraba la irrevocabilidad del socialismo. Votaron por ella todos los diputados presentes, 559 de los 578 en activo.

"El Socialismo y el sistema político y social revolucionario establecido en esta Constitución", rezaba la modificación, "probado por años de heroica resistencia frente a las agresiones de todo tipo y la guerra económica de los gobiernos de la potencia imperialista más poderosa que ha existido y habiendo demostrado su capacidad de transformar el país y crear una sociedad enteramente nueva y justa, es irrevocable, y Cuba no volverá jamás al capitalismo".

De manera que el socialismo era irrevocable y la política cultural era irreversible.

A diferencia de otros documentos en los cuales aparecía el nombre de cada uno de los miembros, la declaración aparecía firmado solamente por el Secretariado de la UNEAC. La publicaba el diario *Granma* que, como el resto de la prensa nacional, no había ofrecido otra noticia del caso.

Junto a los nombres de los espacios televisivos no aparecían sus fechas de emisión. Tampoco los nombres de los tres invitados. La declaración aludía a una polémica, a un intercambio. Pero en ningún momento informaba que había sido establecida a través de correos electrónicos.

14

Parca y burocrática, la consideró Enrique Colina.

Inaceptable.

Utilizaba, según él, la jerga politiquera que hablaba de anexionistas decididos a apropiarse del debate, y excluía toda referencia a las causas del mismo. Escamoteaba la esencia del problema.

Reina María Rodríguez encontró en su prosa el mismo sabor que en las declaraciones de hacía años, de épocas que ella no deseaba volver a vivir.

"De cinco párrafos", contabilizó Pablo Menéndez, "dedica dos a hablar sobre 'los enemigos de la Revolución' [...] ¿Por qué hablar de ellos y mucho menos 'hacia ellos'?".

El debate no podía terminar en tan chato documento. En él no se hablaba de medida a tomar con los responsables de la emisión de esos programas. No se le pedían disculpas a la población y a los creadores afectados.

Zenaida Romeu la halló torpemente escrita, mediocre en comparación con tantas buenas reflexiones como habían circulado entre ellos en las últimas semanas. Le pareció inadmisible que no fuera firmada, después de que todos ellos se hubieran pronunciado con nombres y apellidos. Exigía, por tanto, que fuesen incluidas las firmas de sus redactores.

Desiderio Navarro quiso dejar en claro que él no había participado en la redacción del documento: "en el texto de la Declaración se afirma que en las dos reuniones se buscó una respuesta consensuada con algunos de los autores de protestas (de hecho, con los primeros cronológicamente), lo cual es total y absolutamente cierto. Pero ni yo ni Arturo Arango, ni otros autores de protestas, participamos en la posterior formulación escrita de esa respuesta, ni en su revisión y aprobación final [...] Lamentablemente, la redacción da la impresión de que somos cofirmantes del documento, a pesar de que algunos de nosotros –que yo sepa hasta ahora, por lo menos Arturo Arango y yo– tenemos numerosas objeciones que hacerle al texto mismo, cuya formulación no refleja la franqueza, profundidad y firmeza con que, con nombres y apellidos, hechos, fechas y los correspondientes calificativos, se debatieron esos temas en esas dos reuniones, reuniones de las que la UNEAC, nuestra UNEAC, puede estar muy orgullosa y no tendría nada que ocultar".

Jorge Luis Arcos, quien había asistido durante diez años a muchas reuniones de ese secretariado, tuvo que reconocer que muchas de las discusiones que allí se producían, al menos mientras él asistió, nada tenían que ver con el lenguaje propio de los años setenta, propio del mismo Pavón, de aquella declaración.

Quienes la redactaron habían contado con tiempo de sobra para componer algo más elaborado, que fuese consecuente con la polémica sostenida, opinó Josefina de Diego. El texto, además de insuficiente, incurría en un par de imprecisiones. La primera, adjudicarle parte a Raúl Castro en la fundación de una política cultural.

"El hecho de que se sume su nombre en la declaración de la UNEAC responde a la situación actual, no a su participación real en su elaboración."

Y, segunda imprecisión, una política cultural que se preciaba de no ser dogmática no podía ser calificada de irreversible. Entre otras cosas, porque habría sido dogmático considerarla así.

"Todo puede ser reversible (sólo la muerte no lo es), todo puede mejorarse, adaptarse y perfeccionarse..."

De la irreversibilidad de la política cultural revolucionaria se ocupó también Reinaldo Escobar.

"Decir que la política cultural de la Revolución, fundada con 'Palabras a los intelectuales', es irreversible, es afirmar que Luis Pavón no logró revertirla y por lo tanto sólo fue consecuente con ella en grado extremo. En esto estamos de acuerdo."

Con lo que él no podía estar de acuerdo era con la referencia a una agenda anexionista de quienes deseaban sacar provecho de la situación creada.

"Exijo que señalen un solo párrafo del debate que tenga tufo anexionista", reclamó.

Según Escobar, el pronunciamiento pretendía ser la respuesta consensuada con los iniciadores del debate, pero era un texto que habría firmado orgullosamente Leopoldo Ávila, aquel seudónimo que, desde la revista *Verde Olivo*, propiciara una cultura de represión. El seudónimo detrás del cual, según ciertas conjeturas, se escondiera Luis Pavón.

Un editorial de la revista digital *Consenso*, publicada en La Habana, consideró que "insistir a estas alturas en las parametradas expresiones acerca de supuestos intelectuales 'al servicio del enemigo', o que las opiniones críticas de algunos de ellos responden a una 'agenda anexionista' constituye en sí mismo un intento de conservar la parametración".

A juicio de Jorge Luis Sánchez, la declaración constituía "una respuesta metodológicamente vieja, ineficiente e insatisfactoria".

Él no se sentía representado por esas palabras, a pesar de ser miembro de la Unión Nacional de Escritores y Artistas. Eran un paliativo, simulaban una conclusión. Repetían la práctica de publicar información incompleta. Pretendían quizás ofrecer una señal de calma hacia el exterior, mientras que se desentendían de lo interno.

"Nunca una torpeza será solucionada con otra torpeza", concluyó.

Eddy E. Jiménez Pérez contó cómo muchos vecinos y amigos que leyeron la nota oficial se le acercaron a preguntarle por lo sucedido, pues no sacaban nada en claro de la lectura del diario *Granma*.

Aquella declaración era escueta y opaca. Sin embargo, él encontraba un aspecto positivo en su publicación.

"El hecho de que el diario oficial del Partido la difundiera resulta muy importante pues, por un lado, calma las preocupaciones de la intelectualidad cubana y por otro sale al paso a la propaganda del enemigo en el exterior y frustra a los que afuera o dentro del país lo que propugnan, en verdad, es el desmonte del socialismo, de nuestro socialismo que, aunque imperfecto, de lo que requiere es de la lucha por la perfección, por la adecuación a la realidad que vive Cuba y por el despertar del Socialismo del Siglo XXI, que ya se abre paso en Nuestra América y del que tenemos que aprender, humildemente, aunque nos haya tocado la gloria de ser los padres."

"Cuba es un bastión que hay que mantener a todo costo", sostuvo Jiménez Pérez. "Un revés en Cuba tendría catastróficas consecuencias para América toda. Creo que aunque la Declaración resulta opaca, escueta, de poca profundidad y deja abierta incógnitas que el pueblo desconoce, nuestras autoridades partidistas e intelectuales han actuado con sabiduría. La unidad de todos los sectores del país hay que mantenerla y en el caso de los intelectuales es algo crucial".

Alfredo Guevara no tardó en circular un mensaje donde avisaba que, más que suscribir, ratificaba la declaración publicada en *Granma*. En su prosa característicamente incorrecta afirmó: "y espero y llamo a evitar que la usurpación y desnaturalización de los derechos de la Revolución y su diseño cultural pueda continuar. Lo hago desde la serenidad pero subrayando urgencia. Donde la batalla de ideas debiese tener su primer bastión no tendrá lógica alguna que aparezcan sepultureros. La ignorancia y la mediocridad beligerantes son el peor enemigo interno de la Revolución. Conocen las más altas autoridades de nuestra dirección, así como el Ministerio de Cultura y el Partido, desde el primer instante el rechazo indignado que he expresado directamente, es decir, como me corresponde, ante la vejación reiterada de que ha sido objeto la intectualidad cubana y, en la práctica, esa inteligencia que la Revolución ha despertado, formándola desde la educación, para que fuese, como comienza a ser, el activo más importante de nuestra sociedad en la época, el primer siglo en el que el saber deviene la mayor riqueza espiritual, social y económica. El pilar del futuro".

Concluía su mensaje de ratificación con las palabras finales de la propia declaración.

"La política cultural martiana, antidogmática, creadora y participativa de Fidel y Raúl, con 'Palabras a los intelectuales' es irreversible."

"Lo primero que llama la atención del documento presentado por Alfredo Guevara es su pésima redacción", hizo ver María de las Mercedes Santiesteban en un mensaje. "Un hombre que siempre se ha caracterizado por su lucidez e inteligencia, ha escrito un texto de difícil lectura, repetitivo y poco original."

Santiesteban hizo notar que, igual que en la declaración ratificada por él, Guevara jamás mencionó los nombres de Pavón, Serguera y Quesada. No parecía darse por enterado de que el centro del debate era la política cultural del país. Dirigía sus ataques contra la programación televisiva, ¿y dónde había estado él en todo este tiempo?. ¿Por qué se decidía a criticarla precisamente ahora?

"¿No será porque teme que la bola de nieve crezca demasiado y que, en un momento de tanta tensión, totalmente inédito en la historia de estos cuarenta y nueve años, la gente se decida a cuestionar la esencia misma del sistema, como ocurrió en 1991 durante el engañoso y manipulador 'Llamamiento al 4to. Congreso del Partido'?"

María de las Mercedes Santiesteban hacía votos para que las injusticias, los abusos de poder y los dogmas fuesen reversibles. Por el bien de la cultura y por el bien de todos los cubanos.

En lugar de dirigir su desacuerdo al resto de los interlocutores, Félix Sánchez remitió un mensaje a los miembros del Secretariado de la Unión Nacional de Escritores y Artistas, organización de la cual era miembro. Un día antes de que fuese publicada aquella nota oficial en las páginas de *Granma*, él había tenido la oportunidad de oírle al viceministro de Cultura Fernando Rojas, de visita en Ciego de Ávila, la lectura de un borrador del documento.

"No era una lectura para opinar sobre ella, ni para corregirla."

No obstante, tuvieron casi tres horas de intercambio de opiniones, y entonces les pareció que la publicación de la nota constituía un buen cierre. Sin embargo, su lectura posterior vino a demostrarle que aquella primera impresión estaba equivocada.

"¿Qué hemos avanzado? ¿Quién ha dicho que el debate tiene que ser entre revolucionarios? ¿Los que no lo son, y que necesariamente no tienen que ser 'contrarrevolucionarios encarcelables', están excluidos? ¿Qué documento legal autoriza esa discriminación 'ideológica', esa privación de un derecho ciudadano de polemizar sobre lo que ocurre en su país?"

Relacionar a la cultura con la unidad ayudaba a saltarse algunos requisitos indispensables que una buena administración estaría obligada a fomentar: libertad creadora y de pensamiento, democracia, derecho a la diversidad. ¿Acaso no había sido en aras de una supuesta unidad que quedaron prohibidos alguna vez, entre otros ejemplos, el jazz y las canciones de The Beatles? Aquella afirmación de que la irreversibilidad de la política cultural revolucionaria tenía como fundamento unas palabras pronunciadas por Fidel Castro en 1961 era desmentida por las represiones ocurridas una década después.

"Sería bueno preguntarle a Pavón", convino Sánchez, "cómo cumplió él con celo (y cierto exceso) el paradigmático 'contra la Revolución nada."

Hacía notar además que el Secretariado publicaba una afirmación que excedía a su autoridad y alcance, pues entre sus atribuciones no estaba la de construir y aprobar la política cultural. Y, si así fuera, cabría preguntarse qué había hecho la Unión Nacional de Escritores y Artistas durante los años setenta, en tanto transcurría lo que había dado en llamarse pavonato.

Félix Sánchez no dejó de reconocer que su mensaje constituía una crítica al Secretariado. Pero inmediatamente advirtió que su derecho a la crítica estaba amparado por el cuarto artículo de los estatutos de la Unión Nacional de Escritores y Artistas.

Y un mes más tarde no había recibido contestación.

"¿Queríamos una respuesta? Ya tenemos una", aceptó Orlando Hernández. "El ICRT ha respondido. ¿Y ahora, qué? ¿Alguien sabe cuál es el próximo paso? Además de sentirnos burlados, indignados, nada concreto podemos hacer, sino esperar. [...] No sé si en realidad habíamos hecho alguna petición, si habíamos solicitado una respuesta, ni a quién, ni para qué. Pero uno de nuestros principales pecados ha sido siempre precisamente ése: esperar respuestas, decisiones, medidas, conclusiones, y no poder tomarlas. Efectivamente: es algo que no está en nuestras manos. Hace mucho que entregamos las manos junto con los guantes".

La metáfora beisbolera, que hablaba de guantes entregados, daba por finalizado el partido. Ahora quedaba esperar por las explicaciones del ministro y de la presidencia de la Unión Nacional de Escritores y Artistas. Quedaban las posibles discusiones en las conferencias del Centro Teórico-Cultural Criterios.

"El asunto ha quedado en manos de los expertos. Nosotros no sabríamos qué hacer. Somos demasiado poéticos, idealistas, románticos. O utilizamos demasiado el sentido común, las emociones. De cualquier forma, no sabríamos qué hacer con las respuestas porque no hicimos las preguntas correctas, las solicitudes correctas."

Tal vez esas preguntas y solicitudes no habían quedado suficientemente claras. Ni siquiera para quienes las hacían.

"¿Queríamos un desagravio retrospectivo? ¿Una disculpa? ¿Acaso un linchamiento? ¿O sabíamos que lo que queríamos era imposible, es decir, una luna como la que nos prometía mamá?"

Puesto que había sido publicada ya la "Declaración del Secretariado de la Unión Nacional de Escritores y Artistas", Enrique Colina propuso que se publicaran los mensajes electrónicos cursados entre todos ellos. E hizo hincapié en que, más allá de las explicaciones entre instituciones, la televisión tomara parte en el debate. Lo discutido a propósito de unos espacios televisivos debería, a su vez, convertirse en programación. Podrían televisar el debate, si no en transmisión directa, en edición garantizada por tres miembros. Tres miembros que no ostentasen cargos públicos ni fuesen representantes oficiales, elegidos entre todos ellos por votación.

"No soy inocente", advirtió Colina, "y comprendo que si hay voluntad de cambios éstos resultarán de un progresivo, delicado y complicado reajuste en la correlación de fuerzas internas, dentro y fuera del Partido, que necesitará obligatoriamente de una contribución honesta y valiente de sus intelectuales. Y no hablo sólo de los artistas, pero el deshielo tiene que empezar por algo y considero esta situación adecuada, aunque algunos puedan considerarla peligrosa y explosiva porque las válvulas están cargadas, como resulta obvio, y bajo una presión acumulada de años".

Wendy Guerra, junto a su esposo Ernán López-Nussa, remitió al presidente de la Unión Nacional de Escritores y Artistas una propuesta de abrir un libro de firmas semejante al que la institución acostumbraba a hacer en situaciones de emergencia.

Y, en materia de libros, Abelardo Mena sugirió compilar un *Libro Negro de las Prácticas de Violencia Cultural del Pavonato* que incluyera los nombres de víctimas y victimarios.

"Necesitamos un desmontaje conceptual de la implacable 'ingeniería social' que la Revolución implantó en el país", propuso.

Reinaldo Escobar abogó por un debate amplio.

"Ya que la UNEAC no se decide a realizar su congreso, ya que el Partido Comunista de Cuba tampoco realiza el suyo, hagámoslo nosotros en un teatro, en un terreno de pelota o en medio de un potrero, sin que las brigadas de respuesta rápida impidan su celebración y donde hable todo el mundo, el comunista, el socialdemócrata, el demócratacristiano y el liberal y si el anexionista tiene algo que decir, vamos a escucharlo también."

La indignación ante la nota oficial publicada por el diario *Granma* no alcanzó la masividad de los comienzos. La movilización no volvería ya a los niveles iniciales. Aquellas reuniones convocadas por el ministro de Cultura y el presidente de la Unión Nacional de Escritores y Artistas demostraron ser efectivas para la desmovilización. A partir de ellas, el centro del debate se mudó de las pantallas. Hasta entonces había residido en televisores y computadoras, pero ahora retornaba a las buenas vías de siempre.

Algunos abandonaron la discusión general para celebrar un aparte con dirigentes, y de ese diálogo a puertas cerradas salió la declaración pública que tanto les disgustaba ahora. A sabiendas o por un mal cálculo, el puñado de asistentes a las reuniones oficiales había dado pie a la transformación de la protesta general en algo inane. Usuarios de un modo nuevo de entablar discusión, prefirieron limitarse al revuelo para ser recibidos en las oficinas. Armaron una bronca de antesala para que el ministro abriera la puerta y les hiciera un hueco en su agenda.

Llevaron impresos los mensajes electrónicos, rindieron el debate al mundo de los documentos firmables. Aquella novelería de los mensajes en pantalla no era más que una transición hacia las usuales reuniones de siempre. Habían respondido del modo más sorprendente a la sorpresa de ver aparecer aquella gente en televisión. Era la ley del Talión: pantalla por pantalla. Pero ahora que quedaba claro que detrás de esas entrevistas televisadas no existía planificación alguna, no tendrían inconveniente en desmantelar la movilización acometida. Ellos, los que la habían iniciado, la abandonaban desde ese mismo momento.

"Se acabó el fructífero intercambio de ideas tan necesario para formar un verdadero estado de opinión que encuentre soluciones razonables, satisfactorias, inteligentes", lamentó Jorge de Mello.

Le había llegado un mensaje de alguien que prefería comunicarse detrás de un seudónimo.

XXX firmaba.

"Creo que no te falta razón en algunas de las cosas que dices", decía aquel mensaje, "pero me parece que el asunto es un poco más complicado. Y en este minuto, creo que lo táctico es no rozar en lo absoluto al Ministerio de Cultura que, a fin de cuentas, también ha sido atacado por la TV y quienes están atrás de la aparición de Pavón y compañía".

Jorge De Mello hizo notar que volvían ya los escritos anónimos, los rumores de pasillos. Terminaba el hablar sinceramente entre todos.

15

La conferencia de Ambrosio Fornet tuvo que ser trasladada de la sede del Centro Teórico-Cultural Criterios, que sólo podía acoger a un centenar de asistentes, a la Sala "Che" Guevara de la Casa de las Américas, que permitiría cuadruplicar el aforo. Y, aún así, el número de gente interesada en asistir había crecido tanto que se vieron obligados a limitar la entrada a determinadas membresías.

Así rezó el aviso circulado: "con el fin de garantizar que nuestros escritores, artistas e intelectuales en general puedan estar presentes en el todavía limitado espacio, hemos decidido reservar la entrada, a través de invitaciones, para miembros de la UNEAC, la AHS, la UNHIC; profesores y estudiantes del ISA, las Escuelas de Arte y las Facultades de Artes y Letras y Comunicación Social de la UH; investigadores del Consejo de Ciencias Sociales del CITMA y del Centro Martin Luther King, así como especialistas y cuadros del ICRT y de las instituciones del Ministerio de Cultura".

Puesto que el Centro Teórico-Cultural Criterios carecía de personal suficiente, la Unión Nacional de Escritores y Artistas y otras instituciones culturales se encargarían de cursar las invitaciones. El texto de la conferencia sería divulgado por correo electrónico inmediatamente después del encuentro, y compilado luego en un volumen junto a otras conferencias del ciclo. Las personas interesadas en recibir las palabras de Fornet deberían mandar un mensaje a la dirección electrónica que el comunicado facilitaba.

La limitación de entrada levantó enseguida suspicacias.

"Me da la impresión [...] que esta idea de regular la entrada al coloquio por invitaciones [...] no es más que una estrategia para dejar fuera del posible debate a una gran mayoría de personas que no están afiliadas a estas instituciones, o que estando afiliados saben de antemano que hasta ellas no 'llegarán' las invitaciones", escribió Yoani Sánchez a Orlando Hernández.

Y éste respondió: "Por supuesto, Yoani. Desde el inicio me incomodó la conversión de este problema en un simple 'tema' de agenda académica, 'terminológica' [...] lo cual me costó una reprimenda pública de Desiderio, que preferí no contestar para evitar 'desuniones en las filas'. Su argumento era que esto permitiría de cualquier manera establecer debates hacia otras aristas del problema e incorporar opiniones de otros ámbitos de nuestra sociedad. Al cerrarse ahora el margen de admisión (por razones de 'espacio' físico), quedarán fuera muchas personas y desde luego muchas opiniones. [...] Estoy muy pesimista, y ni siquiera tengo ya el menor entusiasmo por dicha conferencia. Preferiría haber recibido un mensaje de algunos de los conferenciantes en vez de ir a escuchar ahora sus demorados razonamientos. Todos lo hemos hecho de manera espontánea, arriesgándonos a cometer errores, incoherencias, etc. ¿Por qué ninguno de ellos ha participado hasta ahora públicamente en el debate? ¿Acaso podemos esperar ahora que sus textos nos entreguen finalmente 'la llave' que andamos buscando? No me parece que sea una llave para abrir, sino para cerrar. Ojalá me equivoque".

Orlando Hernández llamaba la atención sobre el hecho de que los conferenciantes no hubieran participado en el intercambio de mensajes. Se habían cuidado de entregar sus opiniones. Al parecer, las guardaban para esta ocasión.

La mensajería electrónica era útil para noticiar fecha y lugar de la conferencia, para hacer precisiones acerca del acceso a la sala y, luego de cumplida la cita, para hacer llegar a mucha gente el texto. Pero habría sido impensable celebrar la conferencia en el espacio fundado por el cruce de mensajes. Por supuesto que la mayoría de las máquinas con que la gente se comunicaba no tenía un sistema de audio e imagen que lo permitiera. Pero, aún si así fuera, el prestigio del conferenciante habría quedado en entredicho. Las conferencias, lo mismo que las reuniones oficiales, reclamaban sus propios espacios.

Orlando Hernández escribió a Pedro Campos.

"Lo cierto es que ninguno de los intelectuales invitados a dar conferencias (con la excepción de Arturo Arango) se ha expresado a través de ningún mensaje de correos, que ha sido el medio aceptado por todos, conservando el privilegio de no equivocarse como ciudadanos, aunque puedan hacerlo luego sólo como conferencistas. [...] Me parece que la idea de hacer esas conferencias tiene un gran valor, pero está muy por debajo del valor que podría tener la convocatoria a un debate más amplio y participativo. Por desgracia, esa otra convocatoria nunca ha sido hecha, porque quizás sólo el propio Gobierno, o el Partido podrían hacerlo. Esto no es una película prohibida para menores de edad."

Dos días antes de celebrarse la conferencia, Hernández dirigió un mensaje a Desiderio Navarro.

"Quizás estoy siendo demasiado suspicaz o desconfiado", aceptó, "pero creo que la conferencia se ha convertido en una reunión, una reunión no citada, pero donde asistirá y probablemente hablará el Ministro, junto a los presidentes de las Secciones de la UNEAC, y algunos compañeros seleccionados de varias instituciones también seleccionadas, etc. [...] Será una reunión (con Ministro) enmascarada de conferencia. Y es eso lo que me preocupa, o me molesta: que la conferencia (y de paso Criterios) se convierta en apaga-fuegos o en una válvula de escape que evita o aplaza una convocatoria más amplia."

Orlando Hernández dudaba de si debía asistir como un privilegiado cuando otros no podrían hacerlo. Según él, mucha gente había detenido el envío de mensajes a la espera de esa conferencia. Y, mientras tanto, la invitación había pasado de la inicial entrada libre a la exclusividad de las invitaciones.

"Bajo el argumento de reservar espacio a los intelectuales y artistas se está segregando, excluyendo, discriminando a un número demasiado grande de interesados en un tema que como tú mismo dijiste, no sería sólo el 'quinquenio gris'. Es como si para escuchar a la Sinfónica se invitara sólo a los músicos, musicólogos, compositores y directores de orquesta y se dejara al público afuera. Si el espacio ofrecido por la Casa seguía siendo pequeño, ¿no podía gestionarse un espacio mayor, como el Teatro Karl Marx, por ejemplo? Muchos lo han expresado así."

La idea de convocar a una reunión de esa clase en la misma sala donde se celebraban los congresos del Partido Comunista pudo parecer oportuna a muchos, pero debió resultar insoportable a los responsables de tomar esa clase de decisiones. Para ellos tuvo que sonar como una propuesta sacrílega.

El cambio de espacio obedecía seguramente a la necesidad de aposentar al ministro, su séquito y jefes varios. La entrada por invitación era requisito indispensable desde que asistían las más altas autoridades del mundo de la cultura. Pues, por una cuestión de seguridad, había que cuidar a los jefes de la exposición a ciertas ideas y a ciertos insolentes, principalmente jóvenes.

Orlando Hernández preguntó al organizador principal de la conferencia por qué su empeño en invitar a instituciones que ni siquiera habían expresado interés por los problemas que podrían discutirse allí. Él consideraba que, en cambio, tenían que haber sido invitados todos los participantes en el intercambio de mensajes electrónicos, fueran o no miembros de instituciones.

Desde Ciego de Ávila, Francis Sánchez quiso saber si asegurarían transporte y hospedaje para que participara gente de fuera de La Habana.

Alguien que firmó como Betty escribió sus objeciones a Desiderio Navarro y recibió una airada respuesta.

Betty escribió: "Para quienes han seguido el debate desde el primer momento de comenzar, que difundimos tus mensajes para que los conocieran más personas, y que creen [...] que todos, independientemente de nuestra altura o jerarquía como intelectuales, debemos tener criterio y conocimiento de lo que ocurre ante nuestros ojos, resulta muy difícil aceptar que el final de este cuento se cocine a puertas cerradas y que nos conformemos con una versión editada (como siempre ha sucedido) de la realidad".

Y agregó: "Me imagino que la idea no es tuya, pero al igual que no aceptaste a Pavón en la TV, tampoco tendrías que ceder ahora a que te escojan el quórum. Es una concesión que va contra lo que defiendes".

Blanco de muchos reproches desde que decidiera organizar aquellas conferencias, Desiderio Navarro le contestó a Betty.

"Una de las cosas más lamentables para mí en estos días, ha sido ver cómo personas que han estado acríticamente calladas toda una vida en la esfera pública –en asamblea, en papel, en e-mail–, luego de esperar cautelosamente una semana o dos para ver 'qué me pasaba' luego de mi carta inicial de condena, y después de mi convocatoria al ciclo sobre temas tabú, se suman al debate sólo para cuestionarme por moderado, por no decir o hacer esto o aquello –siempre algo que ellos mismos nunca han dicho o hecho en la esfera pública cubana."

Defendió el método de distribución de invitaciones. Había traspasado esa responsabilidad a las distintas instituciones, y sería a éstas a quienes deberían elevarse las reclamaciones. Por último, le resultaba ofensiva la insinuación de que quienes no pudiesen asistir tendrían que conformarse con una versión editada. Él respondía ante los propios conferenciantes por la integridad de sus textos, que serían distribuidos ampliamente.

Su corresponsal parecía referirse, sin embargo, a la cita con todas sus intervenciones. Y tal como iba a comprobarse después, al texto fiel de Ambrosio Fornet no lo acompañó noticia alguna de lo discutido allí. La ocasión, pese a la autodefensa de Navarro, fue rotundamente editada.

En las palabras introductorias a la conferencia, Desiderio Navarro respondió a muchas de las objeciones que le hicieran.

"Lamentablemente, muchas personas que no escribieron una sola línea hace cuatro meses en defensa de la supervivencia y habilitación del pequeño local del Centro Criterios, ahora exigen ofensivamente del Centro Criterios –y no de otras instituciones culturales o políticas pertinentes– un enorme local como el teatro Carlos Marx o el Palacio de las Convenciones. No habiendo recibido invitaciones a esta conferencia de las instituciones culturales a que pertenecen, se constituyen en demagógicos voceros de todos los 'excluidos', dando por sentado que, de aumentar el número de invitaciones para un teatro como el Carlos Marx, ellos estarían entre los nuevos incluidos, y los aún numerosos cientos de 'excluidos' serían otros."

El Centro Teórico-Cultural Criterios no era la única institución que mostraba interés en propiciar los debates. El 27 de enero de 2007, a tres días de la conferencia en Casa de las Américas, el diario *Juventud Rebelde* anunció que, a propuesta de Armando Hart, director de la Oficina del Programa Martiano, el teatro de la Biblioteca Nacional llevaría en lo adelante el nombre de "Palabras a los intelectuales", y constituiría "el lugar indicado para organizar encuentros y una línea de debate, de análisis sereno, sobre los problemas más difíciles que afectan al campo intelectual y a la cultura cubana".

La espontánea circulación de mensajes y el alcance de las discusiones indicaban la necesidad de un mayor tutelaje sobre artistas y escritores. Nada mejor entonces que la creación de nuevos espacios de encuentro que disuadieran de los inaprensibles espacios virtuales. Y resultaba significativo que la propuesta se debiese a Armando Hart. Porque había sido él, desde su jefatura en el flamante Ministerio de Cultura en la segunda mitad de los años setenta, quien se encargara de rectificar lo impuesto por Luis Pavón. Volvía ahora, tanto tiempo después, para corregir algunas apariciones televisivas.

Resultaba significativo también que el sitio escogido fuese el teatro donde Fidel Castro dirigiera su definitorio discurso a los artistas y escritores. No podían concentrarse mayor cantidad de símbolos. Allí había sido pronunciada la fórmula en la que se basaba toda la política cultural revolucionaria. Con Armando Hart se había iniciado el desmantelamiento del nefasto Consejo Nacional de Cultura. Hart dirigía actualmente la Oficina del Programa Martiano, dedicada a la difusión de una obra que, como quedaba expresado en la "Declaración del Secretariado de la Unión Nacional de Escritores y Artistas", estaba entre los fundamentos de la administración cultural. Y el anuncio de la inauguración se hacía en el órgano de las juventudes comunistas, en vísperas de la celebración del natalicio de José Martí.

Era cuestión vital conducir la discusión al mismo punto en donde Fidel Castro la concentrara, allí donde lograra disolverla e impusiera su mando. Bautizar al teatro de la Biblioteca Nacional con el nombre de aquella ocasión condenaba a repetir, de algún modo, lo sucedido entonces. Los pronunciamientos del líder flotarían sobre las cabezas de los que allí se concentraran.

En la Plaza de la Revolución, la Biblioteca Nacional José Martí.

En la Biblioteca Nacional José Martí, el salón "Palabras a los intelectuales".

Revolución, José Martí, Fidel Castro.

Más que entablar polémicas, escritores y artistas recibirían allí directivas, lo mismo que en aquella jornada del verano de 1961. Las palabras a decir no eran las suyas, sino que llegarían hasta ellos. El aviso publicado en *Juventud Rebelde* favorecía un ambiente sereno, de discusiones sosegadas, no de encontronazos. Hablaba de establecer allí una línea de debate, una sola. Y alardeaba de que sería el lugar, no uno de los lugares, indicado para la organización de encuentros. Por último, delimitaba los problemas que se discutirían en el teatro rebautizado. Los más difíciles, ambicionaba. Los más difíciles que afectaban al campo cultural y a la cultura cubana.

Se trataría, en resumen, de un apacible y sesudo teatro sindical.

"La propuesta –en mi humilde opinión demasiado ortodoxa— de Armando Hart, intenta trasladar de manera mecánica nuestras preocupaciones actuales a un momento histórico y a un pronunciamiento ('Palabras a los intelectuales', 1961) cuyos problemas de interpretación, y sobre todo de aplicación, ya todos hemos comprobado durante estos años, y que aún seguimos padeciendo...", comentó Orlando Hernández.

Más que mecánico, el ejercicio de transposición a cargo de Hart era una operación simbólica. Oponía una serenidad claustral al caos de la mensajería electrónica. Procuraba domesticar la discusión, apelaba a la memoria del lugar. En el peor de los casos, bastaría con señalar hacia el rincón en donde estaría inscripta en letras doradas la fórmula totémica. El teatro de la Biblioteca era el mejor de los sitios para que toda la cultura, la nacional y la universal, estuviese representada. Sería la cárcel simbólica de la que no podrían escapar los artistas y escritores del país, atrapados para siempre en el histórico discurso.

"¡Vaya!", ironizó Gustavo Arcos Fernández-Britto. "Al fin los intelectuales cubanos tienen el lugar indicado para debatir sus problemas. Su muro de las lamentaciones o si se quiere su sillón de sicoanalista. Armando Hart lo acaba de anunciar, la prensa lo ha publicado con estas mismas palabras y estamos muy orgullosos de ello. Es decir, después de casi cinco décadas podemos asistir a un sitio legitimado como tal y decir lo que pensamos de manera indicada y frente a las personas indicadas".

Se preguntaba si también en provincias se abrirían espacios semejantes. Si el resto de la población podría contar también con ellos.

"¿Estaremos reconociendo que ninguno de los sitios, parlamentos, centros de discusión, congresos, paneles, mesas o seminarios organizados por decenas de miles a lo largo de estos años, era el indicado? ¿Por qué debe existir un lugar indicado? Es que acaso el país se encaminará hacia la parametración... ¡oh, perdón!, compartimentación total de los espacios donde unos quedarán destinados a las reflexiones u opiniones y otros no lo serán."

Arcos Fernández-Britto coincidía con algunos colegas en proponer que el debate se emitiera por televisión. En "La Mesa Redonda", por ejemplo, un espacio televisivo que contaba con apoyo institucional, que llegaba por varios canales a los hogares y hasta se retransmitía para quienes no hubieran podido verlo.

"Sería además una excelente oportunidad para que este programa adquiera su verdadero sentido de ser, pues tras casi siete años de existencia permanente, han sido bochornosamente pocas, las emisiones que sus realizadores han destinado al debate profundo de los asuntos esenciales de la nación. ¿Debate dije?"

Para concluir, se dirigió al ex-ministro y director de la Oficina del Programa Martiano.

"Doctor Armando Hart, como usted sabe, la discusión de los problemas que afectan a nuestra isla no le pertenecen en exclusiva al campo intelectual, ni a una élite, partido o casta social. Son de todos y sólo podrán resolverse con la participación responsable de TODOS LOS CUBANOS. ¡A ver si de una vez dejamos atrás ese sentimiento excluyente y sectario donde unos tienen todas las atribuciones y otros ninguna, alguien piensa y los otros ejecutan!"

16

La participación de gente del exilio en el debate levantó controversia. Levantó controversia el aviso de que algunos participantes se reunían en secreto con las autoridades. Y ahora volvía a discutirse acerca de exclusiones, a propósito de la conferencia dictada por Ambrosio Fornet. Porque mucha gente quedó fuera de Casa de las Américas el martes 30 de enero de 2007.

Isbel Díaz Torres, escritor y miembro de la Asociación Hermanos Saíz, fue uno de ellos.

"Sí, al parecer los temas que se debatieron ayer en Casa de las Américas no eran de interés para el futuro de la cultura y el pensamiento cubanos. Al parecer se trataba de reivindicar (con todo derecho) a algunas de las víctimas de un período más que gris, invisible. Para muchos como yo, el conocimiento de esta región de nuestra historia cultural se limita a comentarios de algún que otro parametrado y lecturas entre líneas en ensayos y espacios como los de las revistas *Temas* o *Criterios*. Sin embargo, los más jóvenes artistas, investigadores, intelectuales de manera general que quisimos asistir, tuvimos que contentarnos con las barreras de hierro que nos regalaba nuestra amada Casa."

Yoani Sánchez estuvo también entre los que quedaron fuera. Esperó durante más de cinco horas para entrar.

"Una muralla de custodios, burócratas y personal de la propia Casa nos lo impidió. Los argumentos, más de lo mismo: 'sólo por invitación'; 'la sala está llena'; 'problemas arquitectónicos que no permiten demasiado público' (argumento este que se desarticuló cuando comenzaron a marcharse algunas personas invitadas, pero en su lugar no se dejó entrar a otras)."

Junto al grupo detenido ante la puerta desfilaron los que contaban con invitación.

"La mayoría parecía no querer percatarse del cerrado filtro que funcionaba en la entrada, que los asimilaba a ellos y nos excluía a nosotros. Otros se mostraron solidarios y se cuestionaron el por qué de tanta exclusividad, fueron los menos, pero su apoyo fue suficiente. Incluso hubo algunos que con la invitación en la mano, prefirieron no entrar, al ver tanta 'cerrazón'."

Arturo Arango, participante en la conferencia, lo recordaría luego.

"Entré a la Casa atravesando una complicada madeja de periodistas, personas que carecían de invitación, policías, funcionarios que miraron al menos dos veces la tarjeta que yo llevaba en mis manos. Horas más tarde, ya en medio del debate, una amiga me preguntó si nadie iba a hablar de los jóvenes que no habían podido entrar. [...] En algún momento pensé en mí mismo veinte, veinticinco años atrás. Traté de descubrir en la sala los rostros de los que serían los jóvenes escritores de hoy. Sólo reconocí a dos. Cuando hablé, las dos cuartillas previamente escritas quedaron sólo en un punto, al que añadí mi convicción de que la ausencia de jóvenes, de la que yo mismo me sentía responsable, pues había participado en algunas conversaciones para pensar el diseño de aquel encuentro, era un error estratégico."

Los más jóvenes entre los excluidos llegaron a discutir con el personal apostado en la puerta, pidieron explicaciones.

Según Yoani Sánchez, corearon un grito rimado.

"¡Desiderio, Desiderio, oye mi criterio!"

Recogieron firmas en protesta. Aguantaron, pese al viento invernal de una esquina especialmente ventosa. Tuvieron la esperanza de que los dejarían pasar una vez comenzada la conferencia.

Desmentida esa esperanza, anocheció. Muchos permanecieron allí para escuchar las versiones de los pocos que, al salir, accedían a calmar la curiosidad general. Pero, sobre todo, "para que vieran que nos habíamos quedado, a pesar del frío, la exclusividad y la presencia policial".

De lo acontecido puertas adentro, Yoani Sánchez tuvo algunas filtraciones, noticias que no encajaban con lo que se esperaba de aquella ocasión.

"Está claro que no todos podían hablar aquella noche", admitió, "pero tengo la impresión de que la larga alocución del Ministro de Cultura asfixió el tiempo de otras muy interesantes intervenciones. El espacio para escuchar las 'palabras de los intelectuales' se redujo".

Abel Prieto recurrió, una vez más, a las amenazas del imperialismo estadounidense, a las cautelas necesarias pues no era momento todavía para hablar en público de ciertos temas.

Orlando Hernández salió decepcionado de allí.

"Terminó siendo, para mi desilusión, una 'reunión' medio informal (y hasta chistosa) con el Ministro de Cultura la cual fue enmascarada de 'conferencia' sobre el 'quinquenio gris'. Lo 'académico' (y luego lo burocrático) hizo gárgaras y luego se tragó de un buche toda aquella efervescencia que ya iba tomando tímidamente un carácter popular y por lo tanto 'peligroso'. [...] Sobre las intervenciones de esa noche no se ha publicado nada excepto el texto de Fornet, el cual Desiderio envió también por correo electrónico a los que se lo solicitaron. Sobre lo que se dijo allí esa noche no creo que se publique nada, a no ser que hayan grabado dichas intervenciones y decidan hacerlas públicas de aquí a 30 años."

Él se marchó apenas el ministro terminó su intervención.

"El tono conclusivo de sus palabras ('no es el momento', 'estamos rotando en la cola después de Irak', 'no hay que quebrar nuestras instituciones', etc, así como su meticulosa defensa de la timorata declaración de la UNEAC, etc) fueron suficientes para mí."

Ahí estaban, en el recuento de Orlando Hernández del discurso del ministro, varias de las coartadas de comisarios políticos recopiladas por Desiderio Navarro en su ensayo "In medias res publica". Abel Prieto repetía el sempiterno guión, auspiciado ahora por el propio Navarro. Lo hacía con sus acostumbrados toques humorísticos, capaces de metamorfosear cualquier urgencia en episodio de teatro bufo. No había más que atender al modo en que explicaba la amenaza de invasión estadounidense a Cuba como si se tratara de un problema de cola.

"¿Qué van a sacar aquí?", preguntaba una criaturita en una de las caricaturas que Lázaro Saavedra hizo circular entonces por la intranet.

La criatura consideraba una cola a la gente amontonada, tomaba el sitio por un establecimiento comercial. Rejas y policías cerraban el paso a un edificio sobre cuya entrada aparecían dos carteles.

"Conferencia 'El Quinquenio Gris'", se leía en uno.

"No pase si no es calvo o no tiene el pelo gris", decía el otro.

Después del discurso del ministro, sólo quedó por hacer arqueología, y contaban para eso con Ambrosio Fornet. Aunque se levantaron algunos rescoldos de discusión todavía. Enrique Colina tuvo un intercambio con el ministro "bastante fuerte e interesante", según le comentaron a Orlando Hernández. Zenaida Romeu sostuvo una acalorada discusión.

Pese a haberse perdido lo que pasaba adentro, Yoani Sánchez consideró que habían vivido un episodio decisivo. En los alrededores de Casa de las Américas pudieron asistir a otro debate. Quizás no comparable en nivel académico al que ocurría adentro, pero mucho más liberador. Porque logró articular en todos la idea de que hacían falta muchos debates, y de que no seguirían esperando a que los invitaran a participar, sino que ellos conformarían los debates pendientes.

Tres meses después ella inició su blog *Generación Y*.

"Alguien entre los excluidos dijo que quizás era mejor estar allá abajo que allá arriba, quizás estábamos haciendo la parte de la historia que nos correspondía; quizás, digo yo ahora, estábamos demostrando que aquello no se trataba exclusivamente del pasado, sino también de nuestro conflictivo presente", recordó Isbel Díaz Torres.

Sigfredo Ariel había sido invitado y, al regresar a casa, encontró en su buzón varios mensajes de jóvenes que no consiguieron entrar.

"Nos guste o no", escribió en un mensaje, "los invitados que subimos el pasado martes las escaleras de la sala Che Guevara ante los ojos de cientos de jóvenes que intentaron de balde entrar a la Casa tomamos parte de una especie de conciliábulo que para nuestro provecho (o quien sabe qué privilegio de escuchar y decir nos atribuyen) los excluyó".

Las explicaciones recibidas por esos jóvenes al negárseles la entrada los dejaron tan insatisfechos como lo habrían dejado a él veinte años antes.

"Estos jóvenes quieren combatir a sus pavones, que son también, quién lo duda, nuestros. Tal vez pensaron que había llegado el momento para denunciar, pedir explicaciones, o al menos de enterarse de asuntos de un pasado que no se enseña ni se menciona en clases u hogares (otra vez el secretismo)."

Habían confiado en que la presión colectiva les abriría en algún momento de la sesión las puertas.

"A medianoche muchos estaban ahí, todavía. Sentí vergüenza, y no fui el único. Si hubiera sido un concierto, lo decente hubiera sido a esa hora comenzar de nuevo la función."

Casi un mes después, el 23 de febrero, fue ofrecido a los jóvenes la repetición de aquel concierto en el Instituto Superior de Arte. Asistieron a él escritores, artistas, investigadores, estudiantes universitarios, miembros de la Asociación Hermanos Saíz. Y acompañó al ministro el director del Instituto Cubano del Libro, Iroel Sánchez.

El tono justificativo de ambos resultó desalentador, según testimonio de Isbel Díaz Torres.

"Los jóvenes tenemos prisa, es cierto", se excusó. "Será que muchas cosas que pedimos debimos tenerla desde ayer, y no esperar a que quizás mañana nos la den".

No podían esperar a que les diseñaran espacios para la libre expresión y la crítica, ellos tenían el poder de generar esos espacios y multiplicarlos.

"El momento es ahora. Herramientas como la web y el correo electrónico están a nuestro favor, es imposible el silencio."

Citó en su mensaje un poema de Heberto Padilla y afirmó "que la Revolución arde en ricas contradicciones, lo que la hará más fuerte y resistente si logramos aprovecharlas".

En un estudio sobre intelectuales, esfera pública y poder entre los años 2007 y 2010, Armando Chaguaceda resumió esta repetición de la conferencia.

"Ya desde su planteamiento en el segundo encuentro del Taller 'La política cultural de la Revolución' (dedicado a los jóvenes), la idea autocomplaciente de un avance real en el diálogo era creíble sólo para un sector muy reducido de la intelectualidad presente en aquella sala del ISA. La respuesta de los jóvenes a algunas de las palabras del destacado intelectual Ambrosio Fornet no podía ser otra que la risa."

Chaguaceda transcribió en su estudio un fragmento de la intervención de Fornet.

"'Tengo la impresión de que se ha avanzado bastante. La gente ha dicho, efectivamente, que nos queda mucho por discutir. Cierto que nos queda por discutir, pero están (como se decía en otra época, y decían nuestros profesores de marxismo) creadas las condiciones para que se pueda producir un avance real'."

En este punto llegaron desde el público lo que la transcripción clasificaba como risas ligeras.

Ambrosio Fornet insistió.

"'No, de verdad, no sé por qué se ríen'."

Se produjeron entonces lo que la transcripción clasificaba como grandes risas.

17

"Parecía que la pesadilla era cosa de un remoto pasado", empezó Ambrosio Fornet su conferencia en Casa de las Américas, "pero lo cierto es que cuando despertamos el dinosaurio todavía estaba allí".

Quien fuera descrito en varios mensajes electrónicos como un fantasma, como un muerto insepulto o como un vampiro, resultaba aquí un animal prehistórico. Aunque después del sobresalto monterrosiano, después del peligro de estar frente a una bestia inmensa, latía el aquietamiento. Se trataba de un rezago de otra era, de una bestia de muy cuestionable adaptación al presente, incapaz de reproducirse.

Ambrosio Fornet pronunciaba la conferencia, no tanto para historiar una época, como para justificar el término acuñado por él con que solía explicar esa época. Quedaba avisado desde el título: antes que de la cosa, hablaría del nombre de la cosa. Y, aún cuando esa denominación resultara impropia o inexacta, constituía el mayor aporte de Fornet a la crítica literaria cubana.

Lo mismo que ciertos ingenios de quienes se espera un invento decisivo y terminan conformándose con los réditos por alguna pequeña patente, la suya era haber inventado la denominación "Quinquenio Gris".

Se refería a los tres espacios televisivos que desencadenaran las protestas para declararlos ya incognoscibles.

"No hemos sabido –y tal vez nunca sabremos– si el disparate mediático respondía a una insidiosa operación de rescate, a una caprichosa expresión de amiguismo o a una simple muestra de irresponsabilidad."

Su curiosidad tropezaba con un episodio, la gente implicada en él quedaba al alcance de su investigación, y ya lo alzaba como un jeroglífico. Ofrecía algunas hipótesis, pero no como preguntas en pie, incontestadas. Se conformaba de antemano con no alcanzar las causas de lo sucedido.

"No importa", afirmó.

Lo primordial era la reacción obtenida, el rechazo que habían encontrado esos episodios. El homenaje en televisión a los ex-comisarios políticos había demostrado ser un acto suicida.

"Lanzaba un reto sin tener la menor idea del nivel de coherencia que había alcanzado el adversario, ni de la solidez de una política cultural que se ha afianzado como un fenómeno irreversible a través de una práctica que dura ya tres décadas."

Ambrosio Fornet obedecía a pie juntillas a la "Declaración del Secretariado de la Unión Nacional de Escritores y Artistas". Juraba por una política cultural irreversible.

En los últimos años se habían sucedido, dijo, las denuncias de viejos atropellos en entrevistas, artículos y discursos de aceptación de premios. El análisis de lo ocurrido era postergado, sin embargo, para no poner en peligro la unidad nacional.

"Junto con la validez histórica de nuestro proyecto de nación, la unidad es lo único, en efecto, que garantiza nuestra superioridad sobre enemigos y adversarios. Pero así como no debemos olvidar que en una plaza permanentemente sitiada, como lo es nuestro país, insistir sobre discrepancias y desacuerdos equivale a 'darle armas al enemigo'..., tampoco conviene olvidar que los pactos de silencio suelen ser sumamente riesgosos, porque crean un clima de inmovilidad, un simulacro de unanimidad que nos impide medir la magnitud real de los peligros y la integridad de nuestras filas, en las que a menudo se cuelan locuaces protagonistas."

Unidad nacionalista, plaza sitiada, enemigos, infiltrados: ya estaban reunidos aquí todos los ingredientes de la Guerra Fría. Con esos ingredientes habían realizado sus operaciones los tan odiados comisarios políticos. Era el mismo clima histérico, sólo que Fornet abogaba por un poco de crítica dentro de él. Las trincheras, como él mismo tuvo que reconocer, no constituían el mejor lugar para ejercitar la democracia. Aunque había que mantenerse firmes en ellas.

Para discutir el término "Quinquenio Gris" se vio obligado a hacer antes un poco de historia, a trazar un panorama desde los años prerrevolucionarios. Como era de rigor, se detuvo en la reunión de Fidel Castro con intelectuales, en "el discurso de Fidel que por fortuna ha servido desde entonces –salvo durante el dramático interregno del pavonato– como principio rector de nuestra política cultural".

Todo el mal les había venido por desatender la fórmula totémica. Los comisarios políticos de principio de los setenta operaban en un tiempo en que Fidel Castro parecía tan alejado de los asuntos públicos como ahora, a partir de su enfermedad.

Aquellos comisarios medraban durante los olvidos de Dios.

"Si tuviera que resumir en dos palabras lo ocurrido, diría que en el 71 se quebró, en detrimento nuestro", Fornet se refería a artistas y escritores, "el relativo equilibrio que nos había favorecido hasta entonces y, con él, el consenso en que se había basado la política cultural".

A inicios de los setenta del siglo pasado quedaba rota la política cultural que habría de retomarse en la segunda mitad de esa década.

"Era una clara situación de antes y después: a una etapa en la que todo se consultaba y discutía –aunque no siempre se llegaba a acuerdos entre las partes–, siguió la de los úkases: una política cultural imponiéndose por decreto y otra complementaria, de exclusiones y marginaciones, convirtiendo el campo intelectual en un páramo (por lo menos para los portadores del virus del diversionismo ideológico y para los jóvenes proclives a la extravagancia, es decir, aficionados a las melenas, los Beatles y los pantalones ajustados, así como a los Evangelios y los escapularios)."

En el panorama de los años sesenta descrito por él no faltaron algunos hechos ominosos: censura del cortometraje *PM*, cierre de *Lunes de Revolución*, creación de las Unidades Militares de Ayuda a la Producción (UMAP), rechazo institucional de dos libros premiados en concursos como *Fuera del juego* y *Los siete contra Tebas*. Amén del apoyo del gobierno cubano a la invasión soviética de Checoslovaquia y la Ofensiva Revolucionaria.

Para cada uno de estos hechos dispuso Ambrosio Fornet coartadas. Tres años antes, en un evento celebrado en el Museo Nacional de Bellas Artes, había sostenido que, aún cuando la prohibición de *PM* constituyera un error, al instituto oficial de cine no le faltó razón, vista su contribución al desarrollo de un nuevo cine cubano y latinoamericano.

"La de *PM* resultó ser una polémica histórica porque dio origen a 'Palabras de los intelectuales'", apuntó en Casa de las Américas.

Asimismo, el cierre de *Lunes de Revolución* había conducido a la creación de *La Gaceta de Cuba*, que todavía se publicaba. Censurar una película y cerrar un suplemento literario resultaba, a la larga, provechoso y fecundo. Porque la censura de *PM* trajo un discurso todavía oracular, y el cierre de un suplemento acarreó una revista longeva. Él no se detendría a comparar calidades, le bastaba con que *Lunes de Revolución* hubiera desaparecido y *La Gaceta de Cuba* se mantuviera en pie. Su sensibilidad era, antes que de escritor, de político. Valoraba, por sobre todo, el triunfo en los comicios.

Lo sucedido en torno a un poemario de Heberto Padilla sirvió para que se demorara en un retrato psicologista del poeta. Mencionó la carta abierta firmada por intelectuales extranjeros y la reacción de Fidel Castro.

"En efecto, el 9 de abril del 71 había aparecido en un diario de París —*Le Monde*— una carta abierta que varios intelectuales europeos y latinoamericanos dirigían a Fidel para expresarle su alarma por el arresto, el que veían como un posible rebrote del sectarismo en la Isla. Fue como meterse en la jaula del león sin tomar las debidas precauciones."

No ocultaba su deslumbramiento: Fidel Castro era un león.

Era el león con el que no se jugaba.

Los firmantes de la carta parisina tuvieron que soportar las invectivas del líder cubano. Fornet citó en su conferencia algunas de ellas y emitió una opinión.

"Vista desde la óptica actual, la reacción puede parecernos desmesurada, aunque consecuente con toda una política de afirmación de la identidad y la soberanía nacionales."

La intervención soviética en Checoslovaquia había sido aprobada por el gobierno revolucionario "con mucha reticencia".

La Ofensiva Revolucionaria resultó ser "un proceso tal vez prematuro, tal vez incluso innecesario de expropiación de los pequeños comercios y negocios privados".

Pero en ninguno de esos fenómenos se detuvo tanto Ambrosio Fornet como en la política oficial hacia la homosexualidad.

Para empezar, dejó claro que las Unidades Militares de Ayuda a la Producción "duraron tres años y dejaron unas cuantas cicatrices".

Unas cuantas cicatrices: buena manera de cuantificar daños humanos.

"La desafortunada iniciativa de la UMAP, la idea de que tanto los jóvenes homosexuales como los religiosos –sobre todo los Testigos de Jehová, que rechazaban por convicción el uso de las armas– hicieran su servicio militar en unidades de trabajo, no en unidades de combate, se emparentaba a todas luces con la visión machista de aquellos padres burgueses que mandaban a sus hijos más díscolos o timoratos a escuelas militares para que 'se hicieran hombres'."

Fornet conferenciaba acerca de la justeza de un término suyo, y no daba con mejor rótulo para explicar la creación de un sistema de campos de concentración que "desafortunada iniciativa". Explicada por él, tan desafortunada iniciativa quedaba emparentada con el machismo de la sociedad burguesa. Llegó a sostener que "esa actitud no tenía que ver con la Revolución, que nos llegaba de antaño, por la doble vía de la moral judeo-cristiana y la ignorancia". El clima emocional de plaza sitiada, con su constante exaltación de la virilidad, "así como la obsesión por enderezar tantas cosas torcidas de la vieja sociedad, nos llevaron a querer enderezar o restaurar también a los homosexuales, quienes no en balde eran descritos desde siempre con eufemismos como invertidos o partidos".

Fue un milagro que, a propósito de la plaza sitiada, no achacara al bloqueo o embargo estadounidense los niveles de represión que estudiaba. Evidentemente, no le interesaba cuestionarse qué particularidad del régimen revolucionario había impuesto campos de concentración a homosexuales y otros marginados. Evitó responder por qué esos prejuicios heredados de la sociedad prerrevolucionaria no se habían manifestado antes de aquel modo. En cualquier caso, negó que pudiera tratarse de un asunto de ingeniería genética del socialismo.

"Rechazo totalmente la idea, porque me parece cínica e inexacta, de que ese ingenuo o estúpido voluntarismo tuviera algo que ver con la aspiración a forjar un 'hombre nuevo'."

Otra vez con blandos adjetivos: el voluntarismo que fundara un sistema de campos de concentración era ingenuo o estúpido, nunca criminal.

Ocupado en el caso de la UMAP, dio un salto a la década siguiente.

"Ahora bien, estoy convencido de que el grado enfermizo que alcanzó la homofobia, como política institucional, durante el Quinquenio Gris, es un tema que atañe no tanto a los sociólogos como a los psicoanalistas y los sacerdotes, es decir, a aquellos profesionales capaces de asomarse sin temor a 'los oscuros abismos del alma humana'. Tampoco estaría de más reflexionar sobre los métodos represivos o 'disciplinarios' inventados por la burguesía y tan bien estudiados por Foucault en algún capítulo de *Vigilar y castigar*."

Una interesada cronología le hacía fechar la institucionalización de la homofobia, o quizás su grado más alto, en los años setenta, cuando ya habían desaparecido los campos de concentración de la UMAP. Le resultaba más opresiva la homofobia practicada desde instituciones culturales que la practicada desde la década anterior por las fuerzas armadas y la militarización general impuesta en el país. Fue capaz de afirmar que hasta el año 1971 había existido un equilibrio relativo y un consenso con escritores y artistas. Equilibrio y consenso que, de creerle, tendrían que pasar por alto la existencia de campos de concentración en funcionamiento entre los años 1965 y 1968.

Después de haber remitido el problema a edades anteriores, Fornet recomendaba su estudio a especialistas de otras disciplinas. Precisamente dos de las más fustigadas a lo largo de las décadas revolucionarias: el psicoanálisis y las religiones. La investigación no podía hacerse más difícil: para estudiar la homofobia del régimen revolucionario, aunque no propia del régimen, habría que dar antes con especialistas inencontrables o marginados. Y nada tenían que opinar al respecto los sociólogos pues no se trataba de práctica de una sociedad, sino de homófobos sueltos, desgranables en confesionarios y divanes. Sin embargo, la cuestión era completamente distinta cuando ocurría en las sociedades burguesas, y para ese caso el conferencista recomendaba una atenta lectura sociológica, e incluso arriesgaba alguna recomendación bibliográfica.

Cabía una sola tangencialidad entre homofobia y comunismo: la represión institucionalizada en Cuba durante los años setenta se basó en manuales positivistas del siglo XIX que entendían la homosexualidad como enfermedad contagiosa y en "algún precepto de la Revolución Cultural china".

No dejó de citar Fornet el Primer Congreso Nacional de Educación y Cultura, sus acuerdos homofóbicos. Pero, en uno de sus rejuegos característicos, lo hizo pasar como consecuencia del mandato posterior de Pavón. Así, refiriéndose a las parametraciones practicadas en los años 1971 y 1972, maquinó: "Se había llegado a la conclusión de que la simple influencia del maestro o del actor sobre el alumno o el espectador adolescente podía resultar riesgosa, lo que explica que en una comisión del Congreso de Educación y Cultura, al abordar el tema de la influencia del medio social sobre la educación, se dictaminara que no era 'permisible que por medio de la calidad artística reconocidos homosexuales ganen un prestigio que influye en la formación de nuestra juventud'".

La represión desatada en los años 1971 y 1972 originaba, en causalidad invertida, los acuerdos oficiales que dieran pie a ella. Las atrocidades cometidas por Luis Pavón como presidente del Consejo Nacional de Cultura provocaban las directrices del Primer Congreso Nacional de Educación y Cultura, celebrado antes y de donde Pavón saldría nombrado presidente.

"¿Es posible comer el lechón hoy y matarlo mañana?", preguntaba un solista al comienzo de *Lechón y bachata*.

A lo que Chapottín y Sus Estrellas respondían como un buró de expertos.

"Es posible."

Desiderio Navarro culpaba a Luis Pavón de las órdenes que le dieron sus jefes. Ahora Fornet acusaba a Luis Pavón de influir sobre el pasado.

Tal como prometiera desde el inicio, concluyó su conferencia con unas consideraciones terminológicas. Movido por la necesidad de éstas había establecido un panorama, algunas precisiones. Y, sorteados ya los mayores peligros, podía explayarse en autocomplacencia.

"No tengo reparos en pedirle disculpas a tantos compañeros que, habiendo sufrido en carne propia los abusos del pavonato –el más cruel de los cuales fue sin duda su muerte civil como profesionales, a veces por períodos prolongados– consideran que el término Quinquenio Gris no es sólo eufemístico sino incluso ofensivo, porque minimiza la dimensión de los agravios y por tanto atenúa la responsabilidad de los culpables."

Pidió disculpas, ofreció detalles acerca de cuáles habían sido sus intenciones al acuñar el término. Cerró su conferencia sin suponer constitutivo del sistema político cubano cuanto ocurriera cuatro décadas antes. Y se habría opuesto a cualquier intento de relacionar aquella época con la actual.

La conferencia, así como el resto del ciclo, pretendía ahondar la discusión sostenida por tantos en mensajes electrónicos. Pretendía, quizás, encauzar la discusión. O sofocarla. Fuese cuál fuese la intención con la que se organizara, contribuyó a diluir la movilización general. Con la excusa del afán teórico y el deseo de poner las cosas en claro, resultó ser una asamblea oficial presidida por el ministro de Cultura. Y no pudieron contar con mejor conferencista, dada su fama de mitigador.

La reflexión acerca de un régimen de casi medio siglo logró reducirse a reflexión sobre un puñado de comisarios políticos destituidos y unos cuantos años, quinquenio o década a lo sumo. Al volver sobre una denominación creada por él, Ambrosio Fornet logró convertir un candente debate político en cominería filológica.

El organizador del ciclo de conferencias, Desiderio Navarro, autor de una notable defensa de la participación política del intelectual, escuchó en la voz del ministro Abel Prieto el catálogo de disuasiones oficiales compilado por él en "In medias res publica". Y le tocó asistir también al recorte de intenciones que el conferencista invitado procuró propinarle al ciclo.

"La política cultural del período revolucionario: memoria y reflexión", rezaban las invitaciones cursadas. Sin embargo, Fornet intentó exorcizar tanto peligro cuando mencionó la decisión del Ministerio de Cultura de apoyar la iniciativa del Centro Teórico-Cultural Criterios de "ir llenando el vacío de información y de análisis que hasta ahora ha prevalecido sobre el tema de la política cultural –digo, anticultural– de la primera mitad de los años setenta".

No era todo el período revolucionario, sino apenas la primera mitad de una década.

Tenía gracia que, al final de una protesta que no acababa de recibir suficiente explicación oficial, entre autoridades que nunca pedirían disculpas, Ambrosio Fornet fuese el único en portarse cortésmente, y pedir disculpas por una imprecisión terminológica. Lástima que a lo largo de toda su conferencia arrojara todavía mayores motivos de ofensa. Como el servil funcionario chejoviano, su afán de disculparse por un estornudo no conseguía más que empeorar las cosas.

18

Todo parecía resolverse, o dejar de resolverse, oblicuamente. A la petición de explicaciones hecha a los directivos de la televisión, respondía una declaración del Secretariado de la Unión Nacional de Escritores y Artistas. En lugar de convocar a una asamblea, el ministro de Cultura se aprovechaba de una confererencia teórica para dar su discurso...

Fernando Jacomino, en cambio, decidió portarse rectamente. Fue el único comisario político en activo que entró a la polémica, pues Alfredo Guevara o Félix Sautié Mederos no contaban ya. Vicepresidente del Instituto Cubano del Libro, recriminó en un mensaje la participación de Francis Sánchez en la discusión sostenida por tanta gente. Y difícilmente podrá hallarse una reclamación más transparente que la suya, un documento que evidencie mejor las reglas del pacto entre escritores y autoridades.

El vicepresidente Jacomino y el escritor Sánchez habían coincidido en una reunión celebrada un día antes de que se publicara la "Declaración del Secretariado de la Unión Nacional de Escritores y Artistas". Debió tratarse de la misma reunión a la que hiciera referencia otro escritor de Ciego de Ávila, Félix Sánchez. Los comisarios llegados desde La Habana, portadores de un borrador del documento que en pocas horas aparecería en *Granma*, procuraban la complicidad de los escritores de tierra adentro. Pasaron horas en diálogo, querían volverse a la capital con aquella provincia rendida. Y así lo creyeron al marcharse, para luego encontrarse con objeciones de algunos, entre ellos Francis Sánchez.

Apenas iniciado el intercambio, éste había cursado un mensaje donde explicaba que él había nacido el mismo año en que se celebró el Primer Congreso Nacional de Educación y Cultura.

"No sé si aún soy joven, no sé de qué forma el desencadenamiento de este 'susto' me pertenece, y si es principio, mitad o final de tragedia, novelón o comedia... ¡Sí me duele esta intelectualidad cubana de la que soy parte, lo que va quedando de nosotros! Es deprimente."

El verdadero tormento para él no estaba en las pantallas de televisión, sino en aquellos que se alarmaran ante sus televisores.

"Vuestro barullo es bastante habanero", los reconvino.

Cuanto contara de su propia experiencia "poco aportaría a esta tragicomedia cuyo tramado central es capitalino".

Y preguntó: "¿Pobre de mí que ni Pavón tengo?".

No sólo arremetió contra el metropolitanismo del gremio, sino contra su desvergüenza.

"Es patético este circuito cerrado que hemos aceptado como el nicho ecológico donde debemos vivir y desarrollarnos en lo literario y extraliterario, sin cámara de ecos posible, al margen de los tantos y tan cruciales dilemas de la vida, sin pertenencia a un cuerpo y una fluencia vital que rebase nuestra suerte, preocupados no más del ciclo de nuestra subsistencia cultural. Circuito que construimos a diario, donde transmitimos y retransmitimos una imagen de nosotros mismos tan ñoña, caricaturesca o reducida. ¿A correr y juntarnos porque salió Pavón en la televisión? ¿Salió caminando una cucaracha que creíamos muerta?"

Quiso saber si acaso Luis Pavón había creado el Primer Congreso Nacional de Educación y Cultura. Si acaso los documentos rectores aprobados en ese congreso habían sido aprobados sólo con el voto de Pavón. Si había llenado él las calles de todo el país con carteles que rezaban: "La calle es de los revolucionarios".

"¿Es tan difícil imaginar a quién pedirle cuentas en una sociedad tan centralizada y con tanta concentración de poderes? Pareciera que el largo proceso de evolución de los escritores desde 1959, con nuestro profundo complejo de supervivientes sociales, nos ha llevado a adaptarnos a lo que en algún momento fue una malformación: saber exactamente en cada momento y lugar cómo mirar para el 'otro' lado."

No demoró su respuesta y la de su esposa, la escritora Ileana Álvarez, ante la "Declaración del Secretariado de la Unión Nacional de Escritores y Artistas". Ambos opinaron que, lejos de aclarar los hechos, aquel documento los confundía, y ellos no podían sentirse identificados ni con su espíritu ni con su letra.

Ese desacuerdo hecho público obligó al vicepresidente Fernando Jacomino a recordarle la reunión celebrada en las vísperas de la publicación del documento. Habían hablado allí, resumió Jacomino, "de la necesidad de que ustedes contribuyeran en lo que fuera preciso para resolver el asunto entre revolucionarios".

Francis Sánchez y otros escritores avileños habían tenido la oportunidad de escuchar el texto en primicia y él no había manifestado entonces desacuerdo alguno.

"En aquel momento no te pareció deshonesto callar, luego sí", reprochó Jacomino.

Sánchez llevaba su deslealtad hasta pronunciarse fuera de la reunión previa, y desbordaba otros límites de la conveniencia. Como prueba, ahí estaba la lista de los destinatarios de sus mensajes.

"Veo además que has enviado el texto a una extensa lista de destinatarios entre los que se encuentra Ponte, enemigo confeso no ya de la política cultural de la Revolución, sino de la Revolución misma, integrante del Consejo de Redacción de la revista *Encuentro*, órgano que, como bien conoces, financian los yanquis."

Fernando Jacomino le recordó que ya en Ciego de Ávila habían hablado de esa revista y de ese sujeto.

Francis Sánchez se había quejado en uno de sus mensajes de la marginación que sufría en provincia, se quejaba de sus apuros económicos. Y, ante esto, no le quedó más remedio al vicepresidente del Instituto Cubano del Libro que recordarle con cuántos títulos publicados contaban él y su esposa. Jacomino acudió a los libros de cuentas de las editoriales cubanas para confeccionar una minuta.

"Y, ya que estamos hablando de cobros, aprovecho para recordarte que has cobrado, desde el 2000 hasta la fecha, por concepto de derecho de autor, la cifra de 53 786 pesos, contando lo que cobrarás por la publicación de Letras Cubanas y sin contar tu salario como editor ni lo que has cobrado en eventos y ferias de otras provincias [...] En esa misma etapa Ileana, tu compañera, que trabaja como editora de Ediciones Ávila, publicó 5 títulos: 4 en la editorial donde labora y 1 en Sed de Belleza, y ha ganado del 2000 a la fecha, por concepto de derechos de autor, la cifra de 38 394 pesos. Tampoco cuento aquí lo cobrado por ella en otras provincias."

Hizo circular estos datos económicos como si de cualquier otro mensaje se tratara. Para escarmiento público de Francis Sánchez, para que recordara a quiénes debía pleitesía y agradecimiento.

No se conformó con destinatarios del país, sino que apeló también al extranjero. Tal como Sánchez le hiciera notar, él se quejaba de la correspondencia extranjera de otros, pero mandaba copia de sus mensajes a gente de España, México, Puerto Rico y Argentina, incluidos entre ellos algunos editores.

Al parecer, no sólo se trataba de un escarmiento a autores descarriados, sino de un alarde de mecenazgo. El vicepresidente del Instituto Cubano del Libro se enorgullecía ante editores extranjeros de las sumas pagadas a dos de sus autores. Eran precios más que suficientes para que marido y mujer se callaran la boca y no anduvieran protestando un documento oficial.

La acostumbrada discreción con que solía llevarse el proceso de compra de intelectuales quedaba al descubierto en este intercambio de mensajes. Movido por la ira, Fernando Jacomino vino a demostrar cómo operaban los comisarios políticos de nuevo tipo. Él tenía su oficina en el mismo edificio desde donde Pavón dirigiera el Consejo Nacional de Cultura. En cuarenta años habían cambiado las maneras de quienes administraban la cultura, pero sus pretensiones seguían siendo las mismas. Igual que Pavón, Jacomino se apoyaba en el silenciamiento obtenido en reuniones a puertas cerradas, en el doblegamiento de escritores y artistas. El hecho de que los nuevos comisarios lo intentaran con dinero y oportunidades, no cambiaba demasiado las cosas.

El dinero estatal era el castigo. Otros corresponsales enumeraban las sanciones sufridas por ellos. Fernando Jacomino enlistó las sanciones a que habían sometido a Francis Sánchez e Ileana Álvarez.

"Para mí, el colmo de vergüenza 'ajena' es asistir al acto en que tú, funcionario público de alto nivel que debe custodiar los intereses de los escritores, haces públicas mis retribuciones financieras", le contestó el escritor. "Me las sacas en cara desde tu oficina y, de paso, a todos y cada uno de los escritores cubanos a quienes se las enseñas, dejándonos saber que todos y cada uno de nosotros debemos aprender a vivir con la certeza de que nos llevas las cuentas un centavo sobre otro centavo, un verso sobre otro verso, y que nos las puedes sacar en cara y en público cada vez que digamos algo que tú no compartas".

Francis Sánchez reconoció que el vicepresidente Jacomino legaba un importante documento a los estudiosos de las pifias en política cultural.

"Me propongo no dejarme amargar por tu presunción de que vivo en un país que tú o alguien me ha prestado. Asisto a eventos, publico libros, hago jurados, trabajo y luego cobro lo que me deben, camino por las calles, respiro y hablo y escribo porque... existo. Tú barajarás impunemente mis finanzas a la luz pública pero no administrarás jamás mi existencia ni los derechos naturales de que se compone mi vida. Mientras siga viviendo, repito, no me dejaré amargar por la posibilidad de que algún funcionario pueda echármelo en cara mañana como un tiempo que le debo."

Dadas las maneras en que se conducían los asuntos, era inútil esperar alguna petición de disculpas de Fernando Jacomino. No trascendió ningún descontento o alarma oficial por la filtración de datos de los libros de cuentas del sistema editorial.

Una caricatura de Lázaro Saavedra mostró a alguien que corría entusiasmado con los brazos abiertos hacia un grupo de gente reunida.

De su enorme boca abierta salía un globo en letra impresa.

"¡Caballero! ¿Es verdad que van a sacar en la Feria del Libro una revista buenísima que publica una lista de todos los escritores cubanos con todo lo que han cobrado desde el 2000 hasta la fecha por concepto de derecho de autor?"

Félix Sánchez, participante también en la reunión de Ciego de Ávila y remitente de una carta al Secretariado de la Unión Nacional de Escritores y Artistas a propósito de la declaración publicada, condenó en un mensaje el chantaje al que fuera sometido su colega Francis Sánchez. Resaltó el hecho de que fuese un directivo del Instituto Cubano del Libro, que no formaba parte de la Unión Nacional de Escritores y Artistas, quien condenara la opinión de unos miembros de esa organización acerca de un documento librado por ésta.

Se trataba de una más de las oblicuidades del caso.

"El gobierno tiene múltiples formas de ejercer el chantaje y la represión: otorga ayudas financieras a escritores y artistas que fluctúan entre 100 y 40 pesos convertibles al mes; se reparten cestas con pavo, quesos, latería variada y vino en fin de año y, también, por cumpleaños y otras fechas señaladas", avisó Octavio Miranda.

Denunció el mecanismo de permisos de entrada y salida del país, con que las autoridades jugaban. Y remitió una lista de medidas que consideraba pertinentes: eliminación de esos permisos migratorios, sustitución de las ayudas por salarios adecuados, libre acceso a internet y canales televisivos extranjeros, supresión de la censura en radio y televisión, votación libre en la Asamblea Nacional del Poder Popular sin tantas sospechosas unanimidades, extensión de la discusión sobre política cultural a la política educacional y sanitaria y otras...

Pidió que dejara de acusarse de trabajar para el enemigo, tal como hacía la "Declaración del Secretariado de la Unión Nacional de Escritores y Artistas", a quien expresara puntos de vista opuestos a los oficiales. Y aconsejó "que todo, absolutamente todo, pueda ser reversible; que las 'Palabras a los intelectuales' se lean como un documento histórico y no como un texto sagrado".

Ismael de Diego denunció los privilegios al alcance de los miembros de ciertas organizaciones.

"Cuántas cosas nos permite un carnet de la UNEAC o del MINCULT, del ICAIC o la UPEC, cuántos privilegios que se les niega al resto de los cubanos. El sistema institucional certifica o desacredita a placer, sin posibilidad de reclamo, lo que le conviene y perpetúa la postura de 'tú sí', 'tú no'."

Exhortó a quienes se indignaban por tantas injusticias pasadas a pronunciarse, no con palabras sino con actos, en contra de las actuales injusticias.

"Los invito a renunciar a sus estatus como artistas evaluados e intelectuales, escritores e investigadores asociados; los invito a entregar sus membresías y renunciar a todas esas instituciones excluyentes y selectivas que todavía hacen estragos en nuestra cultura, negando la espontaneidad y escogiendo lo más políticamente correcto como estandarte de nuestra identidad cultural."

Desprovistos de privilegios, sin membresía alguna que pudiera ampararlos, descubrirían entonces que los derechos que reclamaban no eran exclusivos de escritores y artistas, ni de los revolucionarios, sino de todo ser humano.

De viaje por Japón con un permiso de viaje gestionado por la Unión Nacional de Escritores y Artistas, Yasef Ananda envió su contribución al debate. Lo mismo que Octavio Miranda e Ismael de Diego, tampoco a Ananda le satisfacía la protesta tal como circulaba, y propuso pasar a la acción.

"Los más jóvenes, es decir, los que tenemos ahora alrededor de 30 años y trabajamos desde hace apenas una década en el 'sector de la cultura', hemos estado siempre seducidos a comprender, admirar y hasta seguir el ejemplo de la sabiduría 'histórica' de los artistas e intelectuales cubanos maduros, sabiduría que siempre ha estado constituida por el recogimiento, el estoicismo callado y la convicción de que no hay mal que dure cien años ni cuerpo que lo resista: los funcionarios mueren, pero el arte es inmortal."

Se permitía variar la consigna oficial que hablaba del Partido Comunista inmortal y de los hombres efímeros. Lo mismo que al ensayista mexicano Víctor Flores Olea en diálogo con Roberto Fernández Retamar, le preocupaba la poca participación de los intelectuales cubanos en la cuestión pública.

"Cuando evaluamos la influencia real de los intelectuales maduros dentro de la sociedad cubana (no la influencia dentro del gremio, cuyas revistas publican osadas opiniones críticas, que jamás mi abuela ni mis vecinos 'de a pie' han leído ni leerán, por tanto no pueden fundarse una actitud influida por esos textos ni desarrollar acciones consecuentes), la influencia podría calificarse de insuficiente o desaliñada."

La responsabilidad de tan corta influencia no podía achacarse sólo a instituciones y funcionarios, sino también a escritores y artistas que se resignaban a ella o se replegaban hacia algunas alternativas. Ananda apuntó a una élite del gremio que no había sido mencionada en todo el debate: la de los escritores y artistas diputados de la Asamblea Nacional del Poder Popular.

Deberían ser ellos los legítimos defensores de los intereses de artistas e intelectuales. Deberían ser ellos quienes defendieran las aspiraciones del gremio y se sirvieran de "los instrumentos jurídicos apropiados para asegurar el libre desenvolvimiento de los intelectuales en la sociedad real y evitar que los 'excesos de entusiasmo' de los años 70 se repitan".

Su estancia en Japón hizo que comparara a esos escritores y artistas diputados con la casa real japonesa.

"¿A ellos, a esa élite –incuestionable como la casa real japonesa– alguna vez se le ha cuestionado, públicamente y desde el gremio, su rol balbuciente en eventos difíciles como los fusilamientos más recientes, los encarcelamientos, la aprobación de las leyes mordazas, la calidad y orientación de la educación actual y la omisión de someter a revisión constitucional tantas barbaridades históricas y presentes, entre otros temas urgentes... o se ha optado por entender que ellos, es decir, nosotros en ellos representados, forman parte del *status quo* y por lo tanto, un artista-diputado deja de ser un artista o un intelectual cuando entra a la Asamblea Nacional para convertirse en una abstracción conceptual municipal o provincial que no arroja sombra y que resulta un pasatiempo democrático, como acceder a jugar el dominó cada domingo 'unos minutos' para hacer feliz a tus compañeritos de primaria?"

Su propuesta apelaba a una institución mucho más grande que la Unión Nacional de Escritores y Artistas o el Ministerio de Cultura. En la Asamblea Nacional del Poder Popular, con sus diputados pertenecientes al gremio, podría canalizarse la inconformidad general. Por esa vía podría alcanzarse blindaje suficiente como para dejar de temer el regreso de la represión sobre la cultura.

"Ellos –que nos representan ante la Asamblea Nacional– y nosotros –los artistas e intelectuales– somos los principales responsables de que personajes como Pavón regresen triunfales a la pequeña pantalla, después del acoso y la ignominia perpetrados. En nuestra desmemoria representativa que no toma cuerpo en acciones reales, que se satisface con una cuartilla pulcramente escrita o una botellita de ron para recordar viejos tiempos, afortunadamente superados (ya que al menos tenemos un parque que se llama John Lennon) reside nuestra debilidad para instrumentar –con todos los riesgos que conlleva la fundación de una actitud sostenida en el tiempo– un espacio de respeto dentro de la sociedad civil, donde el papel del intelectual no sea únicamente orientado hacia la misión del soldado que salvaguarda las conquistas de la Revolución. Debe y tiene que haber espacio para más."

Al final de su mensaje, Ananda añadió varias propuestas de acción política.

Como protesta por la aparición de los ex-comisarios políticos en la televisión, los intelectuales deberían abstenerse de participar en programas televisivos y radiales hasta tanto los directivos del instituto de radio y televisión no ofrecieran disculpas formales a través de los noticieros.

Debía exigírsele a los escritores y artistas diputados una revisión de las irregularidades constitucionales y arbitrariedades jurídicas que impedían el ejercicio democrático y pleno de las actividades del gremio.

Los intelectuales deberían establecer un Comité para la Memoria Histórica dedicado a diversificar la historia oficial del Quinquenio Gris, cuyos materiales publicados fueran y accesibles al público.

Los artistas e intelectuales afectados por la censura y represión de los años setenta deberían presentar una acusación formal ante la justicia, solicitando la apertura de una causa contra Luis Pavón y otros ex-comisarios políticos.

Concluyó con una posdata en tono humorístico.

"Y personalmente y en buen cubano, propongo cagarnos en la madre de todos los pavones y pavoncitos."

Yasef Ananda se despedía, seria o irónicamente, al modo usual en la correspondencia oficial.

"Revolucionariamente..."

19

Otra de las caricaturas que por entonces hizo circular Lázaro Saavedra a través del correo electrónico constaba de tres cuadros.

En el primero, dormía un matrimonio. Ella plácidamente, él con frases sueltas y sudoroso, agónicamente.

En el segundo cuadro, el hombre despertaba de la pesadilla con un gran alarido y los ojos saliéndosele de las órbitas. Su grito sacaba a su mujer del sueño.

"¿Qué pasó, mi amor?", lo tranquilizaba.

A él le corría sudor por toda la cara.

"Acabo de tener tremenda pesadilla... Soñé que casi todo el mundo tenía internet."

Junto a la cama aparecía una mesa de trabajo, un monitor, un teclado. En la pantalla del monitor podía leerse: "www".

La pesadilla del comisario político estaba lejos de cumplirse mientras artistas y escritores se cruzaban mensajes electrónicos. En la vigilia cubana casi nadie tenía internet. Sólo muy pocos de los que intervenían en la polémica gozaban de ese acceso, la mayoría tenía que conformarse con una intranet que resultaba ya un privilegio. No alcanzaban a navegar, pero nadaban. Tenían a su alcance algunas publicaciones y sitios digitales: los diarios publicados en Cuba, *La Jiribilla*, el diario mexicano *La Jornada*...

Los proveedores de esos servicios eran las instituciones, aunque la simple pertenencia a ellas no conllevaba esa prebenda, y podía formarse parte de una institución sin llegar a contar con intranet. Existía, para gozar de correo electrónico, una lista de espera que las autoridades revisaban minuciosamente. Fernando Jacomino, vicepresidente del Instituto Cubano del Libro, habría podido sacarle en cara a Francis Sánchez, además de todos los pagos por derecho de autor, el privilegio tremendo de una conexión a intranet. Él y su esposa y tantos otros protestaban porque el Ministerio de Cultura o la Unión Nacional de Escritores y Artistas o el Instituto Cubano del Libro o el Instituto Cubano de Artes e Industrias Cinematográficas les había otorgado órgano del habla.

Algunos mensajes de primera hora evidenciaban la embriaguez de utilizar un nuevo medio.

"Es curioso ver cómo las nuevas tecnologías ayudan a polarizar un sentimiento común. [...] Hay que seguir gritando", escribió Abelardo Mena.

"No importa que se bloqueen los servidores", alentó Ricardo Reimena, "como pretenden los delincuentes de la globalización digital cuando solicitan a los ingenuos reenvíos de oraciones o de tontas historietas sobre la suerte. Ahora sucedería por la grave culpa del peor delincuente de la Cultura y el Arte".

Se refería a Luis Pavón. Reimena llamaba a establecer cadenas de mensajes, a poner en circulación tantos comunicados como fueran necesarios, sin preocuparse de los servidores. Habían pasado de la indignación al descubrimiento de unas potencialidades de comunicación insospechadas. Y, cuando fueron anunciadas unas conferencias sobre el tema, algunos sintieron que esas conferencias venían a interrumpir el goce del intercambio. No dudaron en destacar la poca ventaja que sacarían de abandonar la correspondencia electrónica.

Francis Sánchez reprendió a Desiderio Navarro a propósito de las conferencias convocadas por el Centro Teórico-Cultural Criterios.

"A Desiderio le preguntaría, si cree que no es dañino el debate académico, ¿entonces cree que era dañino lo que estaba pasando en este intercambio por correos?. ¿Y la solución estaba en pasar a esperar conferencias? ¿Por qué enseguida se callaron, luego que a muchos como a mí los habían embarcado en tan sensible polémica, pasaron a 'esperar'? Cosas tan o más fuertes que las que se han dicho en estos mensajes, ya han sido publicadas, incluso en Cuba, incluso por él mismo en *La Gaceta*, ¿y qué ha pasado?. ¿En la revista *Temas* qué tremendas verdades no se han publicado, joyas que van a parar a cofres y pozos?"

Lo esencial sobre los años que la conferencia estudiaría resultaba bien conocido ya, afirmó Sánchez. Si no se habían enterado de ello determinados políticos y funcionarios era porque no querían conocer el futuro que deseaba la gente, porque no aceptaban aprender del futuro.

"¿El problema básico no está en que la sociedad en sí misma no es ese foro donde todos hablemos con todos? La premisa esencial creo que es construir una sociedad que sea en sí misma el ágora [...] De pronto en este intercambio de mensajes lo mejor que veía era eso, el funcionamiento efectivo de un pequeño modelo de espacio de discusión abierta."

Más que lo que se hubiesen dicho en los mensajes, cuestiones publicadas ya en revistas sin demasiadas consecuencias, lo primordial era el procedimiento encontrado por todos. Francis Sánchez parecía advertir que aquello que de veras tendrían que investigar era el nuevo vehículo que los relacionaba. De una investigación así podrían obtener aún más que de los temas en cuestión. Se trataba de tantear aquella libertad imprevista.

Curiosamente, entre todos los mensajes circulados, uno de Francis Sánchez era el único en aludir a la dificultad de las conexiones.

En todo el día el servidor no le había permitido hacer ni un solo envío, aunque entraban a su buzón los mensajes que le dirigían.

Un volumen que compila la conferencia de Ambrosio Fornet y el resto de las conferencias de la primera parte del ciclo *La política cultural del período revolucionario: memoria y reflexión*, reconoce varias etapas en la discusión pública. Una nota al pie en una conferencia de Arturo Arango se refiere al intercambio de mensajes electrónicos como "la primera forma de protesta". Y en las palabras introductorias del volumen se alude a las conferencias como "un segundo momento de esa reacción colectiva sin precedentes".

Cabe la pregunta de si esta división en dos formas o momentos obedeció a una comprobación posterior, o si fueron planificadas. Desiderio Navarro negó varias veces la segunda posibilidad. De cualquier modo, el traspaso de una modalidad a otra resultó bastante infecundo. Armando Chaguaceda testimonió "cómo, poco a poco, conferencia tras conferencia, el público fue menguando de un furor díficil de contener en las puertas de Casa de las Américas, hasta una ausencia magra y desmotivada en los últimos encuentros en la sede del Centro Teórico-Cultural Criterios".

Según él, gran parte de las ideas puestas a circular en los mensajes electrónicos no fueron tenidas en cuenta en las conferencias.

"La trascendencia que podría esperarse de aquellos correos llenos de información valiosa, no recogida en texto alguno, fue poco menos que nula. Si bien algunos se caracterizaban por el tono airado, el resentimiento, o la catarsis, ello no los invalidaba como referencias legítimas."

Las conferencias del Centro Teórico-Cultural Criterios, tal vez no planificadas como sucesoras del tráfico de mensajes sino en perfecta coexistencia con éste, llegaron a desentenderse del nivel de discusión alcanzado. Dejaron de atender a interrogantes y problemas acabados de enunciar. De manera que, si no constituían un cierre del diálogo, sí que podía achacárseles un cambio de temas. El tránsito de las pantallas a la sala de conferencias había dejado caer en el camino diversos puntos primordiales.

"¿Qué ganancia práctica tuvo aquel ciclo?", se preguntó Chaguaceda. "No me refiero a la indiscutible calidad, e incluso carácter confrontacional de la mayoría de los textos presentados, ni a la riqueza de las intervenciones en los debates, sino al modo en que los análisis impactaron la sociedad".

Ya era ganancia la publicación de las primeras conferencias en un volumen, sumada a la circulación inmediata de éstas por vía electrónica. Sin embargo, "no parece haber un compromiso firme de tomar estos textos como herramientas de diagnóstico y transformación por quienes, desde las esferas de poder, aplican políticas incoherentes con el discurso público".

Celebradas las conferencias y decaída la discusión electrónica, pudo suponerse una relación causal entre ambos hechos. Y, supuesta esa causalidad, se abrieron maniobras contrafactuales. Pudo imaginarse qué habría sido del intercambio de mensajes si, lejos de discutir invitaciones para la primera de las conferencias, la gente hubiera utilizado intranet como discusión resistente. Qué hubiera pasado si todos no hubieran corrido a Casa de las Américas, para caer entrampados, una vez más, en un sistema de privilegios vigilados...

El recuerdo de una libertad tan reciente inclinaba a sobredimensionar las posibilidades del intercambio electrónico. Pero las objeciones de una corresponsal a Alfredo Guevara y las que hicieran Francis Sánchez y Félix Sánchez a Fernando Jacomino no fueron contestadas. Nadie se hizo campeón del honor ofendido del Secretariado de la Unión Nacional de Escritores y Artistas. No llegaron aportes de las autoridades, y la entrada en discusión de Félix Sautié Mederos no despertó interés.

Opiniones y anécdotas se acumulaban.

Se acumulaban preguntas.

Una acusación se sumaba a la otra sin conseguir que nadie se sintiera aludido por ellas. Y no cabían diferencias de interpretación, o éstas no ponían a discutir siquiera a un par de corresponsales.

Los había movilizado la visión de unos viejos comisarios en pantalla, la demora de una respuesta institucional, lo torpe de esa respuesta.

Nada más.

La conciencia de que descubrían un nuevo espacio pudo agregar un poco más de combustible a la polémica, pero más temprano que tarde percibirían lo angosto de ese espacio.

En un estudio publicado un año más tarde, Anneris Ivette Leyva García y Abel Somohano Fernández consideraron las limitaciones de los mensajes electrónicos cruzados.

"Aun cuando a partir de ellos puedan estructurarse procesos dinamizadores de la esfera pública, surgen también nuevas maneras de manifestarse la abulia ciudadana. El debate electrónico posee una apariencia engañosa. Algunos pueden limitar su participación a este tipo de confrontación, y no considerar, sin embargo, que la verdadera acción política se dirime fuera de lo virtual."

Como prueba de la necesidad de romper esa abulia estaban las propuestas hechas por Ismael de Diego y Yasef Ananda. El primero abogaba por llevar la protesta hasta la renuncia de los privilegios, por declinar las membresías. De seguir ese camino, la movilización daba la espalda a la comunicación electrónica, imposible sin lazos institucionales. Pero hubiera alcanzado una radicalidad que habría puesto en aprietos a la administración cultural.

Yasef Ananda impulsaba la acción política a través de una institucionalidad mejor aprovechada, apelando a resortes creados ya como la representación del gremio en la Asamblea Nacional o el sistema jurídico. Exhortaba a la acción conjunta, al boicot a la televisión y la radio.

Para Ananda la solución residía en un blindaje de los privilegios alcanzados, mientras que para De Diego consistía en un abandono total de esos privilegios.

Ambas soluciones, aún con desemejanzas, presuponían una rebelión del gremio. Ni una ni otra fueron escuchadas. No existe comentario alguno sobre ellas entre el resto de los mensajes. Demasiado peligrosas o demasiado impracticables, ni siquiera fueron celebradas como ejercicios de imaginación política.

Tampoco fueron atendidas las peticiones de publicidad hechas a las autoridades. La prensa nacional no publicó más que la "Declaración del Secretariado de la Unión Nacional de Escritores y Artistas". Meses después, apagada ya toda reacción, el programa televisivo "Diálogo abierto" hizo una mención de la polémica y de las conferencias organizadas por el Centro Teórico-Cultural Criterios.

El silencio ordenado desde ministerios y altas oficinas terminó por aplacar los entusiasmos agitados. Sin descontar las presiones de Seguridad del Estado que debieron producirse, aunque ni siquiera los más atrevidos mensajes mencionaban los manejos de la policía secreta.

El procedimiento en este caso debió aconsejar un cordón sanitario y el ahogo del malestar de escritores y artistas en sus propios privilegios. No retirarles las ventajas de conexión, pero impedirles cualquier acceso a posibilidad mayor. Vigilar que no se filtrara hacia los medios detalle alguno de la protesta, y procurar el modo de devolver la discusión a las usanzas de siempre. Convencer para ello a los iniciadores. Apelar al miedo y al conformismo de los ancianos. Y desfogar en reuniones ministeriales y conferencias toda aquella energía imprevista. Sólo cuando ésta hubiera adquirido la forma convencional de estudio o conferencia podría autorizarse su publicación.

De modo que si el paso a la sala de conferencias aspiró, por encima del intercambio de mensajes, a algún eco en la prensa y la televisión y la radio, tocó también decepcionarse en esto. Las conferencias se agostaron en el sigilo en que las envolvieron los nuevos comisarios políticos.

Josefina de Diego comparó el procedimiento seguido durante el Caso Padilla en 1971 y el que prestaban a la actual discusión. En ambos casos la consigna era impedir que llegara noticia a la prensa. Ese par de silencios encontraba justificación en una frase de Fidel Castro en la clausura del Primer Congreso Nacional de Educación y Cultura.

"Algunas cuestiones relacionadas con la chismografía intelectual no han aparecido en nuestros periódicos", comentó el líder. "Entonces: '¡Qué problema, qué crisis, qué misterio, que no aparecen en los periódicos!'. Es que, señores liberales burgueses, esas cuestiones son demasiado intrascendentes, demasiado basura para que ocupen la atención de nuestros trabajadores y las páginas de nuestros periódicos".

La falta de espacios de debate había movido a descubrir las posibilidades del correo electrónico. Surgió entonces lo que, en la introducción al ciclo de conferencias, Desiderio Navarro llamó "una esfera pública supletoria". No podría llamársele alternativa o complementaria, avisó él, dada la ausencia en el país de una esfera pública que realmente funcionara. Y Navarro enunció su deseo de que la verdad no tuviera que apelar a la clandestinidad del *samizdat*, a la lejanía del *tamizdat*, pero tampoco se viera confinada exclusivamente al *elektronizdat*, al trasiego electrónico de mensajes.

La internet de alas mochadas, intranet, ofrecía un reducido radio de acción. Escritores y artistas podrían entablar sus protestas dentro de esa campana neumática, encerrados en una habitación de paredes acolchadas. Intranet se había convertido en una de esas galeras carcelarias cedidas temporalmente a los amotinados.

Sobre estas limitaciones, Anneris Ivette Leyva García y Abel Somohano Fernández citaban en su estudio la opinión de Esther Pérez.

"Si se tiene un conjunto de espacios en los que se discute de manera renovadora, pero esos debates no trascienden [...] obviamente se tiende a crear dos grupos diversos: una élite –quiera o no serlo– que discute de manera riquísima, atrevidísima, y una masa que sigue repitiendo estereotipos y versiones empobrecedoras de la historia y la realidad."

Esther Pérez olvidaba en este esquema un tercer grupo, encargado de compartimentar a los dos grupos que citaba, de establecer la más duradera incomunicación entre ambos. De este modo, la élite descrita por ella quedaba muy en entredicho. Porque si bien podría gozar del privilegio de la crítica, cada vez que pidiera extender esa crítica más allá de los espacios acotados iba a tropezar con una negativa, con un astuto silencio. Ese tercer grupo inmencionado por Esther Pérez garantizaba la pervivencia de estereotipos y versiones empobrecedoras entre la masa. Y, gracias a una compartimentación bien diseñada, lograba restarle riqueza y atrevimiento a la discusión intelectual.

Extinguido el espacio público para la discusión, prohibida toda puesta en práctica de los recursos de la inteligencia, ese tercer grupo contribuía a la aparición de estereotipos y versiones empobrecedoras entre los intelectuales. Prueba de ello eran los pruritos de distinguir quién era y quién no era revolucionario. O la recurrencia a la fórmula totémica de Fidel Castro. De modo que, si como Esther Pérez sostenía, se trataba de una élite, a fuerzas de defender unas prebendas, ésta se había enclaustrado en gueto.

O, peor aún, en un barrio cerrado de linternas rojas.

20

En su primer número de marzo de 2007, *La Jiribilla* reprodujo una entrevista que el diario mexicano *La Jornada* hiciera semanas antes a Abel Prieto. Celebraban por entonces la Feria Internacional del Libro, y el ministro recibió al periodista en un salón del Ministerio de Cultura.

En caso de tratarse de una publicación nacional seguramente no le habría dado la entrevista. Y a ningún periodista cubano se le habría ocurrido proponerle al ministro un cuestionario sobre aquel tema.

Abel Prieto se mostró dispuesto a hablar acerca de los espacios televisivos causantes de la alarma entre artistas y escritores. Quiso dejar establecida desde el inicio la posición oficial, que su entrevistador resumió.

"Para el gobierno de Cuba, la aparición en programas televisivos de tres ex-funcionarios vinculados a la censura y a la represión en la isla durante el llamado quinquenio gris (1971-1976) fue un error, y de ninguna manera se trata de un cambio de política cultural asociado a la enfermedad de Fidel Castro y la presidencia interina de su hermano Raúl."

Quienes no pudieron asistir a las conferencias de Casa de las Américas y del Instituto Superior de Arte, quienes no alcanzaron a escuchar en ellas las intervenciones del ministro, aquí tenían su más explícita opinión. En una revista electrónica habanera que reproducía la entrevista publicada por un diario de México.

Esa misma entrega de *La Jiribilla* ofrecía el texto de una carta dirigida por Virgilio Piñera a Fidel Castro en marzo de 1959, así como textos de la misma época de José Rodríguez Feo, Severo Sarduy y Nivaria Tejera.

Todos ellos recordaban las vicisitudes del escritor en la sociedad prerrevolucionaria. Una nota de la redacción acompañaba a esos textos.

"Ante los recientes intentos de querer 'embellecer' la situación de los escritores en la Cuba prerrevolucionaria y las pretensiones de blanquear nuestra memoria histórica, *La Jiribilla* publica algunos textos de escritores cubanos que aparecieron en la prensa en los primeros meses de 1959 y que abordan este tema."

Es difícil saber a cuáles intentos de embellecer tiempos anteriores al régimen revolucionario se refería la nota. En los mensajes circulados durante el debate y en los artículos publicados sobre el tema en el extranjero no consta rastro alguno de esa intención. Algunos se complacieron en los primeros años de la era revolucionaria, otros en años más recientes. En las promesas del discurso oficial o en las libertades necesarias. Pero nadie pareció sentir añoranza de la época prerrevolucionaria.

Supongo que tales acusaciones pertenecían a la misma cantera imaginativa que prodigaba agentes enemigos entre las filas intelectuales. A los redactores debió parecerles indispensable dar valor actual a textos de hacía medio siglo y se inventaron la nota. Y para justificar su nota, aquellos enemigos que añoraban una era prerrevolucionaria. Tanto paratexto no conseguía ocultar, sin embargo, la verdadera causa de publicación. *La Jiribilla* obedecía a un razonamiento idéntico al de Fernando Jacomino en su correspondencia con Francis Sánchez: carta y textos constituían pruebas de cuánto habían ganado artistas y escritores.

Otro gesto similar de *La Jiribilla* fue la publicación, unos números antes, de fotografías supuestamente comprometedoras de Jorge Luis Arcos. Quien fuera director de la revista *Unión* había hecho, ya en el exilio, algunos reproches morales a sus colegas residentes en Cuba. Y en respuesta, amén de un artículo que lo tildaba de Capitán Araña, los redactores del semanario digital echaron mano a su archivo para el chantaje. Dieron a la luz fotos de la celebración por el primer aniversario de *La Jiribilla*, en mayo de 2002.

En esas imágenes Jorge Luis Arcos hablaba con Roberto Fernández Retamar, se despedía de Carlos Martí y de gente sentada a la mesa de éste.

No era preciso ser un consumado lector de gestos y fisionomías para percibir que en ninguna de aquellas fotografías Jorge Luis Arcos aparecía feliz o cómodo. Así que debió ser lamentable para sus chantajistas no contar con pruebas de mayores implicaciones.

21

La Feria Internacional de Libro del año 2007 abrió sus puertas en la fortaleza de La Cabaña el 8 de febrero de 2007, una semana después de la conferencia de Ambrosio Fornet en Casa de las Américas. Su décimosexta edición estaba dedicada al poeta César López y al historiador Eduardo Torres-Cuevas, y tenía como país invitado a Argentina.

En su discurso de apertura ante las autoridades, César López entremezcló nombres de escritores exiliados y residentes en el país. En ese catálogo cupieron los nombres de Agustín Acosta, Eugenio Florit, Gastón Baquero, Heberto Padilla, Carlos Montenegro, Lino Novás Calvo, Lydia Cabrera, Enrique Labrador Ruiz, Jorge Mañach, Manuel Moreno Fraginals, Antonio Benítez Rojo, Guillermo Cabrera Infante, Calvert Casey, Reinaldo Arenas, Severo Sarduy y Jesús Díaz.

Todos habían fallecido ya. A ningún vivo hizo referencia López. Pero entre esos nombres de difuntos había algunos hasta entonces bastante impronunciables. O pronunciados siempre para las peores calificaciones: Padilla, Cabrera Infante, Arenas, Díaz.

Habló César López del pasado carcelario de La Cabaña, aunque alejó sus referencias hasta el fusilamiento, en 1871, del poeta Juan Clemente Zenea. Y apeló a unos versos de San Juan de la Cruz, "y fuiste reparada/ donde tu madre fuera violada", para asegurar que la celebración allí de las ferias del libro dejaba el lugar limpio de oprobio.

La recomposición del canon literario nacional con figuras del exilio era un acto flagrante de justicia. El martirio de Zenea y los martirios más recientes a los que aludía con aquél eran compensados con la celebración de autores y literatura en el mismo lugar de los hechos.

López concentró su programa político en unas pocas palabras.

"Y de la misma manera que aquellos creadores se dieron a la palabra y a veces tuvieron que morir por ella; ahora, como obligación ética y estética, nosotros alzamos el mandato libertario del conocimiento y la honra por medio de los libros."

El discurso, incluidos todos los nombres, fue emitido por la televisión nacional. Sentado en primera fila, Raúl Castro felicitó al Premio Nacional de Literatura César López por sus palabras y estrechó las manos de varios represaliados de los años setenta, felizmente recuperados para el oficialismo.

Así quedó refrendado el pacto entre autoridades y escritores y artistas.

Días antes, la presentación del volumen *Las causas de las cosas* de Desiderio Navarro reunió en el Palacio del Segundo Cabo, antigua sede del Consejo Nacional de Cultura, al ministro de Cultura Abel Prieto, al presidente de la Asamblea Nacional Ricardo Alarcón y a escritores como Reynaldo González y Antón Arrufat. El libro recopilaba los ensayos y escritos teóricos más representativos del autor durante las últimas cuatro décadas, entre ellos "In medias res publica".

En septiembre de ese año, Roberto Fernández Retamar presentó el primer número de la revista *La Siempreviva*, dirigida por Reynaldo González. Todos los asistentes a las reuniones con el ministro de Cultura y el presidente de la Unión Nacional de Escritores y Artistas contaban ya con publicación a su cargo: Desiderio Navarro como director de *Criterios*, Arturo Arango como jefe de redacción de

La Gaceta de Cuba, Reynaldo González como director de *La Siempreviva*.

Los siete contra Tebas fue estrenada en el teatro Mella el 20 de octubre de 2007, treintinueve años después de haber sido premiada y censurada. La compañía Mefisto Teatro y el Conjunto de Danza de Santiago Alfonso, a las órdenes del director teatral Alberto Sarraín, festejaron el Día de la Cultura Nacional con el estreno, a cargo de un director exiliado, de una obra largamente prohibida.

22

La segunda conferencia del ciclo organizado por el Centro Teórico-Cultural Criterios, fijada para el 19 de marzo de 2007 en el Instituto Superior de Arte, fue dictada por el arquitecto Mario Coyula.

Si la de Ambrosio Fornet giraba en torno del término Quinquenio Gris, Coyula propondría también el suyo: Trinquenio Amargo. Quince años porque los malos tiempos habían empezado antes para la arquitectura, y podía decirse que todavía no estaban rebasados. Y amargo porque, a juicio del conferencista, los sabores resultaban más evocativos que los engañosos colores.

Coyula recorrió los ejemplos representativos, para mal y bien, de la arquitectura cubana durante cuatro décadas. Historió los cambios en el papel del arquitecto, desde el cierre del Colegio de Arquitectos en 1967, su sustitución por el Centro Técnico Superior de la Construcción al año siguiente y la creación en 1983 de la Unión de Arquitectos e Ingenieros de la Construcción en Cuba, y posteriormente de la Asociación de Arquitectos dentro de esa Unión. Habló de los problemas de la profesión, de la mala arquitectura actual y de varias urgencias urbanísticas.

Hizo el retrato de uno de los comisarios políticos sufrido por los estudiantes de la Escuela de Arquitectura de La Habana en los setenta.

"Un personaje grotesco, con el sentido del humor aparentemente lobotomizado, se paseó por la CUJAE disfrazado con uniforme verdeolivo y Makarov al cinto, que llevaba sin tener méritos insurreccionales. En pocos años acumuló un impresionante historial de extremismos rídiculos, como montar una tienda de campaña en el centro de la CUJAE para quedarse a dormir en solidaridad con los movilizados a la agricultura. Implantó un enfoque tecnicista en la carrera, y eliminó o mutiló las asignaturas de contenido cultural, como Plástica y Fundamentos, sustituyéndolas por un engendro tercermundista que los alumnos llamaron en broma 'Subdesarrollo 1 y 2'. Igualmente dispersó a los docentes 'culturosos' hacia lugares inhóspitos para que 'pusieran los pies en la tierra', o sea, en el fango; y dedicó su escaso tiempo libre a 'dar atención' a alguna que otra joven apetecible con debilidades ideológicas."

El tal comisario persiguió las diversas diferencias: amanerados, extravagantes, apáticos, intelectualoides, creyentes religiosos. Los emplazó a todos públicamente en asambleas de depuración bajo la consigna "La Universidad para los revolucionarios".

"En definitiva", aceptó Coyula, "también los heterosexuales ateos y revolucionarios fuimos víctimas colaterales de aquellos *pogroms*, porque nos hicieron peores personas. Yo estuve allí, y no me levanté para oponerme. Igual que otros compañeros, pesé los pros y los contras frente al gran proyecto social al que estaba dedicando la vida, saqué balance y callé".

Un buen día, en un acto inusual, el comisario de uniforme militar y pistola al cinto consiguió que la mayoría absoluta de una asamblea de trabajadores y docentes se rebelara contra él y consiguiera su destitución. Terminó cambiando su traje verdeolivo por una bata blanca, "y es ahora *gurú* de una secta propia, donde se dedica a escarbar en pasadas reencarnaciones mientras cura a sus fieles con agua bendita".

Sin embargo, el recelo hacia los arquitectos y estudiantes de arquitectura no desapareció con aquel personaje. Y, lamentablemente, Coyula silenciaba su nombre.

En un momento de su conferencia se refirió a las limitaciones de la discusión pública, reducida a intercambio de mensajes electrónicos.

"A estas alturas, el debate no ha trascendido siquiera a los medios académicos. Sigue siendo un tema para iniciados, dentro de la convencional concepción de cultura limitada al arte y la literatura, incomprensible para los que no intervinieron en el cruce de correos."

Tales limitaciones permitían hacer los peores pronósticos.

"Cuando el poder de la información no se comparte y socializa, se produce un atraso fatal de la cultura pero también de la economía. El futuro de este país no está en producir *cosas* con obreros mal pagados, o entrenar sirvientes para el turismo, sino en producir *conoci-*

mientos, y así aprovechar el principal recurso que tiene Cuba: su mucha gente calificada y emprendedora."

Mario Coyula terminó su conferencia con una interrogante para los de su profesión.

"¿Estamos haciendo la clase de arquitectura que merece este país?"

Le sucedió, el 15 de mayo de 2007, Eduardo Heras León.

La suya fue una conferencia autobiográfica, centrada en la censura y las sanciones que le acarrearan uno de sus libros de cuentos, *Los pasos en la hierba*, mención única en el Premio Casa de las Américas del año 1970.

Heras León recordó su expulsión de la universidad y de las filas de la Unión de Jóvenes Comunistas. Recordó cómo fue enviado a trabajar en una fundición de acero. Recordó una tarde en que pusiera una bala en la Steichkin que Fidel Castro le había obsequiado por un buen tiro de lanzacohetes.

Se permitió leer fragmentos de un informe contra él y un grupo de amigos escritores que redactara en los años setenta Armando Quesada. Aquel comisario político estaba tan desmovilizado que podía hacerse pública su papelería y ponerla como ejemplo de acoso a la inteligencia. De otro modo, ¿cómo habría podido justificar Eduardo Heras León la posesión de un documento oficial?. Los archivos del Consejo Nacional de Cultura tendrían licencia para pregonarse, pues no pertenecían a la verdadera política cultural revolucionaria.

Heras León dio detalles de su largo camino de vuelta a la universidad, a las editoriales, a los libros publicados. Mostró su orgullo por el hecho de que gran parte de sus perseguidores de ayer se encontraran ahora en el exilio. En los acogedores brazos del enemigo, dijo. Habló de la esperanza puesta por él en que "jamás, en el largo recorrido que aún debe superar esta Revolución, pueda ocurrir nuevamente que un revolucionario deba pasar –como castigo– cinco años o más de su vida en una fábrica u otro lugar, como yo y otros compañeros, para probar que es revolucionario".

Respecto a los no revolucionarios, nada dijo.

"En lo literario somos una generación frustrada. ¿Cómo podría ser de otra forma? Nuestros primeros textos auguraban una obra considerable en extensión y calidad, y hoy muchos de nosotros apenas hemos podido publicar un puñado de libros que pueden contarse con los dedos de una mano. Seguiremos escribiendo, quién lo duda. Tal vez logremos algo perdurable, pero nunca será igual. El tiempo ya nos ha pasado la cuenta. Y no hay retroceso."

Pese a todo, él era y siempre había sido un auténtico revolucionario. Quiso dejarlo claro antes de que estallaran los aplausos.

El 15 de mayo de 2007 Arturo Arango dictó en el Instituto Superior de Arte la más concienzuda conferencia de la primera parte del ciclo. A partir de las relaciones entre poesía y censura, propuso un recorrido desde la prohibición de *Fuera del juego* de Heberto Padilla hasta la carga del Ministerio del Interior contra un recital celebrado en 1989 en la librería matancera El Pensamiento.

Recorrió los documentos rectores de la política cultural de varias décadas: "Palabras a los intelectuales", la "Declaración de la Unión Nacional de Escritores y Artistas" incluida en las ediciones de *Fuera del juego* y *Los siete contra Tebas*, la "Declaración del Primer Congreso Nacional de Educación y Cultura", las "Tesis y resolución sobre la cultura artística y literaria" aprobadas en el Primer Congreso del Partido Comunista de Cuba, los "Lineamientos ideológicos de la creación literaria y artística en la Cuba revolucionaria" aprobados en el Segundo Congreso de la Unión Nacional de Escritores y Artistas, el discurso del ministro Armando Hart en la clausura de ese mismo congreso... Su conferencia apuntaba a una historia de las instituciones.

De la reunión celebrada en la Biblioteca Nacional entre Fidel Castro y un grupo de escritores y artistas, aventuró una moraleja.

"Es cierto que la censura a *PM* y el cierre de *Lunes de Revolución* pueden haber sentado un mal precedente, pero también lo es que las discusiones en torno a ese pequeño documental llevaron a un clima deliberadamente inclusivo, propiciado por los encuentros entre intelectuales y dirigentes políticos que concluyeron con las 'Palabras a los intelectuales' y la creación de la Unión Nacional de Escritores y Artistas de Cuba."

Una vez más, la ocasión resultaba bendecida por el discurso totémico. Y, a pesar del empeño de Arango en rastrear documentos oficiales, aquel discurso salía indemne. Quedaba otra vez sin pensarse del todo. El conferencista mostraba la misma displicencia por el documental *PM* que había mostrado Fidel Castro. Toda su atención estaba centrada en el futuro de una frase del gran líder. No se rebajaba, por tanto, a considerar que el futuro de aquella frase empezaba allí mismo, que dos jóvenes realizadores fueron juzgados entonces a la luz de una fórmula trajinada después por viejos y nuevos comisarios. ¿O acaso no fueron sentenciados allí como contrarrevolucionarios los autores del documental, Sabá Cabrera Infante y Orlando Jiménez Leal?

Al ocuparse del Primer Congreso Nacional de Educación y Cultura, comentó fragmentos de varios documentos. Trajo a colación el discurso de clausura sin citar ninguna de sus frases, y ofreció una curiosa lectura exculpatoria de él. Reparó en el anticolonialismo mostrado por Fidel Castro a propósito de las cartas públicas firmadas por intelectuales extranjeros. Según él, el tema predominante de ese discurso era un "impulso descolonizador, tercermundista, latinoamericanista" que se oponía a la sovietización de los pronunciamientos del congreso.

Fidel Castro figuraba, una vez más, como buena salida a los problemas. Arango leía superficialmente los discursos del Comandante en Jefe, y se hacía creer como tema predominante lo que no eran más que coartadas políticas. Pues Fidel Castro se valía de ese anticolonialismo y tercermundismo para justificar su desprecio por la opinión pública internacional y su profundo anti-intelectualismo. Y no necesitaba ser sovietizante porque acababa de hacer su papel de Stalin respecto a Padilla.

En un momento de su conferencia, Arango citó uno de los artículos publicados bajo el seudónimo de Leopoldo Ávila.

"Refrescando aquellos conceptos de las 'Palabras a los intelectuales'", firmaba Ávila, "ahondando desde esas posiciones políticas, podemos librar del despeñadero esfuerzos que merecen mejor fin que el comadreo liberal de algunas capillas, y limpiar nuestra cultura de contrarrevolucionarios, extravagantes y reblandecidos".

De haber sido Luis Pavón quien firmara estas líneas, aparecía citada por primera vez en la polémica su confesa adopción del célebre discurso de Fidel Castro. Pero Arturo Arango no ofrecía comentario alguno al respecto.

La última conferencia de ese año correspondió a Fernando Martínez Heredia. Fue pronunciada el 3 de julio en el Instituto Superior de Arte, y versó sobre el pensamiento social y la política revolucionaria.

Martínez Heredia avisó de entrada que su exposición sería analítica, no anecdótica. Aunque no faltaría algún detenimiento en la historia de *Pensamiento Crítico*, revista dirigida por él y clausurada en los setenta por las autoridades. Recordó cómo esos años habían traído el empobrecimiento y la dogmatización del pensamiento social cubano. Afirmó que la fundación del Ministerio de Cultura y los buenos cambios ocurridos no habían cambiado en mucho la situación para las ciencias sociales.

Habló en nombre de una transición socialista.

"También será fructífero, y sin duda trascendente, que nos apoderemos de toda nuestra historia, que investiguemos sus logros, sus errores y sus insuficiencias, sus aciertos y sus caídas, sus grandezas y sus mezquindades, y convirtamos el conjunto en una fuerza más para enfrentar los problemas actuales de la Revolución y la transición socialista, y para reformular y hacer más ambicioso nuestro proyecto de liberación."

Acerca de la personalidad de Fidel Castro arriesgó una muy personal valoración: "entre otros numerosos aciertos y virtudes, se atuvo a la política de no utilizar la inmensa fuerza material y moral con que contaba para imponer su línea. Todavía en marzo de 1964, dijo en el juicio contra el delator de los mártires de Humboltd 7 que la Revolución no sería como Saturno, que se comió a sus propios hijos".

23

Jorge "Papito" Serguera murió de cáncer en La Habana el 3 de febrero de 2009, a la edad de 76 años.

No recibió honras militares. A petición suya, su cadáver fue cremado.

Al día siguiente, el diario *Granma* publicó la noticia de su fallecimiento. La nota destacaba su desempeño como abogado, luchador clandestino, guerrillero hasta alcanzar el grado de comandante, fiscal en los tribunales revolucionarios y la dirección del Partido en la provincia de Matanzas.

Sus años de diplomático y de comisario político de la cultura fueron despachados con una frase elusiva.

"Cumplió otras funciones tanto en el país como en el exterior."

24

Cuatro décadas después de haber reclamado la participación de los intelectuales cubanos en la cuestión pública, Roberto Fernández

Retamar alcanzó a apoyar como miembro del Consejo de Estado el fusilamiento de tres jóvenes y el encarcelamiento de decenas de periodistas independientes. Refrendar asesinatos y procesos judiciales decididos de antemano: a esto vino a dar su viejo interés por la política.

Quienes reservaban sus odios y desprecios para figuras como las de Luis Pavón, Jorge "Papito" Serguera y Armando Quesada no tenían reparos en seguir saludándolo, en interesarse por su salud, en tratarlo como a un buen colega, en mostrarle cariño.

A diferencia de Pavón, Serguera y Quesada, Roberto Fernández Retamar era "uno de los nuestros".

25

En agosto de 2010, en vísperas de cumplir ochenta y cuatro años, Fidel Castro volvió en público sobre el tema de su salud. Reunido con un grupo de militantes de la Unión de Jóvenes Comunistas, se arriesgó a darse el alta clínica, dijo estar totalmente recuperado.

"No hace mucho libré las últimas batallas para poder estar en las condiciones en que me encuentro", avisó.

Unas semanas después accedió a una entrevista con la directora del diario mexicano *La Jornada*.

"Quiero decirte que estás ante una especie de re-su-ci-ta-do", le confesó.

La entrevista, publicada el 30 de agosto, abundó en pronósticos del fin del mundo, en detalles acerca de su propia moribundia, que creyó dejar atrás.

Parecía ver el mundo desde la sobrevivencia, parecía fijarse en detalles a los cuales antes no prestaba importancia. Se había vuelto capaz de apreciar conspiraciones que el resto de la humanidad pasaba por alto. Y rendía alabanzas a las nuevas tecnologías.

"Internet ha puesto en manos de nosotros la posibilidad de comunicarnos con el mundo. Con nada de esto contábamos antes."

Declaró su fascinación por el sitio Wikileaks, que atesoraba decenas de miles de documentos secretos estadounidenses sobre las operaciones militares en Irak y Afganistán.

"Se acabaron los secretos, o al menos eso pareciera."

Estadio Nacional de Chile, Santiago de Chile (3 x 14 x 8 cm).
Carlos Garaicoa, *Las Joyas de la Corona*, 2009.
(Instalación. 8 esculturas de plata, madera, cristal. Dimensiones variables.)

III

I

LA UCI es, según la Wikipedia en su edición en español, la Unión Ciclista Internacional, asociación de federaciones nacionales de ciclismo fundada en París en 1900 con sede actual en Ginebra. Es, dentro de cualquier hospital, la unidad de cuidados intensivos, sección para pacientes en estado crítico. Es la Unión de Cortes Islámicas o Unión de Tribunales Islámicos, llamada en somalí Midowga Maxkamadaha Islaamiga, un grupo de tribunales congregados como oposición política en Somalia, con regiones bajo su control que pierden y que ganan. Es también la Universal Chess Interface y la Unión de Créditos Inmobiliarios S.A., entidad financiera del Grupo Santander.

Y es la Universidad de las Ciencias Informáticas de La Habana, fundada en el año 2002. La primera universidad cubana creada bajo los planes de la Batalla de Ideas, tal como dice su portal en internet, con el objetivo de informatizar el país y desarrollar la industria del software. Construida en 106 días, situada a 15 kilómetros de autopista de La Habana, extendida en 72 hectáreas, con 80 edificios de cuatro o cinco plantas, y acceso imposible a quien no sea estudiante o cuente con la correspondiente autorización. Alrededor de 10.000 estudiantes venidos de todos los municipios del país forman la matrícula de este proyecto del Comandante en Jefe. Y se calcula que en toda la isla hay más de 50.000 estudiantes de informática repartidos en tres universidades.

La Universidad de las Ciencias Informáticas es un regalo compensatorio que se hizo el propio Fidel Castro luego de haber perdido la base de radares soviéticos emplazada en ese mismo lugar desde 1964. Según avisan Wikipedia y el portal de la universidad, su fundación prolonga la tradición revolucionaria de abrir centros de estudios en antiguos sitios militares. Fundar un campus donde antes estuviera el Centro de Exploración y Escucha Radioelectrónicos conocido como Base Lourdes no hace más que repetir lo ocurrido con los cuarteles Moncada y Columbia, en Santiago de Cuba y La Habana. Una tradición en la que cabría incluir la transformación de la fortaleza de La Cabaña, antes cárcel, en sede de la Feria Internacional del Libro y de la Bienal de Artes Plásticas de La Habana. O la de los terrenos del Havana Country Club en las Escuelas de Arte de Cubanacán.

Columbia y Moncada habían sido los mayores cuarteles prerrevolucionarios. Y, lo mismo que el Palacio Presidencial, no iban a ser utilizados por el régimen revolucionario más que como escuelas o museos. La administración recién constituida se cuidaba de quedar relacionada con la historia anterior. Tenía miedo a convertirse en dictadura o en dar señales de esa conversión. Temía al contagio de los lugares. Ciudades escolares ponían en cuarentena a los viejos cuarteles y prisiones. Y una segunda fase de esta profilaxis se encargaría también de las primeras cárceles revolucionarias. El paredón de La Cabaña iba a ser baldeado por oleadas de lectores y de asistentes a las exposiciones. Uno de los centros de interrogatorios de la policía secreta pasaría a ser edificio administrativo del muy próximo Museo Nacional de Bellas Artes.

Villa Marista, de colegio católico a centro de detenciones, había sufrido una metamorfosis inversa.

La sublimación de espacios incluía el encubrimiento de ignominias del propio régimen revolucionario. Como toda dictadura longeva, la cubana no dejaba de renovar sus topografías. Escondía y museificaba. Y en los terrenos donde antes se encontrara la Base Lourdes produjo otro episodio de volatilización de la memoria. Sublimar, volatizar: transformar las sólidas aristas de la realidad en gas.

Luego de los atentados terroristas a las Torres Gemelas, el gobierno ruso decidió desmontar el parque de radares instalado en las cercanías de La Habana. Tan inconsultamente como había sido la retirada de misiles soviéticos en 1962. Entendiéndose a solas con Washington, dejando fuera de las negociaciones a Fidel Castro. Éste podría quejarse de no haber sido tomado en cuenta ahora tampoco, cuando ya no existía Unión Soviética. La historia mayúscula, la que él había pretendido con campañas africanas e infiltraciones en tantas políticas ajenas, volvía a serle esquiva. Y, si la rima hubiese sido posible, la cólera de todo un pueblo habría reclamado esos radares igual que hiciera con Jruschov ante la retirada de los misiles.

"¡Nikita, mariquita, lo que se da no se quita!"

El Centro de Exploración y Escucha Radiolectrónicas construido por los soviéticos había constituido una decisiva variación en la batalla contra Estados Unidos. Pues no se trataba ya de lanzarle cohetería al enemigo, sino de hurtarle información preciosa. Los misiles retirados daban paso a los radares. Y, pese al embargo estadounidense, existían otras importaciones hechas desde el norte, ganancias de otra clase en el monto de señales barridas. La versión ruso-cubana aducía que los radares velaban por el cumplimiento de los acuerdos de desarme nuclear establecidos entre Rusia, antes Unión Soviética, y Estados Unidos. La versión estadounidense afirmaba que tres cuartas partes de la información estratégica y militar con que contaba Moscú era obtenida gracias a la Base Lourdes, y Moscú pagaba 200 millones de dólares anuales por el arriendo de esos terrenos.

El parque de radares permitía al gobierno cubano olvidar un poco la decepción que significaran los misiles. Establecía, además, una réplica a la base naval estadounidense de Guantánamo. Lourdes servía de contrapeso a *Gitmo*, garantizaba el equilibrio de la isla. No era entonces sólo ferretería pesada lo que recogían de allí los rusos al marcharse, sino los remanentes de una historia complicada. Y aquel desmantelamiento avivaba en Fidel Castro viejas impotencias, tal como se transparentó en varias de sus intervenciones televisivas.

Para olvidar un fracaso montado sobre otros fracaso, ¿qué mejor empeño que levantar un campus cuanto antes?. Si los misiles de San Cristóbal alguna vez se convirtieron en los radares de Lourdes, que la desaparición de éstos diera paso a una universidad dedicada, entre otras cosas, al espionaje cibernético.

Antes de que llegaran los soviéticos, antes del gobierno revolucionario, el sitio había sido un reformatorio de menores. El Campamento de Orientación Infantil de Torrens, inaugurado en 1942, recluyó a niños y adolescentes problemáticos. Bajo el pretexto de enseñarles un oficio, los obligaba a trabajos agrícolas y la cría de animales de corral. Y luego, en los primeros tiempos revolucionarios, aquel campamento pudo convertirse en un centro de rehabilitación de menores. De manera que el sitio no estaba exento de fueros pedagógicos.

Se trataba de continuar por otra vía las mismas actividades que realizaban allí los radares soviéticos y rusos: entrometerse en las señales extranjeras y sacar lecciones de ellas. Era imprescindible propiciar la investigación, formar profesionales prestos a participar en la guerra cibernética. Estudiantes y profesores y egresados de la Universidad de las Ciencias Informáticas perfeccionarían el bloqueo sobre la información, refinarían los sistemas de filtrado. Formarían allí a una nueva clase de guardafronteras. La ofensiva cibernética recabaría el trabajo de esos especialistas. En alguna ocasión el Comandante en Jefe había formulado la necesidad de colmar el ciberespacio con propaganda nacional. Pretendía saturar el infinito, colmatar las redes con sus larguísimas piezas oratorias, con sus instrucciones para la buena marcha del universo.

Harían de Cuba una potencia cibernética a nivel mundial. La Universidad de las Ciencias Informáticas equivaldría al polo de investigaciones biotecnológicas construido al oeste de la capital, también a partir de una idea de Fidel Castro. Volcado en el trabajo sobre señales del exterior, el nuevo centro de estudios estaría relacionado con los servicios de inteligencia con sede en Línea y A. Y la atención prestada a las redes nacionales tendría que acercar sus labores a las que se realizaban en Villa Marista.

Todavía sin concluir la retirada de los militares rusos, sin haberse completado la retirada de la logística, comenzó el curso inaugural. Tres meses y medio bastaron para garantizar un habilitamiento suficiente. Fueron remodelados los edificios de la base de radioescucha, se construyeron nuevos edificios. Diversos escultores y pintores recibieron encargos de piezas para esquinas y plazas. En enero de 2008 llegó a ser dispuesta en la plaza principal del campus una escultura de Óscar Niemeyer, regalo del arquitecto brasileño a Fidel Castro.

Una bandera frente a un imperio, había bautizado Niemeyer a la estructura de casi diez toneladas de tubos de acero pintados de rojo que representaba a un monstruo con la boca abierta frente a un hombrecito que empuñaba la bandera cubana. Aquella plaza había sido proyectada también por él, le dieron su nombre. En la inauguración de la escultura, sin el artista presente dado su miedo a los aviones, se hizo el anuncio de que éste proyectaría varios edificios de la universidad sin cobrar por su trabajo.

"La UCI es una universidad productiva, cuya misión es producir software y servicios informáticos a partir de la vinculación estudio – trabajo como modelo de formación", refiere el portal del centro de estudios.

Una ojeada al plano que aparece allí permite comprobar que la infraestructura productiva supera en extensión al área docente. En el organigrama publicado en ese portal la vicerrectoría primera corresponde a la Dirección General de la Infraestructura Productiva y es la más poblada. Entre los logros contabilizados del centro está la incorporación de más de la mitad del estudiantado a "proyectos productivos e investigativos de software en interés y por encargo de la sociedad cubana y de otros países, en campos como los de la educación, la salud, el deporte, gobierno en línea, *software* libre, portales *web*, productos multimedia y otros".

Aspiraban a desarrollar "100 grandes sistemas al año si se crean las condiciones técnico-organizativas necesarias". A partir del segundo curso universitario, 2003-2004, fueron firmados convenios entre Cuba y Venezuela que comprometían a la Universidad de las Ciencias Informáticas como proveedora de soluciones tecnológicas integrales. Durante el curso 2005-2006 fue creada la empresa comercializadora de todos los productos y servicios informáticos desarrollados en el centro del estudio, y se abrió una Oficina de la UCI en la República Bolivariana de Venezuela que, entre otros objetivos, respaldaba la misión médica cubana en ese país.

El curso 2007-2008, último del cual da noticias el portal, inició proyectos para la creación de bases tecnológicas libres y para la colaboración y cooperación con los países de la Alternativa Bolivariana para América (ALBA). Y, según trascendió, la Universidad de las Ciencias Informáticas era la encargada de los servicios informáticos empleados en los comicios venezolanos de 2010.

"La UCI es la primera universidad surgida al calor de la Batalla de Ideas, por lo que juega cada día un papel protagónico y decisivo en esta nueva forma de trinchera de lucha", reza una declaración en su portal.

"Cuando el uso de fuerza va quedando atrás como un método efectivo de combate, el pueblo cubano perfecciona sus métodos y encuentra en las ideas y la cultura el camino para alcanzar la victoria. Desde su surgimiento la UCI ha estado muy estrechamente vinculada con la Batalla de Ideas que libra nuestro pueblo. Desde aquí se levantan miles de voces, que a nombre y en representación de toda Cuba, exponen sus más nobles y justas convicciones."

Es reconocida como política de esa casa de estudios el envío, "a través de nuestra Intranet universitaria", de opiniones sobre los temas comentados por Fidel Castro en sus intervenciones.

Profesores y estudiantes luchan por la excarcelación de los prisioneros de la Red Avispa, "nuestros Cinco Héroes", y contribuyen a la divulgación de la verdad sobre su caso.

El portal digital explica brevemente en qué consiste la Batalla de Ideas. La última actualización del programa de lucha contra Estados Unidos, podría resumirse en lenguaje cibernético. La Universidad de las Ciencias Informáticas no sólo fue fundada a partir de esa guerra, sino que se encuentra en medio de ella. Es punta de lanza de esa batalla.

2

El sábado 19 de enero de 2008, un día antes de las elecciones de delegados a las asambleas provinciales y diputados a la Asamblea Nacional del Poder Popular, Ricardo Alarcón visitó la Universidad de las Ciencias Informáticas. Se reunió allí con profesores y representantes de la decena de miles de estudiantes del centro.

Desde su habitación de convaleciente, Fidel Castro impulsaba el sistema de voto único en los comicios. El 8 de enero había escrito una carta de la que luego citaría fragmentos en una de sus "Reflexiones".

"Soy decidido partidario del voto unido (un principio que preserva el mérito ignorado)", avisaba. "Fue lo que nos permitió evitar las tendencias a copiar lo que venía de los países del antiguo campo socialista, entre ellas el retrato de un candidato único, tan solitario como a la vez tan solidario con Cuba. Respeto mucho aquel primer intento de construir el socialismo, gracias al cual pudimos continuar el camino escogido".

Su prosa, como en tantas ocasiones desde su retiro, presentaba señales de confusión. Era un prosa enferma.

El diario *Granma* publicó un "Llamamiento al pueblo de Cuba" que pedía el voto unido. Se publicaba sin firma, aunque hablaba en nombre de las direcciones nacionales de las organizaciones de masas y estudiantiles, y de la Asociación de Combatientes. Todas estas organizaciones estaban "unidas firmemente en torno a la Revolución" y convocaban al pueblo de Cuba a "depositar conscientemente su voto por la Patria". Porque el futuro de la nación dependía de la asistencia a esas elecciones.

"Reafirmemos con el voto por todos, la democracia y transparencia de nuestro sistema electoral", emplazaba.

Citaba el reclamo por el voto unido que hiciera Fidel Castro. Citaba a José Martí, mencionaba el socialismo.

"A votar unidos por una patria unida."

Los candidatos de las listas oficiales deberían elegirse en bloque. Era una manera de tragar de un solo golpe cuanto quisiera endilgársele al electorado.

"Y eso es lo que se le sugiere, lo que se recomienda a un pueblo que dispone de un privilegio: que puede votar fácilmente si así lo desea", propuso Alarcón en su comparecencia ante profesores y estudiantes de la Universidad de las Ciencias Informáticas.

Limpísimas y democráticas, consideró a las elecciones cubanas. El presidente de la Asamblea Nacional del Poder Popular y miembro del Buró Político gastaba tiempo en explicarle a la vanguardia tecnológica del país el mejor modo de acercarse a las urnas.

Todos eran votantes. Aproximadamente 2.200 estudiantes ejercerían por primera vez su voto. Ricardo Alarcón se extendió en las virtudes del sistema electoral. Estableció las comparaciones de rigor con las imperfectas elecciones estadounidenses, recordó cuánta saña dedicaban al país los gobiernos del norte. Por eso votar dentro de un par de días era votar en contra de la política imperialista. Era renovar la independencia de Cuba, demostrarle al mundo entero de cuánta dignidad era capaz un pequeño país soberano.

No dejaban de ser, aunque él no hablara de ello, unas elecciones con Fidel Castro convaleciente. Elecciones en que la urna tendría que ir hasta la habitación del enfermo.

Alarcón avisó de que no quería atosigarlos, sino persuadirlos de la necesidad del voto unido. Por supuesto, dejaba esta decisión a la conciencia de cada uno. Habló largamente, abundó en razones. Enseñó documentos obtenidos en internet acerca de la financiación estadounidense a la contrarrevolución cubana. Se refirió a unos datos que, sin embargo, no habían podido localizarle. Y les pidió que, si acaso ellos se los tropezaban en sus navegaciones, no dejaran de hacérselos llegar, porque a él les serían muy útiles.

Agotada su intervención, creyó deberles alguna que otra respuesta o aclaración. Así que ya podían preguntarle.

Seguramente él no esperaba de los asistentes, en su mayoría militantes de la Unión de Jóvenes Comunistas, objeciones tan fuertes al sistema electoral. Debieron sorprenderlo mucho aquellas objeciones. Porque no se trataba de inconformidad por el voto unido que les reclamara, sino de un estado de malestar por el procedimiento acostumbrado. Por lo poco representativos que eran delegados y diputados dentro de ese procedimiento. Por la ausencia de un mecanismo efectivo de rendición de cuentas.

El primero en pedir turno de palabra fue un estudiante de segundo año, Rolando Pérez Rebollo, que quiso saber dónde estaba el límite entre el atosigamiento y la persuasión.

Planteó un dilema electoral.

"¿Y qué sucede cuando tú estás con tu conciencia ahí, a la hora de votar, y el hombre que te hizo ser revolucionario a ti, que te dio esa ideología, que es Fidel Castro para todos nosotros, te está aconsejando que des el voto unido y tu conciencia te dicta hacer otra cosa?"

Pérez Rebollo se atrevió a hacer una comparación con las recientes elecciones venezolanas sobre la reforma constitucional. Él había discutido el tema en muchos foros, y en ellos encontró a seguidores de Hugo Chávez que votaban en contra de la reforma constitucional, en contra de la propuesta chavista, porque así se lo dictaban sus conciencias.

Un joven profesor, Abel Meneses Abad, se refirió a la falta de argumentos con que a veces contaban en las discusiones con usuarios de otros países. Explicó en que consistía la Operación Verdad, un equipo de treinta estudiantes en cada facultad, trescientos compañeros en total, dedicados al proselitismo revolucionario en los foros cibernéticos. La idea original para la creación de este equipo había sido del ministro de Cultura Abel Prieto, en una reunión con dirigentes de la Unión de Jóvenes Comunistas de la Universidad de las Ciencias Informáticas.

Los trescientos integrantes de la Operación Verdad se encargaban de convencer a cibernautas de otras latitudes. Obraban contra la leyenda negra del régimen revolucionario cubano, buscaban imponer la verdad oficial sobre Cuba. Tenían la tenacidad de los verdaderos comunistas, la insistencia de los predicadores que van de puerta en puerta. Pero, así y todo, les faltaba maquinaria sofística. Muchas veces se encontraban faltos de argumentos en medio de la pelea, descubrían su desconocimiento del punto de vista oficial. Meneses Abad mencionó la falta de documentos sobre legalidad socialista. Hizo una referencia a los años setenta que podría deberse al intercambio de mensajes electrónicos entre artistas y escritores de un año antes, intercambio seguramente seguido muy de cerca por los trescientos miembros de Operación Verdad.

A ellos les faltaba también conocimiento sobre la posible legalización del matrimonio homosexual en Cuba. Y, en vista de todas estas lagunas, el profesor pedía que los diputados se reunieran con cierta frecuencia con esos trescientos compañeros para debatir, para responder a sus consultas, para ofrecerles argumentos que luego ellos podrían utilizar en las discusiones electrónicas. Por supuesto, él conocía el poco tiempo con que contaban los compañeros diputados, pero tal vez podrían dejarles material escrito sobre determinados temas, y los de Operación Verdad se remitirían a aquellas palabras.

Alejandro Hernández, estudiante de primer año, preguntó qué tal andaba Ricardo Alarcón de tiempo, porque no quería abusar de él.

Bien, podía hacer su intervención. Todavía no era hora de salir hacia la cita próxima.

Hernández narró entonces su impresión ante las biografías de los candidatos expuestas a la entrada del comedor de la universidad.

"Veía las fotos y las biografías de todos los delegados y diputados, y decía: ¿quiénes son?. Yo no sé quiénes son. Simplemente estoy leyendo la autobiografía, simplemente estoy leyendo la biografía, los posibles méritos que tiene ese ciudadano, pero que nunca lo he visto, que nunca ha visitado la UCI... Ese ciudadano que yo no sé quién es, de dónde salió."

Eran los candidatos por los que tendrían que decidirse al día siguiente. Los que se beneficiarían del voto unido.

"Ah, el voto unido", lamentó Alejandro Hernández. "¿Cómo voy a ir a votar por cada uno de ellos si yo no sé quién es. En la libertad hay ladrones, como expresara José Martí. En la libertad hay personas que no son totalmente concientes, que no son totalmente revolucionarias".

Había comenzado su turno de palabra con una cita de Franz Kafka acerca del secreto de cansar a la gente, que consistía en decirlo todo. No se entendía muy bien a qué venía esa cita. Kafka era citado kafkianamente. Y su turno de palabra concluyó con la petición de que esos candidatos cuyas fotografías colgaban a la entrada del comedor vinieran a visitarlos, se dejaran ver por allí, se presentaran ante sus electores.

"Déjeme presentarme", dijo un tercer estudiante. "Eliécer Ávila, facultad número dos, líder del Proyecto de Vigilancia Tecnológica y Política que es una de las, digamos, especialidades de Operación

Verdad, que en este caso se dedica al monitoreo constante de internet y a misión de reporte y combate como tal en esta área".

Estudiaba cuarto año de Ingeniería Informática. Un mulato hijo de agricultores, nacido en el batey Yarey de Vázquez, en Puerto Padre, al oriente de la isla. Militante de la Unión de Jóvenes Comunistas y practicante de taekwondo, como luego se supo. Sería él quien más tiempo ocuparía con su intervención y quien más interrogantes dirigiría a la mesa.

A diferencia de los anteriores, había tomado notas previas. Hablaba a partir de lo apuntado en un agenda que le prestara el compañero sentado al lado suyo. Avisó de que las dudas que le consultaba al presidente de la Asamblea Nacional formaban parte del debate que sostenían los jóvenes revolucionarios, todos ellos. Quizás no le podrían ser respondidas allí en ese momento, pero Alarcón sacaría en claro cuáles eran los temas que más preocupaban al colectivo de estudiantes de la Universidad de las Ciencias Informáticas.

"¿Por qué el comercio interior de todo el país ha emigrado al peso convertible cuando nuestros obreros, nuestros trabajadores, nuestros campesinos cobran su salario en moneda nacional que tiene 25 veces menos poder adquisitivo?", preguntó.

Un obrero, según cálculos suyos, tenía que trabajar dos o tres jornadas laborales para adquirir un cepillo de dientes.

"¿Por qué el pueblo de Cuba [...] no cuenta con la posibilidad viable de ir a hoteles o viajar a determinados lugares del mundo? Digamos, yo. No quiero morirme sin ir al lugar donde cayó el Che, allí a Bolivia, y me dedico toda mi vida a sembrar ajos, digamos. Allá en un municipio de Las Tunas y tengo, no sé, 30.000 pesos en el banco. Eso, convertido, son 1.000 dólares. El pasaje de ida y vuelta a Bolivia vale 200 para allá y 200 para acá. Y yo quiero ir con mi familia, y llevar a mis hijos allí, a homenajear el lugar donde cayó el Che..."

Eliécer Ávila habló también de un viaje a Egipto, de no morirse sin ver las pirámides. Citó temerariamente los viajes de José Martí y de Fidel Castro, cuánto habían podido viajar ambos. Se refería, sin mencionarlo, a la obligatoriedad de un permiso de salida a pagar en moneda convertible. Al pasaporte y a los visados, cobrados en la misma moneda. A los permisos ministeriales que deberían presentar los profesionales. Al montón de trabas impuesto como novedad por el régimen revolucionario. Se refería también al medio año de trabajo que significaba para un salario medio la obtención de todos esos requisitos.

Pero no sólo se trataba de los países extranjeros, sino que resultaba imposible visitar ciertos rincones del país.

"Hace unos meses, yo estaba en una discusión, y lo tenía...", dijo de su antagonista, "lo estaba matando".

Sostenía una discusión a través de internet. Con un extranjero. Como parte de su trabajo en la Operación Verdad.

Preguntó a su interlocutor por qué si su país marchaba tan bien y contaban con tan buen gobierno, tenían que venir a Cuba tantos compatriotas suyos a hacerse médicos. Por qué no podían estudiar en su país.

Andaban enzarzados en tremenda discusión. Su contrincante le contestó que él instalaba cables de teléfono, que en su familia habían doctores y graduados en ciencias en Cuba y que él los mantenía desde allí. El cariz de aquella discusión permitía sospechar que se trataba de una controversia con alguien del exilio, un simple técnico que mantenía a parientes doctores que permanecían en Cuba. Pero, fuese cual fuese su nacionalidad, devolvió el golpe a Eliécer Ávila con la pregunta de si acaso conocía Varadero.

El joven estudiante de Ingeniería Informática tuvo que reconocer que no.

¿Viñales?

Tampoco.

¿Tropicana?

No le quedó otra salida a Ávila, tal como reconoció en aquella asamblea, que pretextar un fallo técnico y dar por terminada una discusión que podía haber ganado.

La asamblea de estudiantes y profesores premió la anécdota con risas y con aplausos.

"¿Por qué no existe un intercambio más abierto y más constante entre, por ejemplo, el Consejo de Ministros y el pueblo?", continuó con sus interrogantes. "Donde cada uno de ellos explique cuál es el proyecto que existe para resolver los problemas objetivos de su área, y el pueblo sepa en cada momento por qué y cómo y cuándo se van a resolver los problemas. Y así pueda ayudar más y de manera consciente".

Puso como ejemplo los tremendos problemas del transporte público. Él consideraba indispensable que el ministro de Transporte se parara ante el pueblo y emprendieran entre todos una discusión sobre ese tema.

Había seguido por televisión las anteriores sesiones plenarias de la Asamblea Nacional del Poder Popular. Fueron transmitidas a lo largo de seis días, y él se mantuvo ante el televisor sin perder detalle. En una de esas sesiones se ocuparon del transporte público, y él le avisó a su padre que viniera a sentarse. Sin embargo, el primer diputado en tomar la palabra habló de los niños que morían en América Latina de enfermedades prevenibles, habló de los niños estadounidenses que no contaban con seguro médico, y apenas de los problemas del transporte público. Y así por el estilo, y así el resto de los tres diputados con turno de palabra. De modo que padre e hijo se quedaron con las ganas de oír alguna verdad sobre el tema.

"Nosotros aspiramos, nuestros jóvenes en cada uno de los debates, a que ese debate que ocurre al más alto nivel se parezca un poco más al debate que ocurre en los parques, en la tienda, en los pasillos, en los hogares, en las escuelas, en todos los lugares. Que es un debate un poco mil veces más aterrizado sobre problemas acuciantes."

"¿Mil veces más qué?", lo interrumpió Alarcón.

"Un poco más aterrizado. Aterrizado."

La población dudaba de la representatividad de muchos de los que asistían a la Asamblea Nacional del Poder Popular. Porque, ¿cuál de ellos declaraba allí las cosas que la gente sufría en sus barrios?. Los candidatos elegidos no se comprometían en nada, y el electorado no tenía indicador ninguno para saber cuál era el nivel de su gestión.

No se trataba del mal funcionamiento de una sesión plenaria, sino del funcionamiento en sí del órgano de gobierno. Y Eliécer Ávila tenía allí, al alcance de sus palabras, a su presidente.

"Todo esto que estoy diciendo es más socialismo. Que a nadie le quepa duda", advirtió.

"A nosotros nos parece que una revolución, un proyecto socialista no puede avanzar sin proyecto. Y nosotros estamos seguros de que existe, lo que queremos es saber cuál es. Y no nosotros, que tenemos esta oportunidad de estar hoy aquí con usted, una oportunidad tan buena. Lo digo por mi papá, lo digo por mi abuelo. Lo digo por un grupo de gente a la que se le han caído los dientes en el barrio mío trabajando de sol a sol detrás de una yunta de bueyes, y todavía no saben realmente cómo es la cosa, si se van a hacer realidad muchos de los sueños que se propusieron cuando niños."

Su intervención no podía ser más esencial. Pedía, no ya instrucciones para ciertos temas como había hecho el profesor que lo antecediera en el micrófono. Pedía un sentido, saber a dónde se encaminaba todo. En alguna asamblea, en alguna oficina, en algún documento oficial tendría que haber noticias del proyecto. Una explicación valedera, no sólo para él, que al fin y al cabo tenía sus privilegios de estudiante, sino para su padre y su abuelo. Para toda la gente que había gastado lo mejor de su vida por una idea que no sabían bien de qué trataba.

Gente que había perdido, no los dientes, sino la posibilidad de ver.

"Una oscuridad en todos los sentidos", admitió Ávila, "no conocemos hacia dónde vamos".

Había, por último, una cuestión que preocupaba especialmente a los 10.000 estudiantes de ese centro de estudios. Era un cuestión técnica, que afectaba a sus estudios y tareas. Él conocía bien lo dificultoso y caro que se hacía el servicio de internet para el país. Conocía del pobre ancho de banda con que contaban, pero un buen día habían cortado de raíz los dos servicios más usados por ellos, servicios que no encontraban sustitución posible por ahora. Se refería a Google y Yahoo!.

Existía una resolución ministerial al respecto, oyó decir. A él le llegaron noticias de que la razón estaba en que la información guardada en esos dos servidores quedaba fuera del alcance de Seguridad del Estado. Y le gustaría que alguien explicara la verdad acerca de todo esto.

Cerró la agenda que le habían prestado para apuntar preguntas. Fue aplaudido fuertemente por sus compañeros.

La extensa respuesta de Ricardo Alarcón volvió sobre el pasado prerrevolucionario, sobre la situación latinoamericana y estadounidense, sobre la dura política de Estados Unidos a soportar entre todos. Se vio obligado a reconocer su ignorancia en diversos temas de gobierno, y pretendió esquivar con ingenio los escollos que se le presentaban. Avisó enseguida que no podía responder a la pregunta acerca de los recortes de servicios de internet, porque era un lego en tales temas.

En cuanto a la falta de información reinante, él estaba completamente de acuerdo.

"Los que quieran criticar de los medios de información de nuestro país, me apuntan ahí, que yo voy a estar con las dos manos."

Apeló a lo personal, a su experiencia. Cuando él tenía la edad que ellos tenían, y estudiaba en la Universidad de La Habana, tampoco había conocido Varadero y Tropicana. Venía de una familia burguesa, descendía de la aristocracia camagüeyana, pero no conocía esos lugares porque su padre no contaba con el dinero para pagarle vacaciones o diversión allí.

A la alusión a las pirámides egipcias, respondió con el recuerdo de una película basada en una novela de Agatha Christie.

Su Egipto era el de Monsieur Poirot.

El de Peter Ustinov en el papel del detective.

Y su utopía era la pesadilla de un controlador aéreo.

"Si todo el mundo, los 6.000 millones de habitantes, pudieran viajar a donde quisieran, la trabazón que habría en los aires del planeta sería enorme, ¿no es así?."

Habló de cuánta gente en el mundo no tenía presupuesto suficiente para viajar. Convirtió una violación de los derechos humanos en un asunto de imposibilidad económica. ¿No había escuchado que el ejemplo hipotético brindado por el estudiante contemplaba ahorros suficientes a partir de la siembra de ajos?

"Ojalá, ojalá todos los cubanos pudieran salir y conocer el mundo exterior", extremó su hipocresía. "Yo creo que ese sería el fin de la batalla ideológica en este país. Cuando la gente viera de verdad cómo es la vida, cómo es el mundo real, cómo viven otros".

La vida de verdad, el mundo real, estaba fuera, lejos. La vivían los otros. Ellos no, los controlados por permisos de salida y cartas ministeriales y pasaportes y visados a pagar en una moneda distinta a la de sus empleos, vivían una vida falsa, irreal. Demasiado mimados por el Estado revolucionario. Demasiado ingenuos, faltos siempre de escarmiento aunque hubiesen perdido ya los dientes. En versión de Ricardo Alarcón la batalla ideológica quedaba reducida a reprimir las fantasías de la población cubana.

"No es verdad que el mundo sea tan sencillo, tan fácil", avisó a la asamblea.

Sus contestaciones hicieron evidente que, en caso de tener que rendir cuentas públicas de su gestión como se exigió allí de los diputados, tendría que abandonar su puesto. Aunque también sería preciso reconocer que ningún otro dirigente cubano, ni siquiera de más alto nivel, habría conseguido enfrentarse a aquella batería de interrogaciones sin echar mano a subterfugios, sofismas e infantilidades.

Al contestarle al primero de los estudiantes que tomara el micrófono, Alarcón ejecutó un extraño ejercicio de marcha atrás que borró la escultura donada por Niemeyer, los edificios del campus, todo cuanto se alzaba allí. Hablaba de que cada generación tenía sus cometidos y que ellos, los más viejos, darían paso a los jóvenes. El sistema electoral que representaba, del cual había ido a hablarle a los estudiantes, le impedía prometer cambios de gobierno. Pero, suprimidas las rotaciones y alternativas del poder político, los dictados de la biología continúaban en pie, y él podía jurarles que alguna vez una nueva generación vendría a suplantar a quienes ahora gobernaban.

"Y después, lo que hagan las generaciones futuras con lo que le vamos a dejar...", abrió los brazos para significar lo ancho de aquella posibilidad.

Le faltaron palabras para imaginar qué podía ser del legado de los iniciadores revolucionarios, en que pararían tantos desvelos.

"Es un derecho también de ustedes", aceptó. "Es el ejercicio de la libertad. Ahora, los más viejos tenemos la obligación moral de alertar, de prever, para que este lugar, por ejemplo, que es un centro increíble que sólo puede existir en Cuba, no vuelva a ser lo que era antes."

No hablaba del campo de radares de tecnología soviética, ninguna alusión hubo sobre él en su discurso. Dirigía sus suposiciones a un tiempo anterior, al Campamento de Orientación Infantil de Torrens.

Una prisión de menores, reveló.

La noticia histórica del portal cibernético de la Universidad de las Ciencias Informáticas, que aportaba detalles de ese reformatorio no decía que hubiese sido una cárcel.

Habían estado encarcelados allí varios condiscípulos suyos del Instituto de Segunda Enseñanza, recordó Alarcón.

Opositores políticos del régimen de Fulgencio Batista, pese a su minoría de edad.

"Y estuvieron aquí [...] encerrados en este lugar donde nadie se imaginaba que habría un día una universidad como ésta."

Retornaron la escultura de Niemeyer, las aulas, los dormitorios, las áreas deportivas. La desaparición momentánea de aquella esquina del legado revolucionario constituía una amenaza velada, un chantaje, la proyección de miedo propio.

Por suerte, el socialismo era irrevocable. La política cultural era irreversible. El Campamento de Orientación Infantil de Torrens, luego Base Lourdes, era Universidad de las Ciencias Informáticas.

Por suerte, casi nadie tenía internet. Ni siquiera los estudiantes de la Universidad de las Ciencias Informáticas tenían internet del todo.

En pocas horas quedarían abiertos todos los colegios electorales del país.

3

Operación Verdad habían llamado en enero de 1959 a la campaña oficial para rebatir las noticias que publicaban sobre Cuba agencias y publicaciones extranjeras. Aquellas mismas informaciones eran publicadas por los periódicos cubanos, todavía sin estatalizarse. La labor de los tribunales revolucionarios, organizada como espectáculos televisivos, despertaban por entonces rechazos internacionales. Las sentencias a muerte, los fusilamientos, eran comentados para disgusto de los líderes revolucionarios.

En un discurso pronunciado el 15 de enero en el Club Rotario de La Habana, Fidel Castro denunció la campaña internacional. Llegó con tres horas y media de retraso a la cita, pidió excusas. Siempre había sido puntual y ahora, con tantos asuntos que reclamaban su interés, su puntualidad quedaba en entredicho.

Ninguno de los que ahora estaban en el gobierno había sido antes ministro o presidente o jefe, y "de buenas a primeras nos ponen [de] jefe de todas esas cosas, una serie de responsabilidades, una serie de problemas complicadísimos y nos vemos en la necesidad de tener que resolverlos y, naturalmente, vamos pasando mucho trabajo".

Él, como sus compañeros de gobierno, tenía que aprender a gobernar. Sus problemas con el tiempo no era más que desajustes de primerizo que ya solventaría.

Como tantas veces haría luego, recorrió en su discurso toda la historia nacional. Perdía las batallas diarias con el tiempo, pero dominaba ya la historia. Era histórico, había entrado en el gran tiempo.

Su excursión por la historia del país lo llevó a resaltar la diferencia de tratamiento a los prisioneros que existía entre el ejército bajo Batista y el ejército triunfante a sus órdenes.

"Y es bueno que esto se saque a relucir ahora y aquí", dijo, "precisamente, en presencia de una institución tan prestigiosa como el Club Rotario, que tiene asociaciones en todo el mundo, destacar aquí la verdad, porque nos toca ahora defendernos contra la calumnia, defendernos contra la campaña malintencionada de los que quieren desacreditar a la Revolución Cubana".

Ni siquiera en los salones de un exclusivo club abandonaría las triquiñuelas dialógicas de sus discursos de plaza.

"¿Por qué se ha desatado ahora esta campaña contra la Revolución Cubana en la prensa de Estados Unidos?", preguntó.

Para recibir exclamaciones del público que lo escuchaba.

"¡Por dinero!", le gritaron.

No, no era esa la respuesta precisa que esperaba recibir. De manera que se permitió rectificarla.

"Les voy a dar la explicación: porque ahora no tienen en Columbia a un sargento llamado Batista, porque ahora no tienen a la casta militar armada. Se han quedado asombrados ante el hecho de que el Ejército Rebelde y el pueblo de Cuba hayan desarmado por completo al ejército."

"Entonces, la cuestión es clara: empiezan inmediatamente a desacreditar a la Revolución, a crear un ambiente internacional, porque le tienen miedo al respaldo de opinión que hay en toda la América en favor de la Revolución Cubana y al respaldo de opinión que hay en el mundo entero. [...] ¿Y qué pretexto toman? Toman el pretexto de los criminales de guerra."

El joven Castro recordó la Biblia, el crimen de Caín. El peor de los crímenes posibles, porque había sido de hermano que mata a otro hermano. Y de esa misma clase fue el crimen de los esbirros de la dictadura de Batista, y había que aplicarles la justicia revolucionaria.

Anunció el juicio próximo de Sosa Blanco, "que lo vamos a juzgar ahí en el Anfiteatro de La Habana y en presencia del pueblo", y los miembros presentes del Club Rotario rompieron en aplausos.

"Nosotros no los asesinamos en el cuartel", dijo de los enemigos capturados, "nosotros no los llevamos para una esquina oscura para darles un pistoletazo por la cabeza, no señor [...] Se les sometió a la jurisdicción penal de guerra, las leyes que habían regido durante la guerra y los tribunales que habían regido durante la guerra, con juicio; porque para hacer lo que hacía Batista no hacían falta tribunales, ni hacer nada. Entonces fueron detenidos, encarcelados, sometidos a Consejo de Guerra, con pruebas, y fusilados dentro de la ley".

Pero era imposible dejar a aquellos hombres vivos porque todo el pueblo pedía para ellos castigo ejemplar.

"¿Qué se iba a hacer con aquellos hombres que habían llegado al extremo de barbarie y de crimen al que no llegaron ni siquiera los alemanes?"

Necesitado, al parecer, de abultar los expedientes de torturadores y asesinos, se permitía creerlos superiores en crueldad manifiesta a los nazis. Y responsabilizaba a la población de cualquier medida extrema que fuera tomada.

"El pueblo en esto es más radical que nosotros, nosotros miramos las cosas con más calma, pero el pueblo pide como una necesidad elemental que los criminales de guerra sean castigados."

La frase fue cerrada con aplausos.

"Y entonces se desata la campaña de propaganda contra la Revolución Cubana: que si somos incivilizados, que si estamos vengándonos de los enemigos, que si estamos fusilando a los batistianos."

Preguntó si debían soltar a quienes habían asesinado a decenas de personas, y el público prorrumpió en negativas gritadas y en aplausos.

"Nos defenderemos de la calumnia e iremos a hablarle a la opinión pública de Estados Unidos, iremos a hablarle, porque la opinión pública de Estados Unidos tiene que comprender esta verdad. [...] Hay que hablarle a la opinión pública norteamericana para que esté con nosotros. Nuestra fuerza no está en las armas, nuestra fuerza está en la opinión pública nacional e internacional."

Pidió al rotarismo cubano que escribiera a todos los Clubes Rotarios del mundo la verdad del país.

"Vamos a llamar a la prensa internacional, que venga, porque aquí no hay censura, no estamos en la época de Batista, se puede escribir, lo que no se puede es engañar a nadie cuando hay libertad para que todo el mundo conozca la verdad, cuando hay libertad para que todo el mundo observe y cuando hay libertad para que todo el mundo escriba. Que venga la prensa del mundo entero a ver lo que está pasando aquí, a ver si somos civilizados o no, y que venga la prensa de todo el mundo para que vea los montones de cadáveres, las fosas que encierran los huesos de cientos y de miles de nuestros compatriotas, para que escriban la historia de la tiranía y la historia de la Revolución, porque nos sometemos al veredicto público, nos sometemos a la vigilancia pública, nos sometemos al juicio de la opinión pública."

Seis días después, un millón de habaneros se congregó en la Avenida de las Misiones ante el Palacio Presidencial para rechazar las acusaciones de la prensa internacional. Alrededor de 400 periodistas extranjeros habían viajado invitados por el gobierno revolucionario. Fueron hospedados en el hotel Havana Riviera, se encargó de ellos un cuerpo de intérpretes, y en ese mismo hotel fueron organizadas las condiciones para transmitir información a las diversas redacciones. A su llegada, cada periodista recibió un dossier con noticias y fotos de los asesinatos y torturas cometidas por las fuerzas depuestas. Fueron invitados varios legisladores estadounidenses.

Al día siguiente de la concentración popular, Fidel Castro sostuvo un encuentro con periodistas cubanos y extranjeros en el cabaret Copa Room del hotel Havana Riviera. En representación de una revista caraqueña asistió Gabriel García Márquez, residente entonces en Venezuela. Fidel Castro hizo una breve intervención y respondió durante horas las preguntas de los corresponsales. Señaló que los pueblos latinoamericanos estaban mal informados porque no existía una agencia cablegráfica latinoamericana.

Meses después, se creaba en La Habana la agencia informativa Prensa Latina y la emisora radial Radio Habana Cuba.

El comando de estudiantes de la Universidad de las Ciencias Informáticas que respondía al nombre de Operación Verdad heredaba ese nombre de los primeros tiempos revolucionarios.

"Un programa que es muy propio de la UCI", había declarado a Ricardo Alarcón el profesor Abel Meneses Abad.

Los integrantes de la Operación Verdad debatían en foros extranjeros, dejaban sus comentarios en ciertos sitios y páginas, procuraban hacer que las polémicas favorecieran a las posiciones oficiales cubanas. Se dedicaban a lo que ese mismo profesor llamara "la defensa de nuestros valores".

También se implicaban en controversias sobre política latinoamericana. Dadas las relaciones de la casa de estudios con el oficialismo venezolano y de otros países del ALBA, trabajarían también por el buen nombre del gobierno de Hugo Chávez.

El primer estudiante en dialogar con Ricardo Alarcón dijo haber participado en un foro sobre la reforma constitucional en Venezuela. Fuera cual fuera su posición en el debate, había sacado de él una lección de difícil aplicación en la política cubana. Porque existían seguidores de Chávez que, en determinada disyuntiva, se permitían negarle a éste el voto. Extraño descubrimiento para el alumno universitario de un país donde la Asamblea Nacional aprobaba por unanimidad sus acuerdos, donde la votación alcanzaba los más altos niveles de adhesión.

El trabajo de los estudiantes en foros cibernéticos podía causar algunas situaciones delicadas o incómodas. Aquel joven, por ejemplo, encontraba aleccionadora una imperfección venezolana que, en caso de ejercerse mayor presión gubernamental, desaparecería. La misión de aquel joven dentro de Operación Verdad tendría que hacerle entender a aquellos votantes ariscos como una falla del sistema, como una dificultad momentánea a rebasar. Sin embargo, era precisamente ese punto el que lo deleitaba, y se permitía sugerir para Cuba las salidas de un electorado falto de adoctrinamiento, todavía por educar.

La convicción con que esos jóvenes se enfrentaban al presidente de la Asamblea Nacional del Poder Popular la habían aprendido en horas y horas sentados ante los monitores en discusiones políticas. Discutían como rara vez se discutía de política en los espacios cubanos, y traían esas ínfulas a la asamblea universitaria. Ricardo Alarcón no dejaba de ser para ellos uno más de los internautas a los que sacaban a relucir sus problemas nacionales. La juventud de la Universidad de las Ciencias Informáticas se hacía sofista en controversias extranjeras. La Operación Verdad destruía en esos jóvenes, como pudo comprobar Ricardo Alarcón, al público timorato que estaban llamados a ser.

Eliécer Ávila, líder del Proyecto Vigilancia Tecnológica y Política, parecía haber sacado también lecciones erradas de su trabajo en internet. ¿Cómo era posible que un simple instalador de cables telefónicos pudiese avergonzarlo a él, casi ingeniero ya, hasta el punto de tener que pretextar una caída de la conexión?

Pese a la madurez política de la que consiguieran hacer gala, eran solamente unos muchachos. Los abochornaba la falta de determinadas vivencias. No estaban completamente convencidos de que allí contaban con algo más que unas oportunidades de vacaciones, contaban con una ideología justa para enfrentar al mundo. Y ningún viaje a las pirámides, o incluso al lugar donde cayera el comandante "Che" Guevara, podría entregarles ese aplomo, en caso de no contar con él.

Como jefe de una de las secciones de Operación Verdad, Eliécer Ávila se ocupaba de monitorear constantemente internet. Reportaba y combatía, según explicara en su intervención. Era líder de una brigada de respuesta cibernética. Reducía a sus contrincantes: hablaba de un intercambio de opiniones como si se tratara de una pelea de taekwondo.

"Lo tenía... Lo estaba matando", describió una de sus escaramuzas.

Y esa misma descripción cabría para su intervención ante Ricardo Alarcón.

Podría parecer paradójico que la Universidad de las Ciencias Informáticas careciera de libertad en sus navegaciones, y los jóvenes soldados de la Batalla de Ideas encontraran denegado el acceso a unos servicios que, en cualquier otra parte del mundo, resultaban elementales. Asimismo, resultaba paradójico que la vanguardia estudiantil en la que se cifraban tantas esperanzas no acabara de entender que el país se encontraba en guerra. ¿Cómo se atrevían a exigir transparencia de los ministros y libre flujo de información desde el extranjero?

Los nuevos radares de la Base Lourdes se habían vuelto locos.

El martes 5 de febrero de 2008, el corresponsal de la BBC en La Habana Fernando Ravsberg publicaba detalles del encuentro de Ricardo Alarcón con los estudiantes de la Universidad de las Ciencias Informáticas. Publicaba cuatro minutos de filmación.

"Gracias a un video entregado a la BBC por manos anónimas", avisó.

Era un raro gesto de liberalidad, que lo exponía a ser expulsado del país.

Las imágenes habían sido filmadas con más de una cámara. En la esquina superior derecha se consignaba: "En vivo". Y, puesto que la Universidad de las Ciencias Informáticas posee un canal de televisión propio utilizado para impartir clases, era posible suponer que las cámaras de ese canal filmaban el encuentro.

Alguien, uno al menos de los presentes en aquella cita, hizo suya la costumbre de dejar correr libremente la información. Tenían un espía allá adentro. La seguridad del campus estaba en entredicho.

El acceso indiscriminado a la reunión consiguió revelar la existencia de la Operación Verdad, de la cual no daba noticia el sitio web de la universidad.

4

Yoani Sánchez, autora del blog *Generación Y*, llevaba puesta una peluca rubia de cabellos cortos. Iba maquillada como no se maquillaba nunca y había logrado entrar al debate mensual de la revista

Temas celebrado el 30 de octubre de 2009 en el Centro Cultural Fresa y Chocolate, frente al cine Chaplin.

Otros blogueros y periodistas independientes esperaban fuera del local y ya les habían negado la entrada. Claudia Cadelo, autora del blog *Octavo Cerco*, y Reinaldo Escobar, autor del blog *Desde aquí*, discutían con los porteros que les cerraban la reja a ambos, aunque dejaban pasar al resto de los asistentes.

Adentro presentaban el último número de *Temas* y varios especialistas hablarían sobre el influjo de internet en la cultura. La entrada, supuestamente, era libre. No había lista de invitados. Y, sin embargo a ellos no los dejaban entrar.

Los guardas de la puerta aducían que era el instituto oficial de cine quien organizaba la presentación. Reinaldo Escobar quiso saber si los editores de la revista *Temas* sabían que estaban limitando la entrada.

Los guardas repetían que era el instituo de cine quien organizaba.

Claudia Cadelo preguntaba si la negativa de entrada venía de sus nombres puestos en una lista negra o de fotografías suyas que les hubiesen enseñado.

Los guardas se remitían a las órdenes recibidas: no podían pasar.

"En una esquina estaba Yoani Sánchez, con una fea peluca de rubia teñida, y un vestido negro ajustado", escribió Enrique Ubieta Gómez, autor del blog oficialista *La isla desconocida*.

"Las cámaras de sus colaboradores, y probablemente la pluma de algún corresponsal extranjero, recogerán la escena: mientras todos se divertían en el local a costa de la peluca, los reporteros dirán que pasaba inadvertida."

Ubieta Gómez, autor de volúmenes como *Ensayos de identidad*, *La utopía rearmada* y *Venezuela rebelde*, parecía muy interesado en los asuntos de indumentaria. En la entrada había coincidido por un momento con los blogueros y periodistas independientes, y con un grupo de estudiantes colombianos empeñados en repartir una revistica universitaria.

A los primeros los tildó de "ciber-politiqueros". Los segundos le parecieron un poco locos como todos los estudiantes universitarios.

La revistica que regalaban era rústica y combativa. Se ocupaba de temas internacionales tales como el derecho del pueblo palestino a la tierra y la paz. De temas nacionales como "la represión del estado capitalista colombiano".

Él debió examinar la publicación allí mismo para determinar si podía o no portarla. Aprovechó su estancia en la puerta para divulgar *La Calle del Medio*, revista de opinión y debate dirigida por él. Entregó ejemplares a los jóvenes extranjeros, echó una ojeada a los blogueros y periodistas independientes.

"Visten como los universitarios colombianos, con esa estudiada dejadez que entremezcla aires hippies y poses intelectuales, todo en ropa de marca. Parecen estudiantes franceses de los sesenta. [...] Aunque parecen de los sesenta, se asemejan más a los franceses de los noventa. No gritan en las paredes: 'seamos realistas, hagamos lo imposible'; ellos no son realistas, son pragmáticos. Su rebeldía consiste en repudiar, en maldecir la rebeldía. [...] Visten como los revolucionarios de los sesenta y piensan como los neoconservadores de los noventa."

El buen ojo de Enrique Ubieta Gómez para determinar la ropa de marca le permitía adivinar cuáles serían sus hábitos gastronómicos.

"Aman la Coca Cola y la comida chatarra", aseguró.

Adentro, en el debate, alguien describiría a aquella gente como cubanos de a pie.

"Y sin embargo", lo contradecía Ubieta Gómez, "traen sofisticadas cámaras de video y de fotos, celulares satelitales, sostienen blogs personales en Internet".

Lo verdaderamente despreciable en ellos era el hecho de que pudieran filmar cómo les negaban la entrada. Ubieta Gómez llevaba en su mochila ejemplares de la revista que dirigía, venía a la presentación de otra revista oficial, llevaba un blog que razonaba la propaganda del gobierno. No era extraño que le pareciera dudoso o despreciable cualquier gesto independiente. Los jóvenes colombianos eran sospechosos de locura, los que armaban escándalo a la puerta merecían ser examinados minuciosamente desde las etiquetas de sus prendas hasta los documentos de propiedad de aquellas cámaras.

Él dirigiría su rabia contra quien había burlado el cerco, contra Yoani Sánchez. Tendría que convencer a los lectores de su blog de que la habían dejado entrar de puros generosos, con el fin de escuchar qué aportaría ella a una discusión sobre internet.

Corresponsales de *El País* y *La Vanguardia* se encontraban en la sala. Estaban sentados allí diplomáticos de España y Suecia. De manera que cualquier gesto contra ella se hacía imposible.

"El verdadero disfraz de Yoani es su apariencia cotidiana", sostuvo. "Cuando fue llamada por su nombre y apellidos para intervenir, el espectáculo mediático alcanzó su paroxismo: frente al micrófono, se arrancaría la peluca en gesto farsesco, para supuestamente descubrir su identidad. ¿Qué importaba entonces lo que dijera? El habitual escenario académico se transformaba en la plataforma de un show mediático contrarrevolucionario, en el espacio de un estéril ciber-chancleteo. Era una pésima puesta en escena, pero una puesta, al fin y al cabo".

La jubilada profesora universitaria Denia García Ronda moderaba el debate. Participaban en la mesa el asesor del Ministerio de Informática y Comunicaciones y profesor adjunto de la Universidad de las Ciencias Informáticas Dr. Juan Fernández, el director del sitio web *Cubarte* Rafael de la Osa, y el director del Centro Teórico-Cultural Criterios Desiderio Navarro. Y, pasadas sus intervenciones, correspondía al público hacer sus comentarios y preguntas. Para ello era indispensable apuntarse en una lista de turno de palabra.

Yoani Sánchez dio el nombre de una abuela. Sin embargo, al llegarle el turno fue requerida por su nombre verdadero.

"Bueno, me alegra que hayas mencionado mi nombre", comenzó su discurso al micrófono. "Yo había venido oculta, pero bueno..."

"No tanto", le aclaró la moderadora.

La profesora jubilada no iba a perdonarle la insolencia de venir a subvertir la paz de su clase. Ella no admitiría nombres falsos, de burla, a la hora de pasar la lista. El orgullo de no haberse dejado engañar por aquella muchachita se juntaba a la tranquilidad de contar con sagaces agentes en aquella sala de conferencias.

Se había hablado en la mesa acerca de las dificultades del país para acceder a internet. Culparon de ello, como en tantos otros campos, a las presiones estadounidenses sobre Cuba. Nadie podría afirmar que el gobierno cubano no deseaba ofrecerle a todo el pueblo la posibilidad de comunicarse y de acceder a la red mundial. Pero era cuestión de ancho de banda, de la miseria tecnológica a la que el bloqueo estadounidense condenaba a la sociedad cubana.

Yoani Sánchez quiso saber qué relación existía entre esas dificultades y la censura de páginas dispuesto por las autoridades. El acceso desde Cuba a los blogs independientes permanecía bloqueado. Los autores de esos blogs tenían bloqueado el acceso a aquella sala y esperaban afuera. A ella le interesaba saber si el país virtual repetiría indefectiblemente el país de prohibiciones y vigilancias en que vivían.

"¿Por qué en la Cuba virtual se siguen repitiendo la censura, la coacción, la estigmatización de las personas porque piensan diferente?"

Después de ella pasaron por el micrófono los antagonistas que exigía la ocasión.

"Estamos discutiendo el futuro del ser humano en un país asediado, en un país bloqueado, y entonces escuchamos cosas que no tienen nada que ver con esto, que mañana van a ser publicitadas en el mundo entero, de alguna manera... sospechosa."

Ernesto Escobar, director de la editorial Ciencias Sociales, no se conformaba con el adjetivo que acaba de pronunciar.

"O no sospechosa", rectificó, "de una manera descarada. Mañana escucharemos todos los que tengamos esa posibilidad esta información tergiversada. Estamos hablando en un marco de discusión profunda, científica, y entonces tenemos que estar escuchando cuestiones que atentan además contra nuestro sentido humano".

Escobar hablaba en nombre de quienes podían acceder a internet y leerían, molestos u horrorizados, las referencias a la discusión de esa tarde.

¿De qué habían valido los guardas en la puerta?

¿De qué valían sus privilegios cuando se permitía la existencia de cámaras sofisticadas y teléfonos móviles y bloguería independiente?

"Somos rehenes en el ámbito internacional de la visibilidad de un proyecto que no tiene realmente un impacto y un conocimiento dentro de la sociedad cubana", lamentó Rosa Miriam Elizalde, directora del sitio *Cubadebate*.

Sus maneras eran sosegadas. Sentía horror ante un universo incontrolable que no podían bloquear como se bloqueaba una simple dirección incómoda. Era el horror de la pesadilla que soñaba el funcionario de la caricatura de Lázaro Saavedra. La pesadilla de un mundo en el cual todo el mundo navegaba por internet. Una variación de la pesadilla de controlador aéreo que había soñado Ricardo Alarcón delante de los jóvenes de la Universidad de las Ciencias Informáticas.

"¿Cómo se construye esa visibilidad?", preguntó Rosa Miriam Elizalde a propósito de Yoani Sánchez. "¿Por qué se construye esa visibilidad?"

Catalogó de virus a todos aquellos que hablaban de censura. Porque eran ellos, editores y figuras oficialistas como los reunidos en aquella sala, los verdaderos censurados. Eran ellos quienes permanecían en la puerta sin que les permitieran paso. Los acosados, los asediados, los bloqueados eran ellos. No representaban de ninguna manera la censura. La censura estaba representada por blogueros y periodistas en complicidad con las fuerzas internacionales que le ponían cerco a una pequeña isla, a una sociedad que deseaba construir un futuro mejor para toda su gente.

A las acusaciones de censura cibernética que Yoani Sánchez se atreviera a lanzar allí Elizalde respondía con horror profiláctico. La trataba de virus. Yoani Sánchez era un virus. Había entrado al sistema para descomponerlo, para tergiversar las órdenes, para subvertir los procedimientos. Abría puertas traseras a administradores remotos e indeseados. Debajo de su peluca y del nombre de una abuela, Yoani Sánchez era un troyano…

José Miguel Sánchez Gómez, que publicaba sus historias de ciencia-ficción con el seudónimo de Yoss, utilizó su turno de palabra para confirmar mucho de lo que había dicho la bloguera independiente.

"El poder, el poder totalitario se basa en el control de la información. Internet entre sus muchos defectos tiene una virtud: permite que […] informaciones incorrectas, informaciones falsas, informaciones irreales se divulguen al mismo nivel que las informaciones 'oficiales', 'correctas', 'reales', y eso es algo, me parece, que el poder no sabe cómo tratar, y mientras más trate de impedirlo, mientras más trate de cerrar esa piedra preciosa que es su control y su dominio entre las manos, mientras más la apriete, más corre el peligro de que un día esa piedra se le haga arena y se le deslice entre los dedos."

Yoss planteaba de un modo muy curioso las dicotomías. Por un lado, información falsa. Por otro, información correcta entrecomillada. Tan particular uso suponía para cada uno de esos casos un lector enemigo.

"Internet nos permite que el hombre de a pie, el hombre de a pie que tiene ciertas posibilidades […] pueda oponerse al monopolio de la información que tiene un periódico, que tiene un noticiero, que tiene un gobierno que pretende imponer su punto de vista a la realidad ya que es incapaz de imponer la realidad."

Criticó que hubieran allí sillas vacías y gente a la que no le permitían la entrada. Pero estaba visto que quienes creyeran que un debate sobre internet podía ser libre en Cuba era un iluso. Deberían saberlo los asistentes y los editores de la revista cuyo nuevo número los convocaba. Yoss se quejó, por último, de que los ponentes no hubieran tratado acerca de censura y monopolio.

Habló de la prudencia de la gente de la mesa. Recibió pocos aplausos.

Al menos dos filmaciones del debate aparecieron enseguida en internet. Terminaba, pues, el reinado de la versión única y oficial. En una de esas filmaciones, Claudia Cadelo y Reinaldo Escobar exigían razones a los guardas que les cerraban la reja de entrada, esperaban a Yoani Sánchez a la salida y condenaban la exclusión que habían sufrido. Una versión contraria prescindía de las escenas a la entrada y aseguraba desenmascarar las mentiras de la bloguera independiente.

La primera de éstas incluía la intervención de Yoss, que no aparecía en la segunda, más dada a recoger lo dicho por Ernesto Escobar y Rosa Miriam Elizalde.

En una de ellas, Reinaldo Escobar recomendó a los editores de *Temas* que reconsideraran el sitio de aquellas reuniones, puesto que el instituto de cine se reservaba el derecho de excluir a algunos asistentes.

La noticia no era nueva para Rafael Hernández, director de *Temas*, y el resto de su equipo. Se acogían a la misma triquiñuela implementada para las conferencias del Centro Teórico-Cultural Criterios en Casa de las Américas. Ambas revistas, *Temas* y *Criterios*, conservaban su fama de liberalidad escurriendo el bulto detrás de instituciones mayores que no tenían reparo alguno en portarse férreamente.

Claudia Cadelo abogó en su blog porque fuese hecha pública la lista negra que le negaba, ya por tercera vez, entrada a actividades públicas.

"Yo le exijo al Ministerio de Cultura que emita dicha lista, que aclaren las razones por las que no puedo asistir a conciertos y participar en debates, que den la cara y dejen de ampararse en el vago concepto 'La institución se reserva el derecho de admisión'. Yo quiero que Abel Prieto articule legalmente esta exclusión para así yo poder, legalmente también, ponerle una demanda al Ministerio de Cultura por discriminación cultural e ideológica. Yo quiero que los funcionarios acaben de quitarse la careta sin nombre y asuman que la política cultural cubana es excluyente y discriminatoria, pongan las cartas sobre la mesa y los puntos sobre las ies, dejen de usar la burocracia como escudo y a los custodios como infantería. Yo quiero que alguien me explique de qué manera humana una institución pública –del pueblo- se puede reservar el derecho de admisión y cuáles son las condiciones que rigen dicho derecho."

Armando Chaguaceda, defensor del trabajo del equipo de *Temas* pero opuesto a las exclusiones del debate, se permitió algunas predicciones al respecto.

"Falta por ver (se conocerá, como hoy los archivos de la Stasi) el expediente de presiones, acosos, vigilancia y estigmatizaciones facistoides, metódicamente planificados, con que se ha desarrollado una guerra de baja intensidad contra la esfera pública cubana, por parte del pensamiento estalinista y su correlato de ultraderecha."

Era estalinismo de Estado, por supuesto.

5

Enrique Ubieta Gómez llevaba razón al advertir que el habitual escenario académico se transformaba, mediante la intervención de Yoani Sánchez, en plataforma de un show mediático. Aunque antes se había convertido ya, desde la entrada, en el habitual espectáculo policial, con la complicidad de los editores de *Temas*, quienes participaban en la mesa y la directiva del instituto de cine.

A juzgar por las filmaciones, la peluca de Yoani Sánchez no sólo era fea, sino que parecía barata. No valdría para asaltar un banco, por ejemplo. Tenía algo carnavalesco, de mamarrachada. Y era un milagro que hubiera podido engañar a los de la puerta, faltos de entrenamiento al parecer.

Yoani Sánchez se acogía a un travestismo poco logrado. Cualquier hombre entrenado en esas lides habría pasado por mujer más verosímil que ella. Su impericia se debía tal vez a que abandonaba por única vez esa estudiada dejadez que el sartorial Ubieta Gómez detectaba en los compañeros suyos retenidos a la entrada.

Se sacaba la peluca ante el micrófono del mismo modo en que Dorothy Michaels se despojaba de ella en *Tootsie* y daba un giro inesperado a la telenovela en la que actúaba. Recurría al nombre de su abuela del mismo modo que Madeleine Elster, interpretada por Kim Novak, recurría al de su bisabuela Carlotta Valdes en *Vertigo*, una historia que giraba alrededor de transformaciones de peluquería. Yoani Sánchez realizaba una performance en el Centro Cultural Fresa y Chocolate.

El lugar tenía el nombre de un popular filme cubano cuya historia versaba, más o menos dulcemente, sobre la intolerancia oficial. *Temas* convocaba allí a una discusión de entrada libre acerca del influjo de internet en la cultura, y aquella libertad incluía prohibiciones de entrada. De manera que la parodia cinematográfica, consciente o no, no andaba descaminada en un lugar y ocasión que parodiaban tolerancia y libertad.

No era la primera de sus performances. En una entrevista, ella hablaba de la toma de espacios públicos.

"Es una nueva experiencia", reconocía, "pero es sumamente contagiosa".

El 30 de marzo de 2009, ella y otros blogueros independientes hicieron parte de *El susurro de Tatlin*, una performance de la artista Tania Bruguera presentada durante la Décima Bienal de La Habana. Era la misma edición en la que Carlos Garaicoa exhibía sus maquetas en plata. Bruguera era una de las artistas más vigiladas, a juzgar por los informes de Seguridad del Estado publicados por Yeny Casanueva y Alejandro González como parte de *Obra-Catálogo # 1*.

En el patio del Centro Wifredo Lam fue instalada una tribuna con micrófonos. Dos jóvenes ataviados con uniformes militares de los primeros tiempos revolucionarios escoltaban la tribuna, colocaban una paloma blanca sobre quien subiera allí y tomara la palabra. La performance de Tania Bruguera aludía a otra performance, el primer discurso de Fidel Castro al llegar triunfante a La Habana el 8 de enero de 1959. Al orador se le había posado entonces en el hombro una de las palomas soltadas para la ocasión. Y, gracias a una señal así, parecieron caer sobre él todas las bendiciones.

Era la performance de Yoani Sánchez sobre una performance de Tania Bruguera sobre una performance de Fidel Castro...

Subió, de primera, una actriz vestida de negro. Manoseó los micrófonos, intentó hablar sin que le saliera palabra, temblaba, rompió a llorar. No alcanzó a decir nada.

Detrás de ella, subió Yoani Sánchez. Habló de una isla cercada por la censura, habló de la blogosfera alternativa e independiente.

"Las dificultades para difundir nuestros sitios son muchas. De mano en mano y gracias a los *memory flash*, los cedés y los obsoletos disquetes, el contenido de los blogs recorre la isla. Internet se está convirtiendo en una plaza pública de discusión donde los cubanos escribimos nuestros criterios. La isla real ha comenzado a ser una isla virtual, más democrática y más plural."

Habló de vigilancia policial y de control. Bajó de la tribuna entre gritos de bravo y aplausos.

Subió Claudia Cadelo y dijo unas palabras. Subió Reinaldo Escobar, que sobrepasó el minuto establecido para cada orador y fue sacado de la tribuna por los escoltas uniformados.

Apretando una cartera bajo el brazo, Claudia Cadelo volvió a subir para decir algo que había olvidado. Una sola frase.

"¡Que un día la libertad de expresión en Cuba no sea una performance!"

Una mujer denunció la militarización del país.

"Millones de niños muriendo de hambre, ninguno en Cuba", fue todo cuanto dijo una señora negra.

Ciro Díaz, esposo de Claudia Cadelo y uno de los músicos de Porno Para Ricardo, pidió a los compañeros de Seguridad del Estado que le devolvieran los papeles que le habían incautado.

El fotógrafo Claudio Fuentes habló de dictadura, de presos políticos. Sometió a votación la necesidad de que la familia Castro abandonara el poder, se convocaran elecciones libres y terminara la huelga de hambre del disidente Arnaldo Antúnez, de la que no se daba información en noticieros y periódicos.

Muy pocas manos se alzaron.

"Que hablen ellos aquí, que venga uno y hable", pidió el artista plástico Hamlet Lavastida refiriéndose a los miembros de Seguridad del Estado. "Que no interrumpan los teléfonos y dejen que uno haga lo que quiera. ¡Viva la democracia y esperemos que algún día triunfe en Cuba!".

Alguien pidió libertad. Otro que no escondieran este acto de los medios de difusión masiva.

Un joven dijo tener veinte años y no haberse sentido nunca tan libre como hasta ese momento.

"Tengo también veinte años", refirió una muchacha. "Soy profesora de teatro, y estoy muy contenta de que tantos pueblos puedan estar en esta Bienal, y de que exista la unidad. Y lucho porque también exista la paz mundial."

Mientras pronunciaba su discurso, enarbolaba un puño cerrado.

"Revolución es cambiar todo lo que debe ser cambiado", formuló otro joven.

Un lector de Nietzsche dijo una frase inentendible sobre Zaratustra.

Alguien aseguró que todos eran artistas.

Uno subió para tomar una fotografía desde la tribuna.

"Con la revolución todo, sin ella nada", soltó un joven.

Un puertorriqueño pidió acampar allí durante veinticuatro horas.

"Si nos quedamos hasta mañana, que vengan más cubanos y puedan hablar desde aquí", propuso. "Con la paloma."

La paloma pasaba por el hombro de cada uno de los oradores espóntaneos. A veces pasaban minutos sin que nadie se atreviera, con la tribuna vacía.

Eugenio Valdés, curador de exposiciones, recordó a Virgilio Piñera en el encuentro de Fidel Castro con intelectuales en la Biblioteca Nacional. Recordó que Piñera había dicho entonces tener miedo. Él también tenía miedo.

Alguien pidió un minuto de silencio por ellos mismos, como si todos los presentes hubiesen muerto.

Fue cumplido el minuto.

Una recién egresada de artes plásticas dijo haber visto a un niño que mendigaba en la calle Obispo, y preguntó las razones.

Una extranjera reclamó un equipo de filmación perdido.

"*¿O que é mais importante, falar o fazer?*", preguntó una y otra vez una participante brasileña.

Tuvo que ser sacada del podio y, aún así, gritaba a voz en cuello su dilema.

"¡Más cubanos al podio!", reclamó una voz de extranjero.

Una muchacha subió a dar un grito que hizo aletear a la paloma nerviosamente.

Reinaldo Escobar subió otra vez, con la cabeza dentro de una jaba.

"A mí me parece que esto debería estar prohibido", dijo.

Tania Bruguera fue la última en ponerse delante de los micrófonos.

"Muchas gracias, cubanos."

Ordenó apagar las luces. Un técnico retiró los micrófonos de la tribuna cuando Ciro Díaz se preparaba a cantar *El Comandante*, una de las canciones prohibidas de Porno Para Ricardo.

La Jiribilla publicó de inmediato una "Declaración del Comité Organizador de la Décima Bienal de La Habana" que no mencionaba el nombre de Yoani Sánchez, aunque la trataba de disidente profesional fabricada por el grupo mediático PRISA. Englobaba a todos los oradores que protestaron allí como seguidores suyos, y la acusaba a ella de actuar para las cámaras.

"Resulta particularmente ofensivo que usen el espacio libre y plural de nuestro evento, asalariados de quienes manipulan la opinión pública, mienten, censuran, mutilan y coartan sistemáticamente la libertad de expresión y de pensamiento", afirmaba la nota.

Lo mismo que Rosa Miriam Elizalde en la presentación de *Temas*, los esbirros acusaban a las víctimas de esbirros. Y se abrogaban el derecho a ser llamados disidentes.

"Por encima de estas provocaciones, la Bienal continuará siendo ese espacio de rebeldía antihegemónica, de herejía y auténtica disidencia que conquistó definitivamente la Revolución Cubana para los artistas de Cuba y del mundo."

Los auténticos disidentes eran ellos, los organizadores de la Bienal. Yoani Sánchez ni siquiera podía aspirar a ese título.

Tres meses antes de la performance de Tania Bruguera, ella había utilizado el turno de preguntas en una conferencia de Mariela Castro en el Museo Nacional de Bellas Artes. La hija de Raúl Castro dirigía el Centro Nacional de Educación Sexual de Cuba, y hablaba allí sobre la nueva política oficial respecto a homosexuales y transexuales.

"Me gustaría preguntar si toda esta campaña, esta lucha que se está haciendo, de alguna manera, desde la sociedad misma para aceptar la preferencia sexual, podrá en algún momento pasar a otros roles y se luchará también por la tolerancia a otros aspectos como pueden ser la opinión, como pueden ser las preferencias políticas e ideológicas", comentó la bloguera.

"¿Saldremos también de esos armarios?", quiso saber.

La conferencista respondió educadamente.

"No sé, porque no trabajo esa área. El campo ideológico y político está fuera de mi responsabilidad. Y creo estar haciendo lo mejor que desde mi capacidad puedo dar."

Luego publicó una carta dirigida al organizador del programa del Museo Nacional de Bellas Artes que la invitara a hablar, donde afirmaba no conocer a la joven que le hiciera aquella pregunta.

Yoanis, la llamaba. Sabía ya que llevaba un blog, que recibía sustanciosos honorarios desde el extranjero, "aunque sus patrocinadores le exigen una fachada de humildad". Pero antes que juzgarla del mismo modo en que lo harían su padre o su tío paterno, le correspondía a ella denostarla con parámetros más afines al Centro Nacional de Educación Sexual que presidía.

"¡Pobre mujer! Está presa en el círculo vicioso del machismo universal. Tiene Amo en su casa [...] pero tiene otro más poderoso que le compra su honestidad intelectual."

Mariela Castro no dudaba en ofrecerle ayuda especializada.

"Las especialistas del CENESEX estaríamos muy complacidas de ayudarla a librarse de ese padecimiento común."

Acto seguido, olvidaba su lástima y adoptaba una superioridad no menos machista que la que criticaba.

"Disfruto la confrontación coherente, civilizada, limpia, cara a cara, sobre todo cuanto estoy convencida de algo, pero no soporto la mentira y esta muchachita se las está dando de 'gallita' jugando a las mentiritas, bajo el amparo de sus dueños, que no han encontrado mejor arcilla para fabricarla."

Podría apartarse un poco de las maneras de sus ancestros, pero también su camino la conducía a Washington.

"La oposición del incipiente imperio norteamericano a la soberanía de Cuba comenzó a principios del siglo XIX y no ha cesado. Todo parece indicar que a nuestros opositores se le han agotado los recursos intelectuales, cuando recurren a personas insignificantes y mal preparadas, que lejos de ponernos en dificultad, facilitan nuestro campo de trabajo."

Tanta reacción por una pregunta educadamente hecha. Mariela Castro, como los organizadores del debate de *Temas* y de la Décima Bienal de La Habana, no podían ocultar su irritación ante cualquier desvío del guión preestablecido.

Yoani Sánchez le contestó desde una entrada de su blog.

"Curioso fin de año en el que las sorpresas se acumulan, los árboles de Navidad regresan y los sexólogos comienzan a usar el lenguaje de los machistas. Mariela Castro me ha llamado 'gallita' y, en su lenguaje de especialista en género y sexualidad, la palabra toma connotaciones homofóbicas. Quizás porque yo soy una desconocedora de los términos de su especialidad, no logro entender qué quiso decirme al endilgarme un rol masculino dentro de un sustantivo femenino, que en eso de la gramática sí que puedo alardear de saber algo. ¿Creerá ella que hago labores de hombre porque exijo derechos y reclamo el respeto a las preferencias políticas? No veo las plumas en mi cola, pero si para ser una muy delicada gallina debo aceptar que un grupo de septuagenarios –todos hombres– decidan cada aspecto de mi vida, entonces me inclino al travestismo y hago quiquiriquí como el gallo con más hormonas del corral".

Para rematar la escena de travestismo, su esposo Reinaldo Escobar se reía con un delantal de florecitas y confirmaba que sí que era una gallita de espuelas afiladas.

6

La toma de espacios públicos era una averiguación en los límites. Una investigación de cuáles eran los límites. Algunas conferencias permitían preguntar hasta dónde podía llegar la discusión pública, la crítica política, la tolerancia del régimen. No era cuestión, como podrían pensar un Enrique Ubieta Gómez o una Rosa Miriam Elizalde, de crear una performance allí donde no la había. La presentación de *Temas* y la conferencia de Mariela Castro eran performances antes de que alguien tan insignificante o tan viral como Yoani Sánchez se introdujera en ellas. Eran tan performances como la que Tania Bruguera presentara en la Décima Bienal de La Habana.

Performances como las de Yoani Sánchez venían a poner en riesgo la dramaturgia de presentaciones y conferencias. Una performance subvertía a la otra. De incógnito bajo una peluca o pasando como simple público, la crítica política denunciaba los límites. La autora del blog *Generación Y* se ocuparía también de denunciar los límites de acción que las autoridades le dejaban. Su blog, como el de otros blogueros independientes, tenía bloqueado el acceso desde Cuba. Ella se había autodefinido como bloguera ciega.

Llegaron a prohibir la entrada de cubanos a los cibercafés de los hoteles habaneros, única posibilidad de enviar las nuevas entradas de sus blogs a los amigos que los administraban desde el extranjero. Reinaldo Escobar y Yoani Sánchez presentaron una filmación en la que les negaban el acceso a las computadoras del hotel Meliá Cohiba.

Escobar se disponía a pagar por una hora de conexión y la empleada del hotel le pedía el pasaporte.

No, él no tenía pasaporte. Era cubano.

La empleada le informaba que allí la conexión era sólo para extranjeros. Que así eran las cosas desde hacía un mes, debido a una resolución.

Y no sólo allí, sino en todos los hoteles del país.

Sobre la mesa estaba enmarcada la resolución, ella se la ponía ante los ojos amablemente. El documento les había llegado del Ministerio del Turismo y de la empresa telefónica ETECSA.

Él preguntaba dónde podría apelar, porque esa resolución violaba sus derechos constitucionales, lo discriminaba por su origen nacional. Es como si dijeran, le propuso, que allí podía consultar internet todo el mundo, salvo los mexicanos.

Bueno, podría dejar su queja en la conserjería.

Escobar se despidió de la empleada con el deseo de que la próxima vez que volviera por allí estuviese derogada ya aquella medida.

Ojalá, respondió ella.

Sonaba sincera.

Las imágenes fueron tomadas furtivamente por Yoani Sánchez, que fingía hojear uno de los periódicos al alcance de los clientes. El diálogo entre Reinaldo Escobar y la empleada del hotel era enmarcado por las páginas hojeadas. La cámara quedaba escondida detrás de un ejemplar de *Granma*. Todo cobraba un aire de filme cómico donde la bloguera interpretaba el consabido papel del espía parapetado detrás de un periódico en el vestíbulo de un hotel.

Pocos días después de la publicación de ese video fue levantada la prohición de cubanos en los cibercafés de los hoteles. En septiembre de 2009 las autoridades aprobaron legalmente el uso de internet para todos los ciudadanos que pudiesen pagarlo en moneda convertible. Aunque tal aprobación no cancelaba los caprichos de admisión, las negativas que seguirían produciéndose.

La grabación de una visita de Yoani Sánchez a la Oficina de Inmigración y Extranjería de su municipio se correspondía con aquella filmación en el hotel Meliá Cohiba. Del mismo modo que bloqueaban el acceso a su blog desde el país, permanecía bloqueada la posibilidad de salida al extranjero. En los cuatro intentos anteriores por obtener un permiso de salida, había recibido negativa. Y ahora que le concedían una mención especial en un premio de la Universidad de Columbia, regresaba a tentar el laberinto burocrático.

Alguien, supuestamente Reinaldo Escobar, la acompañaba a distancia, registraba en imágenes su entrada a las oficinas. Sin embargo, la entrevista con una oficial sólo pudo ser grabada en sonido.

"Bueno, lo mío es para saber si ya se levantó la prohibición de viaje que tengo desde hace un año."

"Aún no puede viajar", le contestó la oficial del Ministerio del Interior.

"¿Todavía? ¿Y cuándo se levantará esta... prohibición? ¿Tiene usted una idea?"

"¿Prohibición?"

El término parecía resultar absurdo a la oficial.

"Bueno, si yo no me puedo montar en un avión es una prohibición, porque yo por mi propia voluntad quiero, pero no me dejan. Entonces es una prohibición."

"Aún no está autorizada a viajar."

"¿Y por qué razón?"

"La razón la desconozco."

"Yo no tengo ninguna causa legal pendiente, no estoy siendo procesada ante un tribunal..."

"Vaya a Atención a Ciudadanía."

"Ya he ido muchas veces, si a mí me conocen allí. Pero bueno, lo que yo quiero saber es si esta es una prohibición *ad infinitum*, si yo algún día podré salir de esta isla, si sigo intentándolo... ¿Cómo hago?"

"Por el momento usted no puede viajar."

"Usted sabe que esto es una violación de mis derechos constitucionales. De libertad, por ejemplo. Ustedes están, conmigo, violando mis derechos como ciudadana de poder moverme, y salir y entrar de mi país. Eso es muy grave. Es muy grave. Que una institución militar le niegue a un ciudadano civil un derecho fundamental. Eso es como el derecho a la educación y a la comida, el derecho a moverme."

"Por el momento usted no puede viajar."

"Sí, ya eso lo he oído, lo repito. Pero yo lo que quiero es que alguien que tomó la decisión y que tenga la respuesta dé la cara."

"Yo se la estoy dando."

"No, usted no me está dando la respuesta. Usted me está repitiendo lo mismo que dice en estos papeles, y yo quiero la explicación de la persona que tomó la decisión. ¿Por qué Yoani Sánchez no puede salir del país? ¿Tanto me temen fuera de Cuba?"

"Por el momento usted no puede viajar."

"Por qué no quieren que ponga un pie en el avión? ¿Qué temen? ¿Que esta personita de 110 libras pueda qué? ¿Hacer un tsunami? Entonces, ¿por qué no me dejan salir del país?."

"Ya le dije."

"Están quedando en ridículo. No, pero yo lo quiero repetir. Están haciendo el papelazo de la vida. Esta institución, lo que ustedes representan, este permiso de salida, algún día se terminará. Mis nietos no van a vivir en estas condiciones. Cuando yo les haga el cuento de cómo a mí las instituciones de mi país me violaban mis derechos de moverme, no me lo van a creer. ¿Qué usted le va a decir a sus hijos? ¿Que usted se dedicaba a violar los derechos de los cubanos? ¿Eso es lo que le va a decir? Porque, de veras, yo siento pena ajena por usted, que va a tener, en un futuro, que decirle eso a sus hijos. Yo no, yo nunca he violado el derecho a nadie. Y yo sólo quiero ejercer mi derecho y comportarme como una persona libre. ¿Por qué no puedo? ¿Por qué? ¿Por qué sistemáticamente me niegan el permiso? ¿Quién es la persona que toma la decisión? Que no sea cobarde y dé la cara. Y me diga: 'Yoani Sánchez tú no viajas por un, dos y tres. Pero no..."

"Yo le estoy dando la respuesta."

"No, usted me está diciendo no. No me está dando la argumentación. ¿Por qué? Yo no estoy siendo procesada en un tribunal, yo no tengo causas pendientes y nunca he sido militar. No tengo secretos de Estado. Ni siquiera soy doctora, que ustedes les prohiben a los médicos salir durante cinco años. Necesitan una liberación. Yo no soy nada de eso... Soy una persona que se dedica a las letras. ¿Por qué yo no puedo salir? Ah, yo sí sé por qué no puedo salir, pero estoy esperando a que ustedes me lo digan. Porque ustedes tienen un filtro ideológico. Este país es una cárcel grande, con una frontera ideológica. Una frontera partidista. Y los ciudadanos aquí son juzgados por colores políticos. Aquí hay ciudadanos de primera, de segunda y de quinta categoría. Y yo no sé en qué categoría estoy yo, pero debo estar en la subterránea, ¿no? ¿Por qué? Por un filtro ideológico. Pero eso algún día terminará, porque esta nación no tiene nada que ver con una ideología, ni con un partido. Esta nación fue y será antes y después de ustedes. Y entonces ustedes van a tener que rendir cuentas de todas las violaciones que nos hicieron a los cubanos. De verdad, lo lamento mucho, pero el futuro no está con ustedes. El futuro es de nosotros. Yo tengo treinticuatro años, lo voy a vivir. Lo voy a vivir. Y voy a ser muy feliz cuando me pueda mover libremente. Y lo único que están haciendo es tensando la liga. Cuando yo pueda poner un pie fuera de este país, las consecuencias serán mucho mayores porque ustedes así lo determinaron. ¿Que cada vez más gente lee mi blog? Porque ustedes así lo han causado. ¿Que más gente me admira y me saluda por la calle? Porque ustedes lo han provocado. Con las prohibiciones, con el autoritarismo, con la vigilancia policial. Lo único que han provocado es que sea todo más atractivo lo que yo hago. Entonces, de verdad, si tengo que agradecerle a alguien, tengo que agradecerle a los órganos de la Seguridad del Estado, al Ministerio del Interior y a Inmigración, que han contribuido a que el fenómeno de mi blog sea cada vez más grande. De verdad, muchas gracias."

¿Le respondía, agradeciéndole también, la oficial? Pareciera escucharse en la grabación.

Negado su permiso de salida, Yoani Sánchez pronunciaba en la Oficina de Inmigración y Extranjería su discurso de recogida de la mención especial otorgada por la Universidad de Columbia. Hablaba para los lectores de su blog, para todos los que alcanzarían a escuchar la filmación. De ahí la explicación acerca del tratamiento particular que reciben los médicos. Se trataba de un paréntesis aclaratorio, de una nota a pie de página.

Tropezaba con una oficial sumamente inexpresiva. Una suerte de Bartebly que prefería que ella, por el momento, no hiciera el viaje. Igual que Bartebly, la oficial se acogía a una frase de la cual no iba a sacarla todo el discurso de la premiada en universidad estadounidense. Y tan logrado hermetismo impulsaba a su interlocutora a imaginar un tiempo en el cual quienes ahora negaban permisos y explicaciones tuviesen que rendir cuentas. Para entonces no habría ya hermetismo oficial, y el hermetismo de cada quien sería castigado.

Yoani Sánchez exigía que las autoridades diesen la cara. Combatía contra el dios escondido que era el Estado. Resultaba sintomático que el presidente Barack Obama contestara al cuestionario enviado por ella, mientras que no llegaba respuesta alguna de Raúl Castro.

En su discurso en la Oficina de Inmigración y Extranjería la bloguera agradecía a la policía secreta la relevancia conseguida por su trabajo. Y, lo mismo que en la presentación de *Temas*, se refería a la vigilancia a la que estaba sometida.

En una entrada de su blog dedicada a esa custodia hablaba de cine. Confesaba que su experiencia cinematográfica había sido siempre como espectadora. Hasta que empezó a vivir su propia película. Una especie de thriller de perseguidores y perseguidos en la que su papel consistía en escapar y esconderse.

"El motivo de tan repentino cambio de espectador a protagonista ha sido este blog [...] Me desperté hace dos años con ganas de escribir el verdadero guión de mis días y no la comedia rosa que mostraban los periódicos oficiales. Pasé entonces de ver las películas a habitarlas."

Yoani Sánchez reducía la variedad de sus papeles. La que hojeaba un ejemplar de *Granma* y apuntaba con una cámara a su marido en el vestíbulo de un hotel, la que atravesaba debajo de una peluca la guardia plantada a la entrada de un centro cultural, la primera espontánea en subir al podio de una performance de la Bienal de La Habana, la que se arriesgaba a hacer un pregunta incómoda a la hija del presidente de la república, estaba lejos de ser esa actriz encasillada en el mismo personaje que escapaba y se escondía. Y todas estas personificaciones estaban en consonancia con la que ahora fotografiaba a sus vigilantes y perseguidores.

"Creyéndome Kubrick o Tarantino, he comenzado a dejar testimonio de esas criaturas que nos vigilan y acosan. Seres de las sombras, que como vampiros se alimentan de nuestra alegría humana, nos inoculan el temor a través del golpe, la amenaza, el chantaje. Individuos entrenados en la coacción, que no pudieron prever su conversión en cazadores cazados, en rostros atrapados por la cámara, el teléfono móvil o la retina curiosa de un ciudadano. Acostumbrados a acopiar pruebas para ese expediente que todos tenemos en alguna gaveta, en alguna oficina, ahora les sorprende que nosotros hagamos el inventario de sus gestos, de sus ojos, la meticulosa relación de sus atropellos."

Y publicaba, debajo del texto, imágenes de los agentes que merodeaban su casa. Eran hombres y mujeres, blancos y negros, jóvenes y maduros.

"¿Estás loca?", le espetó uno al acercársele.

Porque solamente a alguien aquejado de locura se le ocurría invertir el juego, trastocar de un modo tan escandaloso las leyes de la represión y de la caza.

Una mujer se cubrió el rostro con las manos para no ser registrada.

"A falta de un estado de derecho me veo obligado a publicar las fotos de tres connotados represores en la región oriental", comenzó Luis Felipe Rojas Rosabal la entrada del 3 de agosto de 2010 de su blog *Cruzando las alambradas*.

El texto servía de pie a dos fotografías tomadas furtivamente. En la primera, aparecía un joven en el balcón de un apartamento. La segunda incluía a dos hombres en el mismo balcón. Ambas imágenes habían sido tomadas a distancia, entre unos arbustos.

Henry Borrero se llamaba el joven. Freddy Allén Agüero Díaz y Wilson Ramírez Pérez los dos que aparecían juntos. Los tres operaban en la región de Banes y Antilla, en Holguín.

"Ramírez Pérez golpeó salvajemente a Caridad Caballero Batista y Mariblanca Ávila dentro de un carro para que no asistieran al apoyo que se le daría a Reina Luisa Tamayo Danger en Banes."

Las dos mujeres fueron bajadas a rastras del auto en que viajaban y las montaron en un auto de matrícula particular propiedad de Seguridad del Estado. Ya en ese mismo blog, el 22 de julio, Luis Felipe Rojas Rosabal había denunciado los hechos.

Un año antes, Wilson Ramírez Pérez había sido coautor de una golpiza a Christian Toranzo Fundichelis.

"Los demás son miembros del grupo operativo del G2 en la zona. Su triste misión es la de detener al movimiento opositor en Holguín. Ese es su legado, un rosario de violaciones que se volverá contra ellos cuando pase la larga noche del infortunio socialista."

Meses antes, Rojas Rosabal estuvo bajo vigilancia en su casa en San Germán, Holguín. Había sido interceptado cuando intentaba viajar hacia Banes, para encontrarse allí con Reina Luisa Tamayo, la madre del prisionero político muerto en huelga de hambre Orlando Zapata Tamayo. Le advirtieron que no podía salir de San Germán y que cada vez que saliera de su casa lo acompañarían dos hombres vestidos de civil. Apostaron durante seis días rondas de vigilantes que controlaban la entrada de su casa.

El 23 de mayo de 2010 aparecía en el blog *Cruzando las alambradas* una galería de imágenes de esos vigilantes. El bloguero denunciaba sus nombres. La lista incluía a dos mayores y a un capitán de Seguridad del Estado, al jefe de sector de la policía, a varios policías, a auxiliares de Seguridad del Estado, a jóvenes trabajadores sociales. Los vecinos pasaban y fumaban un cigarro con los policías de guardia, conversaban un rato. Añadían rutina de barrio a la operación policial.

Luis Felipe Rojas Rosabal publicaba imágenes de la sede de Seguridad del Estado en la ciudad de Guantánamo.

"Estas imágenes que ven hoy son de Guantánamo, del edificio Lily Modas, una conocida tienda. La tienda de marras está en los bajos, pero en los altos alberga las tenebrosas oficinas de donde salen las órdenes para torturar libremente en las prisiones, detener a los inconformes en la ciudad u otro sitios, confiscar teléfonos móviles, computadoras o retener los permisos de salida de médicos, maestros u opositores que desean viajar al mundo libre. Esas oficinas cerradas a cal y canto, y a las que se accede solo con un carné o contraseña maldita, son testigo de la opresión y el vejamen que ha sufrido un pueblo por cincuenta años."

En su blog *Octavo Cerco* Claudia Cadelo describía un modo más sutil, pero no menos persistente, de vigilancia.

"Cada día me tocan a la puerta, varias veces, diferentes representantes del Ministerio de Salud Pública."

Ella los dejaba entrar. Revisaban toda la casa, anotaban en un cuaderno la cantidad de tragantes, los vasos espirituales, los búcaros de flores con agua, todo lo que pudiera ser vivero de mosquitos. A veces venían cuatro de esos inspectores cada día. Hasta que una buena mañana ella se negó a dejarlos entrar, y en adelante empezó a dictarles las informaciones que buscaban.

Cinco tragantes, dos vasos espirituales, tres cubos de agua, ningún agua recogida, ningún tanque de agua.

Creía haber tomado una sabia precaución. Pues, según comentario de la gente, muchos de esos jóvenes pasaban el servicio militar obligatorio en sus labores de inspectores sanitarios, anotaban pertenencias e informaban a Seguridad del Estado. Elevaban la noticia de posesión de cualquier libro o publicación subversiva, denunciaban los equipos tecnológicos. Y en el año 2003 la mayoría de las computadoras decomisadas durante la Operación Windows habían sido denunciadas gracias a los informes del Ministerio de Salud Pública.

"No tengo ni idea de la veracidad de estos comentarios", admitía Cadelo, "pero si la Seguridad del Estado quiere censar los contenidos de nuestras viviendas, que vengan ellos mismos con la orden, si de todas formas, tienen poder de sobra para ello..."

La Habana se había convertido en una ciudad abiertamente vigilada. No sólo se trataba de policías uniformados y policías secretos. No sólo se trataba de cada uno de los Comité de Defensa de la Revolución dispuestos en cada cuadra. Era vigilancia tecnológica, cámaras de vigilancia por todas partes.

"Han sido instaladas con una eficiencia que rara vez se ve en la ejecución de algún proyecto de beneficio popular", escribió Yoani Sánchez. "Su sofisticada estructura asoma lo mismo en una calle donde la mitad de las casas están a punto de derrumbarse que en los modernos enclaves turísticos o en la suntuosa 5.ª Avenida. Captan al que trafica con carne de res, vende drogas o arrebata una cadena de oro; pero también vigilan a quienes no guardan armas bajo la cama, sino opiniones en sus cabezas."

Las especulaciones callejeras dotaban a esas cámaras de un programa de identificación de rasgos a partir de medidas antropométricas. Lo cierto es que abastecían ya un contrabando de episodios relevantes.

"Estas cámaras públicas –materialización de la telepantalla orwelliana– han dado inicio a una nueva cinematografía. Aunque funcionan básicamente de forma automatizada, algunas manos han filtrado su contenido hacia las redes alternativas de información. Decenas de imágenes salen de los archivos policiales y circulan ahora mismo a través de las memorias USB. Videos donde se nos ve delinquir y sobrevivir, hurtar y rebelarnos. Minutos de golpizas policiales, choques de autos y vistas de prostitución entre muchachos muy jóvenes y turistas que le duplican la edad. Una completa muestra de un impactante *snuff movie* que desde hace semanas va de una pantalla a otra, brinca de los teléfonos móviles a los reproductores de DVD."

Yoani Sánchez acompañaba el texto con apenas un minuto de video en el que varios policías cargaban violentamente contra unos detenidos. Eran imágenes tomadas por una de aquellas cámaras en el paradero de la ruta 462.

"Sin pretenderlo, la policía nos ha dado el más crudo testimonio que se puede tener sobre nuestro presente. Una sucesión de escenas que –no hay dudas– quedarán almacenadas en la memoria visual de este país."

7

En su blog, Luis Felipe Rojas Rosabal publicaba periódicamente los informes de violación de derechos humanos de la opositora Alianza Democrática Oriental. En una entrada de *Cruzar las alambradas*, el ex-prisionero político Isael Poveda Silva escenificaba los suplicios a los que condenaban a los convictos en el Combinado de Prisiones de Guantánamo.

"El murciélago", llamaban a una técnica de colgamiento por las muñecas.

"El balancín", a otra.

Anderlay Guerra Blanco, recién salido de prisión después de haber cumplido cuatro años en diversos penales por intento de salida ilegal del país, detallaba también las torturas practicadas en las cárceles.

"Shakira", llamaban a un método de tortura en que el prisionero era esposado por la espalda de pies y manos, tirado al piso de una celda, para que, a cada movimiento que intentara hacer, recordara a sus risueños carceleros el agitar de caderas de la cantante colombiana.

La cadena que unía pies y manos podía ser acortada más o menos, según el grado de suplicio al que se quisiera someter al prisionero. Una variante consistía en colgarlo, esposado así, del techo del calabozo, lo cual dejaba huellas imborrables en muñecas y talones. Como añadido, podían ser golpeados a gusto. Y el ensañamiento solía ser mayor con los presos políticos que gritaban consignas antigubernamentales o emprendían huelgas de hambre.

Guardas y reeducadores y directores de prisiones y mando superior conocían de la aplicación de estas técnicas de castigo. Anderlay Guerra Blanco daba los nombres de un capitán y de un subteniente contra los que algunos familiares de reos habían intentado en vano abrir procesos. Daba, por último, su propia dirección particular y teléfono en Guantánamo. Y se dejaba fotografiar, con una soga en lugar de esposas y cadenas, reducido a la manera de la que ofreciera detalles.

A través de blogs, a través de redes sociales como Facebook o Twitter, comenzaban a divulgarse casos de violación de derechos humanos, técnicas de tortura policiales, nombres y rostros de los esbirros encubiertos. Con la ayuda de teléfonos móviles se obtenían imágenes de represión en las calles. Yoani Sánchez y Reinaldo Escobar conseguían burlar el cordón de agentes de Seguridad del Estado que impedía la entrada al departamento de Medicina Legal donde almacenaban el cadáver de Orlando Zapata Tamayo, y alcanzaban a entrevistar a Reina Luisa Tamayo, quien atestiguaba el asesinato de su hijo y las torturas a que lo habían sometido en prisión. Sólo así podía ser escuchada tan rápidamente la voz de la madre del preso político.

Gracias a teléfonos móviles pudo seguirse el entierro de Zapata Tamayo en Banes. Desde Miami, Radio Martí transmitió los acontecimientos a partir de llamadas de móviles de quienes marchaban hacia el cementerio. Las calles eran patrulladas por la policía, las entradas de la ciudad permanecían cerradas. La madre del difunto y sus familiares recibieron las mayores presiones oficiales para que el entierro ocurriera cuanto antes. Querían salir del cadáver con el menor ruido posible. Y muchos opositores fueron detenidos o advertidos a lo largo de todo el país.

Desde horas antes del entierro, fuerzas policiales ocuparon el cementerio. En todo momento mantuvieron un cerco sobre el cortejo fúnebre. Pero los gritos de rebeldía que acompañaron al entierro pudieron ser escuchados en todo el país mediante el viaje de ida y vuelta conseguido por teléfonos móviles y una radio extranjera que emitía hacia Cuba. Gracias a las señales de televisión miamense captadas por las antenas clandestinas pudo ser conocido por muchos cubanos el rostro de Orlando Zapata Tamayo, la perseverancia de su madre.

La represión ejercida contra Reina Luisa Tamayo en los siguientes meses fue conocida a través de imágenes en Facebook, por conexiones establecidas entre opositores y blogueros dentro de Cuba, por conexiones entre éstos y los blogueros del exilio. Luis Felipe Rojas Rosabal se encargó de transcribir sus conversaciones telefónicas con Reina Luisa Tamayo, de denunciar cada carga policial sufrida por ella y su familia. Yoani Sánchez visitó en Santa Clara al opositor en huelga de hambre Guillermo Fariñas. Claudia Cadelo visitaba y daba voz en su blog a las esposas de varios presos políticos.

Rojas Rosabal viajaba de una provincia a otra para dar testimonio.

Sánchez y Cadelo salían de la capital con tal de conocer a los opositores y sus familias.

Blogueros independientes y Damas de Blanco marchaban juntos por la ciudad, y las imágenes de represión contra este grupo de mujeres vinieron de corrresponsales extranjeros y de gente que las acompañaba, decidida a vigilar a los vigilantes.

Las tropas espontáneas del régimen revolucionario, la indignación del pueblo con la que la propaganda oficial había justificado hasta entonces cada episodio de represión callejera, quedó por primera vez al descubierto. El cotejo de imágenes obtenidas permitió atestiguar cómo se repetían los rostros de los represores de una a otra ocasión, cómo siempre eran los mismos actores. No se trataba, tal como quedaba demostrado con aquellas imágenes, de pueblo enardecido por la insolencia opositora. No eran buenos revolucionarios con temor a perder el gobierno de las ciudades y los pueblos, sino porra entrenada y a sueldo. Colaboradores, auxiliares, agentes de Seguridad del Estado que avalaban una farsa cívica donde la policía uniformada apenas intervenía, o lo hacía solamente para aplacar los enfrentamientos. Quedaban cancelados de este modo los alardes de paz y justicia social que el régimen revolucionario hacía ante el mundo. Terminaba en Cuba la violencia estatal sin testigos.

La información veraz escapaba del cerco policial gracias a ciertas facilidades tecnológicas. Regresaba al país en las señales captadas por antenas clandestinas, circulaba de mano en mano en dispositivos de memoria escabullibles. Las voces de quienes nunca iban a encontrar espacio en una prensa al servicio de las autoridades comenzaban a ser escuchadas ampliamente.

"La tecnología se está convirtiendo en el inconforme más peligroso dentro de la isla: computadoras, memorias flash y tarjetas SIM son los nuevos héroes en las listas negras de la Seguridad del Estado", reconoció Claudia Cadelo. "Sacar una cámara fotográfica en un lugar conflictivo se está volviendo más difícil que gritar 'Abajo Fidel' en una guagua. Para el Estado internet no es un medio de comunicación al servicio de los ciudadanos, es un arma para 'la contrarrevolución'. Hemos llegado a un punto en el que el progreso se ha convertido en un riesgo para el *statu quo*."

A comienzos de marzo de 2010, Yoani Sánchez dio a conocer a través de su Twitter el facsímil de un documento que circulaba por instituciones y centros de trabajo. "Plan contra alteraciones del orden y disturbios contrarrevolucionarios", aparecía titulado, y era parte de una campaña oficial para la reactivación de las Brigadas de Acción Rápida existentes en los años noventa. El país, una vez más, se encontraba bajo amenaza. Las fuerzas contrarrevolucionarias se disponían a "actuar contra la seguridad integral de nuestros trabajadores y nuestros clientes con el fin de causar incertidumbre en los mismos y afectar nuestra economía".

Bajo el epígrafe "Misiones para el rechazo de las alteraciones del Orden y Disturbios Contrarrevolucionarios", se detallaba un plan de acción en cinco instrucciones.

"Observar ininterrumpidamente las zonas de posible alteración del orden y disturbios contrarrevolucionarios."

"Puntualizar y mantener organizadas las fuerzas de la Unidad con el armamento rústico disponible en los lugares cercanos, de acuerdo a la ubicación del personal."

"Rechazar las alteraciones y disturbios que se originen."

"Extinguir los incendios que se produzcan y prestar los primeros auxilios a los heridos como consecuencia de los enfrentamientos."

"Mantener informado al Puesto de Mando de la organización superior a la cual pertenece y al MININT, sobre la situación creada en todo momento."

Todos los trabajadores de turno deberían responder por estas medidas y, si fuera necesario, serían avisados aquellos trabajadores que estuviesen en sus casas.

El rubro "Armamento" consignaba los siguientes: palos, cabillas, cables.

Un anexo incluía el acta de pertenencia a firmar por cada trabajador.

Claudia Cadelo reprodujo en su blog el facsímil del "Plan contra alteraciones del orden y disturbios contrarrevolucionarios". Lo calificó de llamado al linchamiento civil.

"Me pregunto cómo es posible que esos señores que hoy gobiernan mi país sean capaces de autorizar a la gente a golpear, a abusar y hasta a matar -más que autorizar, incluso exhortar a matar, no puedo quitarme la horrible combinación de letras de mi cabeza: c-a-b-i-l-l-a para dar c-a-b-i-l-l-a-z-o-s- todo para perpetuarse en el poder, para alcanzar lo que les está negado por la naturaleza propia del hombre: la eternidad, la divinidad, el poder absoluto."

"¿Se ha vuelto loco el presidente? ¿Quién ha redactado este llamamiento a la guerra civil en el nombre del gobierno cubano? ¿Es el Partido Comunista el que insta a sus integrantes a atacar físicamente a otros seres humanos? ¿Quién -dios mío y que me digan ingenua- tiene el coraje, la desvergüenza y el bestialismo de ser parte, o siquiera suscribir, este 'post-moderno' cuerpo de voluntarios?"

Cadelo aludía al cuerpo de voluntarios del siglo XIX que patrullaba en busca de cualquier gesto de rebeldía contra la Corona. Aquel documento le hacía recordar un cartel visto por ella a la entrada del restaurante El Polinesio, en los bajos del hotel Habana Libre, al cual dedicara una entrada anterior de su blog.

Orlando Luis Pardo, autor del blog *Lunes de Post-Revolución*, había tomado una foto del cartel. "Filosofía de lucha de nuestro pueblo", rezaba, y mostraba una charretera del uniforme verde olivo del Comandante en Jefe y el cañón de un arma. La autora de *Octavo Cerco* transcribía, frase a frase, el texto impreso a dos columnas.

"Las palabras rendición y derrota están completamente borradas de nuestra terminología revolucionaria."

"Ningún revolucionario debe rendirse ante el enemigo y seguirá luchando hasta la muerte, si fuera necesario."

"Cada revolucionario debe pensar particularmente cuando quede aislado: ¡La revolución soy yo!, y continuar la lucha sin esperar orientaciones de otros."

"Habrá que defender cada palmo de nuestro suelo patrio."

"Causar la mayor cantidad de bajas posibles al enemigo en fuerzas vivas es nuestro principal objetivo."

"Mantener el espíritu combativo, por gigantescos y dolorosos que sean los sacrificios para obtener la victoria."

"La victoria definitiva será nuestra, por difíciles que sean las circunstancias en las que se desarrolle la lucha."

"En cada jefe político y militar, de cualquier nivel, en cada soldado, en cada hombre del pueblo, hay un Comandante en Jefe potencial que sabe lo que debe hacer, y en determinada situación cada uno puede llegar a ser su propio Comandante en Jefe."

"Mientras quede un combatiente será como un poderoso ejército y ninguna causa estará perdida."

"Crear la convicción de que este pueblo no será gobernado jamás por ninguna potencia extranjera ni por la contrarrevolución."

8

Claudia Cadelo había iniciado su blog a raíz de una detención policial. El miércoles 3 de diciembre de 2008 publicó una foto suya, con dos dedos alzados en señal victoriosa y un papel oficial en la otra mano. Se trataba de una citación policial para el día siguiente. Detrás suyo, una pancarta parodiaba el logotipo de Milton Glaser para New York. "I love MININT", podía leerse, y el corazón del centro de la frase tenía un agujero del cual manaba sangre.

La citación, "Cédula de citación a denunciante, víctima o testigo", llegaba para disuadir a los participantes de un encuentro de blogueros independientes.

"Primer round", había titulado el día anterior Yoani Sánchez una entrada de su blog que reproducía las citaciones policiales recibidas por ella y Reinaldo Escobar. Otra entrada narraría lo ocurrido en la estación de policías de 21 y C.

"El encuentro es breve y el tono enérgico. Somos tres en la oficina y el que lleva la voz cantante se ha presentado como el agente Roque. A mi lado, otro más joven, me observa y dice que se llama Camilo. Ambos me anuncian que pertenecen al Ministerio del Interior. No están interesados en escuchar, hay un guión escrito sobre la mesa y nada que yo haga los distraerá. Son profesionales de la intimidación."

Le prohiben celebrar el encuentro de blogueros que planeaban para los próximos días.

"Roque termina de hablarme –casi a gritos- y yo aprovecho para preguntarle si me puede dar todo eso por escrito. Esto de ser una blogger que pone su nombre y su rostro me ha hecho creer que todos están dispuestos a colocar su identidad acompañando lo que dicen. El hombre pierde el ritmo del guión –no se esperaba esas manías mías de bibliotecaria que guarda papeles–. Deja de leer lo que estaba escrito y me grita más fuerte que 'ellos no están obligados a darme nada'."

Ella alcanza a decirle que no pueden firmar sus órdenes porque no tienen el valor para hacerlo.

"Cobardes", les suelta antes de marcharse.

No es casual que entre las primeras entradas publicadas por Claudia Cadelo en su blog estuviese un artículo, breve manual de sobrevivencia, de Adolfo Rivero Caro: "¿Cómo sobrevivir en Villa Marista?".

Luis Felipe Rojas Rosabal, detenido tantas veces, dedicaba una entrada de su blog a los mismos preparativos carcelarios. Confeccionaba una lista de objetos útiles a la hora de detenciones y encarcelamientos. Él había cotejado esa lista con un experimentado opositor político. Provenía, pues, de dos experiencias. Aunque advertía que se trataba de una lista inexacta, pues cada cual sabría lo que de veras necesitaba y lo que le era accesorio en tales circunstancias.

Era recomendable una toalla, pequeña para que abultara poco. De 1 m x 0,5 m.

Un pedazo de jabón usado ya, con el fin de no tentar a los captores.

Pasta dental a medio consumir.

Un cepillo dental.

Un frasco de colonia barata.

No hay nada como untarse un poco de colonia después de una ducha en el baño turco, avisaba en un paréntesis. Y una nota a pie de página explicaba que el baño turco era el "orificio para las necesidades fisiológicas ubicado debajo de la pila del agua para ducharte y beber, y a sólo medio metro de las cabeceras de los muros para dormir (ya sean de concreto o metal)".

Él llevaba siempre un ejemplar de *Desayuno de campeones* de Kurt Vonnegut, Jr. Porque cuando empezaba a preocuparse, cuando empezaba a imaginar que aquella era su detención definitiva, se leía unas páginas del libro y recobraba el ánimo.

Cargaba con dos calzoncillos para alternarlos cada dos días.

Con medias contra el frío de los calabozos.

Todo esto dentro de un macuto, bolso o mochila que no pesara más de dos libras.

Y las mujeres deberían disponer siempre de almohadillas sanitarias, aunque no tuvieran cerca el período menstrual.

Por último, lo más importante, "magua, money, dinero".

Con dinero podían conseguirse alimentos frescos, "pues casi siempre hay un alma de Dios que te acercará las provisiones que solicites".

"Cada mañana o al caer la tarde", avisaba, "los custodios te entregarán tus pertenencias por una hora, hasta que estés aseado y parezcas un hombre feliz, capaz de rebatir las puntas más afiladas de los más absurdos procesos de instrucción penal".

Luis Felipe Rojas Rosabal explicaba con la misma minuciosidad su modo de operación para sostener un blog en condiciones tan difíciles. Aunque no dejaba de considerar que si cada uno de los blogueros independientes hacía lo mismo iban a facilitarle demasiado su trabajo a los compañeros de Seguridad del Estado.

Una amiga en el extranjero copiaba sus dictados telefónicamente. El presupuesto dedicado por ella a llamadas internacionales obligaba a dictados no muy largos. De ahí las trescientas palabras de las entradas de su blog.

Le enviaba a ella fotos tomadas al azar "y como los represores son cada vez menos originales, por lo menos en el oriente del país, casi siempre reprimen a la misma gente, de modo que cuando apalean a Caridad Caballero Batista, Rolando Rodríguez Lobaina o Idalmis Núñez en Santiago de Cuba, hace ya meses quizás que he enviado sus fotos al ciberespacio".

Él recorría más de 200 kms para ver su blog en un cibercafé. Desde donde vivía, San Germán, no había sitio a menor distancia donde poder consultar internet.

"¿Es premio o castigo?", se preguntaba. "No sé, pero me siento un tipo tremendo cuando salgo por la puerta de un hotel con un pedazo de mi blog en una *memory flash* recién pescada en esa mar revuelta de la patria universal que es la Internet".

Así sostenía y alcanzaba a leer Luis Felipe Rojas Rosabal su blog *Cruzar las alambradas*. Sólo le faltaba responder por qué lo hacía.

"Por tanto, tienen que creerme, estos sacrificios son por mis hijos: un día podré contarles sin sonrojo lo poco que hice. Lo hago por la paciencia de la buena de mi Exilda, que reza todas las noches 'porque las bestias no se vuelva a meter en el jardín' (sic), y lo hago por ustedes: de aquí a unos años, cuando compilen estos residuos podrán ver el rostro de un hombre que tuvo miedo muchas veces, pero el deseo de ser un hombre libre superó todos los desasosiegos. Gracias."

Yoani Sánchez recibía en su casa la visita de un amigo residente en el centro de la isla que, para llegar a la capital, debía sortear los problemas de transporte y el cordón de vigilancia que lo rodeaba. Unas semanas antes había estado detenido, le quitaron durante un par de horas su teléfono móvil y un oficial le aseguró que un número de teléfono del Reino Unido registrado en la agenda del aparato venía a complicar las cosas.

"Twitter", se leía junto al número extranjero.

"Nadie te salva de los quince años", amenazó el oficial.

Quince años de cárcel por mandar un mensaje de texto a alguien con ese nombre.

"No sabe él", decía Yoani Sánchez del oficial, "que el camino para sacar nuestros tweets al ciberespacio es el rústico envío de mensajes de sólo texto a través del servicio celular. Tampoco imagina que en lugar de llegar a manos de un miembro de la inteligencia británica, nuestros breves textos van a parar a ese pájaro azul que los hace volar por el ciberespacio. Es cierto que se trata de una emisión a ciegas y que no podemos leer las respuestas o referencias que hacen los lectores, pero al menos estamos relatando la Isla en trozos de 140 caracteres".

En viaje hacia La Habana, el anónimo amigo de la bloguera alcanzó a detectar un operativo policial, redactó de antemano en el móvil la noticia de su detención y, con tan sólo la presión de un dedo habría enviado aviso de que se lo llevaban.

"Lo despedí en la puerta, y llevaba su móvil en la mano, como una linterna de tenue luz. En la carpeta de 'Borradores' un texto ya preparado lo protegería de las sombras que lo esperaban allá abajo."

9

La filmación realizada con un teléfono móvil recorría las espaldas de un grupo de auxiliares de Seguridad del Estado. Varios blogueros se habían citado en una casa de Punta Brava para sostener un encuentro, habían sido detenidos, y Yoani Sánchez se dirigía con su móvil a los que cercaban el portal de la casa.

Preguntaba a aquellos hombres por qué no permitían la reunión.

Ninguno se atrevía a dar la cara. Ellos, que hurgaban en las vidas de los demás, defendían ahora la privacidad propia.

Uno, al fin, encaró las preguntas.

"Porque nos da la gana."

Se movía nerviosamente.

"Les da la gana... Ustedes son la autoridad e impiden que la gente adquiera conocimientos tecnológicos..."

"Ah, vieja, deja la payasería. Pareces una payasa."

Se marchó de allí, evitó la cámara que lo apuntaba.

Al cumplirse el segundo mes del fallecimiento de Orlando Zapata Tamayo, su madre decidió hacer una marcha de recordación y protesta hasta el cementerio de Banes. Pudieron acompañarla solamente diez opositores. El día había amanecido con un fuerte operativo policial. Las turbas convocadas, policías y efectivos de Seguridad del Estado rodeaban la casa de Reina Luisa Tamayo.

Las autoridades municipales negaron a la familia la posibilidad de comprar una corona de flores.

Pese a tantos obstáculos, lograron llegar a la tumba, cantar allí el himno nacional, hacer sus rezos y deshacer el camino a los gritos de "¡Zapata vive!".

"Las turbas estaban en las esquinas, preparadas para asediarnos", notició Reina Luisa Tamayo, "pero cuando empezamos a tirar fotografías se escondieron para que no salieran sus caras".

Lubyanka, KGB, Moscú (2 x 7,5 x 7 cm).
Carlos Garaicoa, *Las Joyas de la Corona*, 2009.
(Instalación. 8 esculturas de plata, madera, cristal. Dimensiones variables.)

IV

1

De algún modo, el enjuiciamiento de Luis Pavón y Jorge "Papito" Serguera y Armando Quesada a través de mensajes electrónicos prefigura el debate futuro acerca de responsabilidades políticas.

La identificación de oficiales, agentes, auxiliares de Seguridad del Estado y brigadistas de acción rápida prepara el camino para un tiempo en que tales episodios puedan ser dirimidos judicialmente. Mediante teléfonos móviles se obtienen imágenes de sus rostros y acciones. Algunos blogs dedicados al tema permiten acceder, gracias a la ayuda de comentaristas, a sus nombres de guerra, y hasta a sus verdaderos nombres. Noticieros y programas de análisis de las cadenas televisivas miamenses consiguen divulgar dentro del país los rasgos de esos agentes de violencia.

Esa visibilización de sujetos que hasta hace poco trabajaban acogidos al anonimato no es solamente compilación de pruebas judiciales, sino recurso de disuasión. Cobran individualidad los acosadores en pandilla. Salen de la facción sus facciones. La multitud que conseguía disolver cualquier asomo de responsabilidad personal deja de arroparlos, y la individuación recién cobrada los enfrenta a sus actos. La mujer apostada como vigilante se tapa la cara frente a la cámara. Los agentes que acordonan la casa no se atreven a voltear la cabeza. Las hordas dispuestas al ataque se esfuman en cuanto ven teléfonos móviles en las manos de sus víctimas.

Los oficiantes del miedo tienen miedo a ser descubiertos. Miedo a caer en un banco de datos de posible utilización futura.

2

Hemos ido del café interrupto de Nicanor O' Donnell a la hilera de nucas de agentes de Seguridad del Estado que no quieren dar la cara. Rodríguez y Segura visitaban el apartamento de uno de sus expedientados para convenir con él una línea de seguimiento. Sus colegas cercan en Punta Brava la casa donde iba a celebrarse un encuentro de blogueros.

Hemos ido de los micrófonos en el baño de Nicanor O'Donnell al teléfono móvil con el que Yoani Sánchez filma a esos agentes.

Los artilugios han cambiado de mano. Sirven ahora, no sólo para el espionaje, sino para la denuncia.

Para la denuncia del espionaje.

3

Rodríguez y Segura instalan los micrófonos con el fin de escuchar las opiniones políticas de Nicanor O'Donnell. Esos micrófonos nunca se dejan ver en el cortometraje. Los dos agentes de Seguridad del Estado declaran su propósito de instalarlos, los fijan debajo del lavamanos y, sin embargo, el espectador nunca llega a verlos. Buen trabajo para C. Auguste Dupin, descubridor de la carta robada.

Lejos del alcance de esos aparatos, Segura y O'Donnell acuerdan la compraventa de una antena clandestina. Pero, si ha sido filmada la instalación de los micrófonos y el inicio de esta transacción de mercado negro, ¿existe entonces una instancia superior a aquella que acaban de sellar con el nuevo sistema de escucha?

Existe.

Es la capacidad de fabulación de Eduardo del Llano.

De Carlos Garaicoa.

De Yeny Casanueva y Alejandro González.

4

En junio de 2010, el Committee to Protect Journalists (CPJ) avisó de la instalación de un "software espía" en las computadoras de acceso público de Cuba y de Vietnam. Reportó que en los cibercafés de los hoteles cubanos había sido instalado el programa "Ávila Link", que permite rastrear las acciones ejecutadas por los usuarios, el historial de los sitios visitados y toda la información enviada o recibida.

"Ávila Link" logra bloquear la ejecución de programas desde cualquier dispositivo externo.

Antes habían prohibido la entrada de cubanos a esos cibercafés, ya podían aceptarlos. "Ávila Link" esperaba por ellos en cada máquina.

El nombre del programa no guardaba relación alguna con el líder del Proyecto de Vigilancia Tecnológica y Política de la Operación Verdad, Eliécer Ávila.

Tampoco con Leopoldo Ávila, probable seudónimo de Luis Pavón Tamayo antes de convertirse en presidente del Consejo Nacional de Cultura.

Viene del nombre de la provincia, Ciego de Ávila, donde fuera creado el programa.

5

Seguridad del Estado suele ocupar los teléfonos móviles de los opositores y, en ocasiones, no los devuelve. Se vale de los aparatos decomisados para telefonear a otros opositores y crear confusión.

El 2 de agosto de 2010, Rolando Rodríguez Lobaina, coordinador general de la Alianza Democrática Oriental, denunció haber recibido en su móvil un mensaje de texto amenazante. El mensaje le avisaba que no encontraría impunidad, que calles y plazas pertenecían solamente a los revolucionarios.

Lo enviaba alguien de Seguridad.

Lo firmaba Raúl Castro.

Seguridad del Estado también sabía valerse de los nuevos artilugios.

6

Las negociaciones entabladas entre Carlos Garaicoa y las autoridades del Ministerio de Cultura, Museo Nacional de Bellas Artes y Décima Bienal de La Habana prefiguran, de algún modo, las negociaciones políticas futuras. Porque no era de arte de lo que discutían allí, sino de política. Y difícilmente la contraparte del artista se habrá limitado a funcionarios de esas tres instituciones. La alusión a Seguridad del Estado obligaría a contar con otros jerarcas. Alguien de Villa Marista debió examinar qué tal quedaba en plata el edificio donde él tenía su despacho o sala de torturas.

Las autoridades hicieron gala en este caso del mejor humor posible. Consideraron necesario mostrar el trabajo del artista en la inauguración de la Bienal, era importante contar con su obra delante de los visitantes extranjeros. Quisieron alardear de Garaicoa delante de todo el mundo. Y le perdonaron, por ello, un par de bromas pesadas.

Hay aquí dos ingredientes imprescindibles para cualquier negociación política futura: necesidad de las autoridades y compromiso a los ojos del mundo.

7

Carlos Garaicoa negoció con las autoridades su exposición, Yeny Casanueva y Alejandro González recibieron en la puerta de casa al agente Douglas, dos Premios Nacionales se reunieron a puerta cerrada con el ministro de Cultura, Fernando Jacomino y otros dirigentes viajaron a provincia a convencer a Francis Sánchez y otros escritores, Eliécer Ávila formuló sus preguntas a Ricardo Alarcón, Yoani Sánchez cuestionó a Mariela Castro, Claudia Cadelo y Reinaldo Escobar pidieron razones a quien les cerró el paso, Yoani Sánchez reclamó motivos a una oficial de Inmigración: a lo largo de estas páginas el diálogo con las autoridades ha sido una constante.

Más bien, la imposibildad del diálogo. Porque, fuera de la estricta conversación policial, las autoridades evitan siempre pronunciarse. Ricardo Alarcón se acoge a su ignorancia tecnológica, Mariela Castro a su especialización en política sexual, los porteros del Centro Cultural Fresa y Chocolate a las órdenes recibidas, la oficial de Inmigración a su muletilla barteblyiana.

8

Mientras escritores y artistas aireaban sus mensajes electrónicos, el ministro de Cultura Abel Prieto se cuidó de no hacer declaración pública. Nada de lo dicho por él fue publicado. Habló en pequeñas reuniones o en asambleas de precisa invitación. Pero cuando un corresponsal extranjero pidió entrevistarlo, él decidió extenderse sobre el tema, y *La Jiribilla* reprodujo la entrevista publicada en un diario mexicano.

Curiosamente, las declaraciones del ministro parecían necesitar de un medio extranjero que las hiciera rebotar hacia el país.

Lo mismo que los vivas gritados en el entierro de Orlando Zapata Tamayo.

Las declaraciones del ministro no iban a llegar nunca a la prensa nacional, no serían comentadas en televisión y radio.

¿Quién ocupaba entonces el espacio público? Podía hablarse de un vaciamiento mucho más grave de lo diagnosticado. Pues excluía no sólo a opositores, blogueros independientes o artistas incómodos, sino a los portadores de la versión oficial.

Con tal de borrar un ámbito que sólo les ocasionaba sobresaltos, los nuevos comisarios políticos eran capaces de sacrificar su turno de palabra. Y, si una de sus pesadillas recurrentes aparecía bajo la figura de una sociedad con internet generalizada, el mejor de sus sueños contendría una existencia sin pronunciamientos. Un espacio público tan escueto que ni siquiera pudiera albergar los planteamientos del ministro.

Esta parecería ser la tónica del mando bajo la presidencia de Raúl Castro, tan poco dado a la oratoria.

9

Habría que considerar que las prebendas recibidas por escritores y artistas no se reducen a baratijas como un pavo navideño, un pequeño cheque mensual, viajes a Venezuela, una estancia en la playa, ediciones numerosas que apenas circulan fuera de la isla... Tampoco se reducen al derecho a intranet. Ni siquiera a la navegación en mar abierto, en internet.

Lo que el régimen revolucionario da a artistas y escritores es tiempo. Un tiempo despreocupado de toda rendición de cuentas, libre de comprobaciones. Les da el tiempo que queda después de haber descoyuntado todas las ecuaciones que lo relacionaban con dinero. Un tiempo hecho a la medida de los artistas, inefectivo, para ser dilapidado. El tiempo sin bordes dentro del cual se hace la obra. El tiempo que nunca encontrarán en el capitalismo.

Artistas y escritores no llevarían tan lejos sus protestas como para perder este privilegio. En cualquier caso, protestaban por un mal uso de esa misma idea del tiempo. Porque, años antes, los viejos comisarios políticos de la cultura les habían hecho el mismo regalo de tiempo, pero en su variante horrífica. Entonces habían condenado a muchos de ellos a castigos sin bordes, sin fecha de liberación prescrita. A eternidades que no rendían cuenta, sin reclamo posible.

Estaba visto que el Estado era capaz de repartir con igual generosidad el tiempo de la creación y el tiempo del castigo.

10

Hemos ido de un culpable de sus opiniones dichas en privado como Nicanor O'Donnell a blogueros que se atreven a difundir opiniones en un radio inabarcable. De las reuniones de unos pocos de confianza en las cuales se habla mierda del gobierno a cónclaves tecnológicos de blogueros en Punta Brava.

De intelectuales a resguardo en sus privilegios a blogueros capaces de relacionarse con opositores políticos, capaces de denunciar límites que se encuentran más allá de los límites gremiales. Y tal vez esos blogueros prefiguran, de algún modo, otro tipo de intelectual.

Escribo lo anterior y puedo suponer las objeciones que vendrán del gueto o barrio cerrado de las linternas rojas. Ni siquiera un poeta como Luis Felipe Rojas Rosabal o un narrador como Orlando Luis Pardo, blogueros ambos con libros publicados en las editoriales cubanas, podrían ser considerados desde allí como escritores. Despertaban una simpatía condescendiente mientras esperaban a la puerta de Casa de las Américas, pero se han hecho insoportables con sus reclamaciones filmadas a la entrada del Centro Cultural Fresa y Chocolate. Han dejado de ser aquellos entrañables jóvenes anónimos a la espera de una invitación.

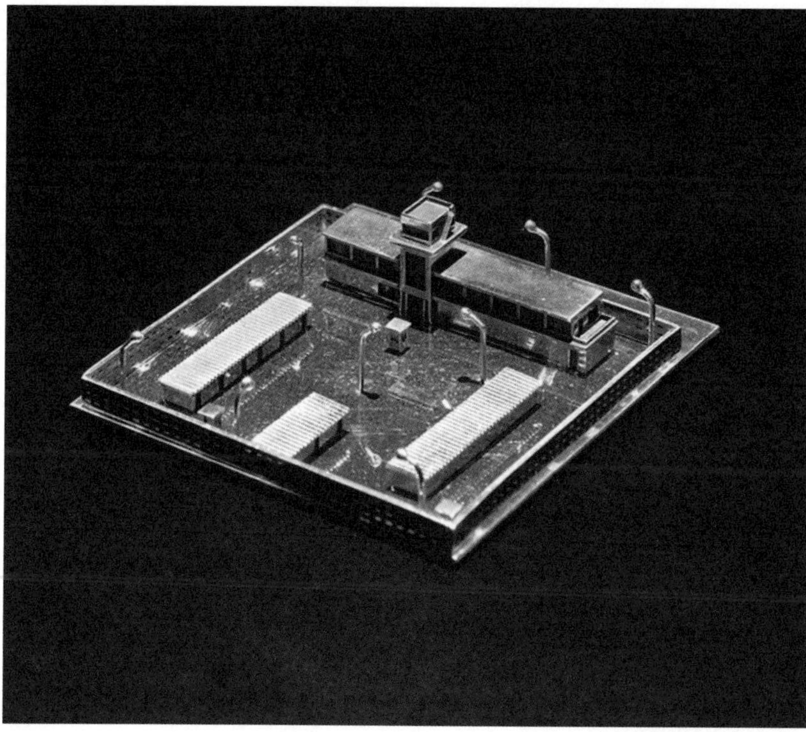

Base Naval de Guantánamo, Cuba (0,5 x 6,5 x 6,5 cm).
Carlos Garaicoa, *Las Joyas de la Corona*, 2009.
(Instalación. 8 esculturas de plata, madera, cristal. Dimensiones variables.)

Referencias

Todas las referencias que siguen han sido confirmadas el 27 de agosto de 2010.

I

El cortometraje *Monte Rouge* (Sex Machine Producciones, La Habana, 2004) está al alcance del lector, en varias páginas web.

La entrevista de Eduardo del Llano por Nirma Acosta:

http://www.lajiribilla.cu/2005/n199_02/199_29.html

Resulta útil otra entrevista más reciente con Eduardo del Llano, donde habla de *Monte Rouge*:

http://cubaalamano.net/sitio/client/articulo_ips.php?id=93

Carlos Garaicoa, *La enmienda que hay en mí*, Museo Nacional de Bellas Artes, La Habana, 2009.

La noticia de que las notas explicativas de *Las Joyas de la Corona* fueron sacadas de medios digitales:

Carlos Garaicoa, *La mala semilla*, Galleria Continua, San Gimignaho/Beijing/Le Moulin, 2009, pp. 99-113.

Las declaraciones de Carlos Garaicoa a la prensa extranjera, con excelentes imágenes de *Las joyas de la Corona*:

http://esferapublica.org/nfblog/?p=1579

El artículo de Nirma Acosta sobre Carlos Garaicoa:

http://www.lajiribilla.cubaweb.cu/2009/n412_03/412_49.html

Yeny Casanueva y Alejandro González avisaron en sus mensajes electrónicos que publicarían todo el material de *Obra-Catálogo # 1* en el blog *Artistas Cubanos Independientes*. No he podido dar con ese blog.

Juan Antonio Molina sobre *Obra-Catálogo # 1*:

http://issuu.com/juanmolina/docs/petica_del_espionaje

II

Los mensajes electrónicos y textos cruzados durante enero y febrero de 2007 pueden hallarse en un muy completo dossier de la revista digital *Consenso*. Allí aparecen también las caricaturas de Lázaro Saavedra a las que me refiero y otras muchas suyas, amén de caricaturas de diversas procedencias sobre el tema.

El dossier de la revista *Consenso* no incluye comunicación de Paquita Armas Fonseca. La cita de su mensaje electrónico aparece en el texto de Amir Valle "Reflexiones para espantar el miedo", que sí recoge el dossier, así como en la carta de Félix Sánchez al Secretariado de la Unión Nacional de Escritores y Artistas, en el mismo dossier.

Recomiendo al lector el texto de Reina María Rodríguez incluido en el dossier, "Carta para no ser un espíritu prisionero", quizás el único texto relevante, literariamente hablando, de todo ese intercambio. El pudor personal, no la modestia literaria, me impidieron incluir citas suyas en este libro. Pero quien esté interesado en estudiar la posible influencia de la cultura soviética en Cuba haría bien en atender a este texto. Más importante que la huella de unos dibujos animados o de toda una filmografía, ahí está la huella soviética, en la elección de unos modelos. Frente a la represión y la censura, Reina María Rodríguez se acoge al ejemplo de Marina Tsviétaieva.

http://www.desdecuba.com/polemica/index.shtml

Para una cronología de los hechos es útil la introducción de Eduardo Heras León y Desiderio Navarro (editores), *La política cultural del período revolucionario: memoria y reflexión*, Colección Criterios, Centro Teórico-Cultural Criterios, La Habana, 2008.

Armando Chaguaceda, "La campana vibrante. Intelectuales, esfera pública y poder en Cuba: balance y perspectivas de un trienio":

www.ncsu.edu/project/acontracorriente/spring.../Chaguaceda_debate.pdf

Anneris Ivette Leyva García y Abel Somohano Fernández, "Los intelectuales y la esfera pública en Cuba: el debate sobre políticas culturales", *Temas*, La Habana, número 56, octubre-diciembre de 2008.

Puede consultarse bajo pago en el sitio web de la revista:

http://www.temas.cult.cu/

Y sin desembolso alguno:

http://eltinterocolectivo.com/2009/02/04/los-intelectuales-y-la-esfera-publica-en-cuba-el-debate-sobre-politicas-culturales/

Las fotos del comandante Jorge "Papito" Serguera en los tribunales revolucionarios: www.life.com

Las memorias publicadas por Seguera fueron publicadas por la editorial Líberman, en Jaén, el año 2008.

La entrevista a Serguera sobre la prohibición de The Beatles, "Los Beatles no estuvieron prohibidos en Cuba", aparece en Ernesto Juan Castellanos, *John Lennon en La Habana with a little help from my friends*, Ediciones Unión, La Habana, 2005.

Una edición digital de la entrevista:

http://www.cubanalisis.com/DOSSIERS/QUINQUENIO%20GRIS/ENTREVISTA%20A%20PAPITO.htm

La portada y contraportada diseñada por Chago del primer libro de poemas publicado por Luis Pavón Tamayo, varios de sus poemas y los hermosos dibujos hechos por Adigio Benítez:

http://archivodeconnie.annaillustration.com/?p=376

Desiderio Navarro, "In medias res publica", *La Gaceta de Cuba*, 2001, número 3, mayo-junio, pp 40-45.

En edición digital:

http://www.lehman.cuny.edu/ciberletras/v07/navarro.html

La polémica entre Félix Sautié Mederos y Desiderio Navarro, ocurrida meses después del intercambio de mensajes electrónicos:

http://www.cubanuestra.nu/web/article.asp?artID=8977

El anuncio de un nuevo espacio público para el debate hecho por Armando Hart:

http://www.juventudrebelde.cu/cuba/2007-01-27/fundan-salon-para-debate-intelectual/

La noticia acerca de la defensa hecha por Ambrosio Fornet del instituto oficial de cine a propósito de la censura del documental *PM* aparece en una entrada del blog de Duanel Díaz *Cuba: la memoria inconsolable*. Pueden encontrarse en ese blog otros textos relacionados con el intercambio de mensajes electrónicos:

http://duaneldiaz.blogspot.com/2007/02/pm-sueo-y-pesadilla_10.html

La entrevista de Abel Prieto en *La Jornada* reproducida por *La Jiribilla*:

http://www.lajiribilla.co.cu/2007/n303_02/303_14.html

La carta de Virgilio Piñera a Fidel Castro, así como los textos de José Rodríguez Feo, Severo Sarduy y Nivaria Tejera, reunidos bajo el título "¿La Arcadia literaria? Los escritores en Cuba antes de 1959":

http://www.lajiribilla.co.cu/2007/n303_02/303_11.html

Las fotografías de Jorge Luis Arcos publicadas por *La Jiribilla*:

http://www.lajiribilla.cu/2007/n299_01/299_18.html

El discurso de César López en la Décimosexta Feria del Libro, en el dossier de *Consenso*:

http://www.desdecuba.com/polemica/articulos/10_01.shtml

Las conferencias de Ambrosio Fornet, Mario Coyula, Eduardo Heras León, Arturo Arango y Fernando Martínez Heredia fueron compiladas en Eduardo Heras León y Desiderio Navarro (editores), *La política cultural del período revolucionario: memoria y reflexión,* Colección Criterios, Centro Teórico-Cultural Criterios, La Habana, 2008.

Todas ellas y las pertenecientes a la segunda parte del ciclo, a cargo de Juan Antonio García Borrero, Ernesto Juan Castellanos y Norge Espinosa respectivamente, pueden consultarse en:

http://www.criterios.es/cicloquinqueniogris.htm

III

Conferencia de Ricardo Alarcón en la Universidad de las Ciencias Informáticas e intercambio con estudiantes:

http://www.youtube.com/watch?v=EKmsO8Dospc&feature=related
http://www.youtube.com/watch?v=tskNlxYeGcY&NR=1
http://www.youtube.com/watch?v=wcTEmTqhloY&feature=related
http://www.youtube.com/watch?v=6gQuMY3HfSk&NR=1
http://www.youtube.com/watch?v=MmZXS6hvJ58&NR=1
http://www.youtube.com/watch?v=VP7Q-HsovtY&NR=1
http://www.youtube.com/watch?v=mTav1-v9Fgw&NR=1
http://www.youtube.com/watch?v=qgr2JtVWmVg&NR=1
http://www.youtube.com/watch?v=nIGJJBAWtmM&NR=1
http://www.youtube.com/watch?v=8AL9EivXVd8&NR=1
http://www.youtube.com/watch?v=RwhHDmaie1g&NR=1
http://www.youtube.com/watch?v=7TpWpKJXZRI&NR=1
http://www.youtube.com/watch?v=tBX488j_67A&NR=1

Yoani Sánchez en el espacio de debates de la revista *Temas*:

http://www.youtube.com/watch?v=zoC5FZH5UXc&NR=1
http://www.youtube.com/watch?v=xN-TI_KWaBo&feature=related
http://www.youtube.com/watch?v=BquzOD6IGoo
http://www.youtube.com/watch?v=cErEW2kra-o&NR=1
http://www.youtube.com/watch?v=_wKrmYt1VXc&feature=related

Enrique Ubieta Gómez sobre Yoani Sánchez en espacio de debates de la revista *Temas*:

http://www.cubadebate.cu/opinion/2009/10/31/dos-versiones-de-la-libertad-de-sonar-fotos/

Armando Chaguaceda sobre exclusión de blogueros en espacio de debates de la revista *Temas*:

http://www.havanatimes.org/sp/?p=1523

Yoani Sánchez en conferencia de Mariela Castro:

http://www.youtube.com/watch?v=jxNGB9PLnF8&feature=related

Mariela Castro sobre Yoani Sánchez:

http://yohandry.wordpress.com/2008/12/17/mariela-castro-responde-a-yoani-sanchez/

Yoani Sánchez en Oficina de Inmigración y Extranjería:
http://www.youtube.com/watch?v=34i108TyXZw
Reinaldo Escobar en el cibercafé del Meliá Habana: http://www.youtube.com/watch?v=0LpSCqfKPeA
Performance de Tania Bruguera:
http://www.youtube.com/watch?v=Oi4E5Wkl-ok
http://www.youtube.com/watch?v=XVV1Q6qT8Kk
"Declaración del Comité Organizador de la Décima Bienal de La Habana":
http://www.lajiribilla.co.cu/2009/n412_03/412_50.html
Del blog *Generación Y* de Yoani Sánchez:
http://www.desdecuba.com/generaciony/?p=590
http://www. desdecuba.com/generaciony/?p=3308
http://www.desdecuba.com/generaciony/?p=3577
http://www.desdecuba.com/generaciony/?p=575
http://www.desdecuba.com/generaciony/?p=3012
http://www.desdecuba.com/generaciony/?p=2775
http://www.desdecuba.com/generaciony/?p=2493
Del blog *Octavo Cerco* de Claudia Cadelo: http://octavocerco.blogspot.com/2009/10/el-ministerio-y-yo.html
http://octavocerco.blogspot.com/2009/03/un-minuto-de-libertad-por-persona.html
http://octavocerco.blogspot.com/2009/07/separados-por-la-cultura.html
http://octavocerco.blogspot.com/2009/04/itinerario-seguroso.html
http://octavocerco.blogspot.com/2010/04/palos-cabillas-y-cables.html
http://octavocerco.blogspot.com/2009/02/estamos-en-alerta-roja.html
http://octavocerco.blogspot.com/2008/12/m-tambin.html
http://octavocerco.blogspot.com/2009/10/compartidos-en-bluetooth.html
Del blog *Cruzar las alambras* de Luis Felipe Rojas Rosabal:
http://cruzarlasalambradas.wordpress.com/2010/08/03/los-violadores/
http://cruzarlasalambradas.wordpress.com/2010/08/14/informe-del-horror/
http://cruzarlasalambradas.wordpress.com/2010/05/25/conversacion-con-anderlay-guerra-blanco/
http://cruzarlasalambradas.wordpress.com/2010/05/23/otros-tiempos-circuntancias-parecidas/
http://cruzarlasalambradas.wordpress.com/2010/04/04/indumentaria-disidente/

http://cruzarlasalambradas.wordpress.com/2010/06/26/el-cubil-mas-tenido/

http://cruzarlasalambradas.wordpress.com/2010/08/17/cinco-razones-de-un-bloguer/

Yoani Sánchez en encuentro de blogueros en Punta Brava:

http://www.youtube.com/watch?v=jZrJojjjnNw

Las declaraciones de Reina Luisa Tamayo sobre turbas y cámaras:

http://www.diariodecuba.net/cuba/81-cuba/1329-familiares-y-amigos-de-zapata-recordaron-el-segundo-mes-de-su-muerte.html

IV

Reportes sobre el programa "Ávila Link":

http://cpj.org/blog/2010/06/the-malware-lockdown-in-havana-and-hanoi.php

https://sesawe.net/blog/avila-link-2/

Testimonio de Rolando Rodríguez Lobaina:

http://diariodecuba.net/cuba/81-cuba/2696-fuerte-operativo-contra-la-disidencia-en-el-oriente-del-pais.html